Immanuel Kant

Kritik der praktischen Vernunft

Klassiker Auslegen

Herausgegeben von
Otfried Höffe
Band 26

Otfried Höffe ist o. Professor für Philosophie an der Universität Tübingen.

Immanuel Kant

Kritik der praktischen Vernunft

Herausgegeben
von Otfried Höffe

Akademie Verlag

Titelabbildung:
Kant als Spaziergänger, Zeichnung von Puttrich, um 1798, © Archiv für Kunst und Geschichte

Die Deutsche Bibliothek – CIP-Einheitsaufnahme

Ein Titeldatensatz für diese Publikation
ist bei Der Deutschen Bibliothek erhältlich

ISBN 3-05-003576-5

© Akademie Verlag GmbH, Berlin 2002

Das eingesetzte Papier ist alterungsbeständig nach DIN/ISO 9706.

Alle Rechte, insbesondere die der Übersetzung in andere Sprachen, vorbehalten. Kein Teil dieses Buches darf ohne schriftliche Genehmigung des Verlages in irgendeiner Form – durch Photokopie, Mikroverfilmung oder irgendein anderes Verfahren – reproduziert oder in eine von Maschinen, insbesondere von Datenverarbeitungsmaschinen, verwendbare Sprache übertragen oder übersetzt werden.
All rights reserved (including those of translation into other languages). No part of this book may be reproduced in any form – by photoprinting, microfilm, or any other means – nor transmitted or translated into a machine language without written permission from the publishers.

Gesamtgestaltung: K. Groß, J. Metze, Chamäleon Design Agentur, Berlin
Satz: Sabine Gerhardt, Berlin
Druck und Bindung: Primus Solvero, Berlin

Printed in the Federal Republic of Germany

Inhalt

Zitierweise VII

Vorwort IX

1.
Einführung in die *Kritik der praktischen Vernunft*
Otfried Höffe 1

2.
Preface and Introduction (3–16)
Allen W. Wood 25

3.
**Wille, Willensbestimmung, Begehrungsvermögen
(§§ 1–3, 19–26)**
Christoph Horn 43

4.
**Die Form der Maximen als Bestimmungsgrund
(§§ 4–6, 27–30)**
Otfried Höffe 63

5.
**Autonomy and the Fact of Reason in the
Kritik der praktischen Vernunft (§§ 7–8, 30–41)**
Onora O'Neill 81

6.
**"Pure Reason of Itself Alone Suffices to Determine the Will"
(42–57)**
Karl Ameriks 99

7.
Zweites Hauptstück (57–71)
Annemarie Pieper 115

8.
Moralisches Handeln. Zum dritten Hauptstück von Kants *Kritik der praktischen Vernunft* (71–89)
Nico Scarano 135

9.
„Kritische Beleuchtung der Analytik der reinen praktischen Vernunft" (89–106)
Reinhard Brandt 153

10.
Die Dialektik der reinen praktischen Vernunft (107–121)
Eckart Förster 173

11.
Die Postulate der reinen praktischen Vernunft (122–148)
Friedo Ricken 187

12.
"Doctrine of Method" and "Closing" (151–163)
G. Felicitas Munzel 203

Auswahlbibliographie 219

Personenregister 223

Sachregister 225

Hinweise zu den Autoren 229

Zitierweise

Kant wird nach der Ausgabe der Preußischen Akademie der Wissenschaften (Berlin 1902 ff.) zitiert, z. B. VIII 289, 11 = Bd. VIII, S. 289, Z. 11. Auf die *Kritik der praktischen Vernunft* (V 1–163) wird in der Regel ohne Angabe des Bandes nur mit der Seitenzahl verwiesen. Bei der *Kritik der reinen Vernunft* werden die Seitenzahlen der ersten (= A) oder zweiten (= B) Auflage angegeben, z. B. KrV B xvii = 2. Aufl., S. xvii.
Auf andere Literatur wird mit dem Namen des Verfassers und dem Erscheinungsjahr Bezug genommen.

Siglen

Anthropologie	Anthropologie in pragmatischer Hinsicht (VII 117–334)
Fakultäten	Der Streit der Fakultäten (VII 1–116)
Frieden	Zum ewigen Frieden. Ein philosophischer Entwurf (VIII 341–386)
Gemeinspruch	Über den Gemeinspruch: Das mag in der Theorie richtig sein, taugt aber nicht für die Praxis (VIII 273–313)
GMS	Grundlegung zur Metaphysik der Sitten (IV 385–463)
Idee	Idee zu einer allgemeinen Geschichte in weltbürgerlicher Absicht (VIII 15–32)
KrV	Kritik der reinen Vernunft (A: IV 1–252, B: III 1–552)
KU	Kritik der Urteilskraft (V 165–485)
MS	Die Metaphysik der Sitten (VI 203–493)
Prolegomena	Prolegomena zu einer jeden künftigen Metaphysik, die als Wissenschaft wird auftreten können (IV 253–384)
Reflexionen	Reflexionen (XIV ff.)
Religion	Die Religion innerhalb der Grenzen der bloßen Vernunft (VI 1–202)

Vorwort

Auf dem Höhepunkt der europäischen Aufklärung wendet Immanuel Kant eine Leitidee der Epoche, die Kritik, auf zwei andere Leitideen, auf Vernunft und Freiheit, an. Auf diese Weise unterwirft er die Aufklärung einer radikalen Selbstkritik, die er in drei berühmten Fragen zusammenfaßt: (1) Was kann ich wissen? – (2) Was soll ich tun? – (3) Was darf ich hoffen? (KrV B 833). Die Antwort auf die erste Frage, die transzendentale Vernunftkritik, fällt so umfassend und vor allem so neuartig aus, daß sie Epoche macht. Das zuständige Werk, das nach etwa zwanzigjährigem Denkbemühen und nach einer zehnjährigen Publikationspause erscheint, die *Kritik der reinen Vernunft*, ist nach Schopenhauer „das wichtigste Buch, das jemals in Europa geschrieben worden" (*Gesammelte Briefe*, hrsg. v. A. Hübscher, Nr. 157). Weil viele Philosophen diese Einschätzung teilen – noch Charles S. Peirce nennt Kants erste Kritik „meine Muttermilch in der Philosophie" (im Vorwort zu *Mein Pragmatismus*) –, treten Kants andere Werke oft in den Hintergrund. Die *Kritik der praktischen Vernunft* steht zusätzlich noch im Schatten von Kants erster kritischer Schrift zur Moralphilosophie, der *Grundlegung zur Metaphysik der Sitten*.

Gegen diese doppelte Geringerschätzung sprechen zwei Gründe: *Einerseits* läßt sich nicht leugnen, daß mittlerweile viele Thesen der ersten Kritik stark relativiert sind, etwa der transzendentale Ansatz durch die sprachphilosophische Wende („linguistic turn") und die Theorie der Mathematik durch Zweifel am synthetischen Charakter mathematischer Urteile. Grundelemente von Kants Moralphilosophie werden hingegen bis heute weithin anerkannt: die uneingeschränkte, kategorische Gültigkeit als Begriffselement moralischer Forderungen, die Verallgemeinerungsfähigkeit (Universalisierbarkeit) als deren notwendiges Kriterium und der Selbstzweckcharakter des Menschen, seine unveräußerliche Würde. Nach mehr als zwei Jahrhunderten intensiver Debatte erweisen sich damit Grundaussagen der zweiten Kritik als überzeugungsfähiger denn die der ersten Kritik. Zugleich zeigt sich Jean Paul gegenüber Schopenhauer als weitsichtiger. Denn er schreibt einem Freund, Kant sei „kein Licht der Welt, sondern ein ganzes strahlendes Sonnensystem auf einmal", und begründet diese Wertschätzung mit einer Empfehlung, die sich gerade nicht auf die erste Kritik, sondern auf Kants Moralphilosophie richtet: „Kaufen Sie sich um Himmels willen zwei Bücher, 1. Kants Grundlegung zu einer Metaphysik der Sitten und 2. Kants Kritik der praktischen Vernunft" (Brief an Pfarrer Vogel in Rehau vom 13. 7. 1788).

Andererseits enthält die zweite Kritik im Verhältnis zur *Grundlegung* für das Prinzip der Pflicht mehr als nur eine „vorläufige Bekanntschaft" und die Angabe einer „bestimmte[n] Formel" (8, 10 f.). Das Mehr beginnt mit einer Erweiterung des Themenbereichs. So nimmt die Begründung der Moralphilosophie im engeren Sinn, die „Analytik der reinen praktischen Vernunft", ein neues Lehrstück, das „Faktum der Vernunft", auf. Mit ihm beweist die reine praktische Vernunft ihre „Realität durch die Tat" (3, 12). Überdies zählt zur Begründung der Moralphilosophie im weiteren Sinn auch eine „Dialektik der reinen praktischen Vernunft", die wiederum Kants dritte Frage betrifft. Während die *Grundlegung* sich im wesentlichen nur mit der zweiten Frage befaßt: „Was soll ich tun?", geht es in der zweiten Kritik zusätzlich um die dritte Frage: „Was darf ich hoffen?". Die *Grundlegung* geht in ihren beiden ersten Abschnitten von der Wirklichkeit der Moral als moralisch gutem Willen, als Moralität, aus und fragt nach dem Begriff und Kriterium dieser Wirklichkeit. Dagegen untersucht die zweite Kritik deren Möglichkeit; in der Sache fragt sie: „Wie ist die Moralität, nämlich eine reine Willensbestimmung, möglich?" Weil sich die Moralität im Sittengesetz niederschlägt, läßt sich Kants Frage auch so formulieren: „Wie läßt sich das Sittengesetz vor der Vernunft rechtfertigen?" Kant gibt sich damit freilich nicht zufrieden. Letztlich will er „dartun, daß es reine praktische Vernunft gebe" (3, 6). Er will die Wirklichkeit der reinen praktischen Vernunft beweisen.

Inwieweit Kant seine selbstgesetzten Ansprüche erfüllen kann, ist Gegenstand dieses kooperativen Kommentars. Autoren von unterschiedlicher philosophischer Herkunft analysieren Kants Argumentation, prüfen sie auf ihre Tragfähigkeit und fragen nach ihrer Aktualität. Ein Großteil der Überlegungen wurde auf einem Tübinger Symposium im Februar 2001 vorgestellt. Ich danke der Fritz-Thyssen-Stiftung für die finanzielle Unterstützung, Dr. Nico Scarano und Philipp Brüllmann für vielfache Mitarbeit und vor allem den Autoren dieses Bandes.

Tübingen, im August 2001 *Otfried Höffe*

1

Otfried Höffe

Einführung in die *Kritik der praktischen Vernunft*

1.1 Verhältnis zur ersten Kritik und zur *Grundlegung*

Obwohl es in der Wirkungsgeschichte anders aussieht, wird der größere philosophische Rang, den die *Grundlegung zur Metaphysik der Sitten* in ihrer „Vorrede" beansprucht (IV 391, 16–33), durch die *Kritik der praktischen Vernunft* relativiert: Die zweite Kritik ist nicht bloß themenreicher als die *Grundlegung*, sondern auch in der Problemstellung klarer, in der Begrifflichkeit genauer und im Gedankengang zupackender. Darüber hinaus ist der Text im Verhältnis zur ersten Kritik einfacher geschrieben und enthält kaum Abweichungen vom Leitthema. Er ist freilich nicht annähernd so themenreich wie die *Kritik der reinen Vernunft*. Für deren Frage, wie reine Vernunft *a priori* Objekte erkennen kann, sind sehr viel mehr Teil- und Unterfragen zu behandeln als für die Frage der zweiten Kritik, wie die reine Vernunft unmittelbar ein Bestimmungsgrund des Willens sein kann (vgl. 44, 36 ff.). Anderseits setzt die zweite Kritik die erste fort. Denn in der ersten Kritik wird die Freiheit als denkmöglich, in der zweiten als wirklich erwiesen. Im übrigen hat Kant bei der ersten Kritik die zweite noch nicht im Blick; er befaßt sich deshalb im „Kanon der reinen Vernunft" schon mit der zweiten und dritten Frage. In gebotener Kürze stellt er sowohl für die zweite Frage („Was soll ich tun?") das moralische Gesetz auf als auch für die dritte Frage („Was darf ich hoffen?") das „Ideal des höchsten Guts": die Idee einer Intelligenz, die für eine zur Glückswürdigkeit proportionale Glückseligkeit sorgt (B 838).

Kants Unterscheidung von praktischer und theoretischer Vernunft hat eine Tragweite, die bisher kaum gesehen worden ist: In scharfem Gegensatz zur theoretischen Vernunft ist die praktische Vernunft von allen erkennenden Elementen freigesetzt; die epistemischen Elemente werden geradezu liquidiert. Damit setzt sich Kant, ohne Platon zitieren zu müssen, von dessen *Politeia* streng ab: von der Bindung des moralisch Guten an epistemische Bedingungen und von der daraus folgenden Erwartung, Philosophen verfügten über eine besondere Eignung zum Herrschen. Kant setzt einer für Philosophen reservierten Moral die Moral der gemeinen Menschenvernunft entgegen. Dort, wo die Moral, einschließlich der Rechtsmoral, der Gerechtigkeit, sich von aller Bindung an epistemische Elemente – bei Platon die Ideenlehre, besonders die Idee des Guten – freimacht, wo sie im Gegenteil der gemeinen, sowohl allgemeinen als auch einfachen Menschenvernunft offensteht, verlieren Philosophen ihre moralischen und die daraus abgeleiteten politischen Privilegien. Kants berühmte Kritik an Platons Philosophen-Königssatz (Frieden, „Zweiter Zusatz": VIII 369) beginnt also in der Sache schon hier: in der strengen Trennung der praktischen von der theoretischen Vernunft, verbunden mit einer Demokratisierung der Moral.

Auf die zweiteilige Elementarlehre folgt, in Parallele zur ersten Kritik, als zweiter Teil die (sehr knappe) „Methodenlehre". Wie die erste, so nimmt auch die zweite Kritik Descartes' Programm eines „Discours de la méthode", einer „Abhandlung über die Methode", auf. Kant interessiert sich aber nicht etwa für die Methode der Moralphilosophie, gewissermaßen für eine theoretische Methode hinsichtlich der Moral, für deren ‚wissenschaftliche Erkenntnis' (151, 3). Ohne sich auf Aristoteles zu beziehen, nimmt er dessen Programm der Ethik als einer praktischen Philosophie auf („das Ziel liegt nicht im Erkennen, sondern Handeln": *Nikomachische Ethik* I 1, 1095a 6 f.). Er verschärft es hier zur Aufgabe, die Art zu untersuchen, „wie man den Gesetzen der reinen praktischen Vernunft *Eingang* in das menschliche Gemüt, *Einfluß* auf die Maximen desselben verschaffen, d. i. die objektiv praktische Vernunft auch *subjektiv* praktisch machen könne" (151, 9–12). Kant denkt nicht etwa über die in der zweiten Vernunftkritik praktizierte Methode nach; dies geschieht ein wenig in der „Vorrede", am Ende der Analytik, in deren ‚kritischer Beleuchtung', und in den allerletzten Absätzen der Schrift, dem zweiten und dritten Absatz vom „Beschluß" (163, 13 ff.).

In der Methodenlehre skizziert Kant eine Theorie moralischer Erziehung, von der der heutige Schulunterricht „Ethik" viel lernen könnte. In genialer Kürze unterscheidet Kant zwei Phasen: eine pragmatische und eine im engeren Sinn moralische Erziehung, und bei der zweiten Phase die Erziehung zur Legalität und ihre Steigerung zur Moralität. Wegen der strengen Trennung der praktischen von der theoretischen Vernunft relativiert Kant das Cartesische Programm und zugleich das seiner ersten Kritik. Denn der Singular einer einzigen und einheitlichen Methodenlehre weicht einem Dual: Die bislang als generell gültig erscheinende „Abhandlung über die Methode" wird herabgestuft zu einer „Abhandlung der bloß theoretischen Methode". Diese wird um eine „Abhandlung über die praktische Methode" ergänzt und – aus dem Blickwinkel der zweiten Kritik – auch vervollständigt. Denn eine dritte Kritik mit ihrer dritten Methodenlehre tritt noch nicht in den Blick. Im Gegenteil hält Kant das in der ersten Kritik begonnene Programm mit der zweiten Kritik für beendet:

Seit der ersten Kritik kommt es Kant auf drei Ideen an, auf Freiheit, Gott und Unsterblichkeit. Wie es schon in der „Vorrede" heißt, wird in der zweiten Kritik die „Realität" jenes Begriffes, der Freiheit, bewiesen, der „den *Schlußstein* von dem ganzen Gebäude eines Systems der reinen, selbst der spekulativen Vernunft" ausmacht (3, 24–4, 1). Kant hält also das gesamte Vernunftgebäude für begründet, zumal mit dem Begriff der Freiheit auch „alle andere Begriffe (die von Gott und Unsterblichkeit) ... Bestand und objektive Realität" erhalten (4, 1–5). Für ein zwischen Natur und Freiheit vermittelndes Vermögen, für eine (reine) Urteilskraft, sieht Kant keine Aufgabe. Die Vermittlung zwischen Freiheit und Natur, die durchaus behandelt wird, betrifft die zur Tugend als der Glückswürdigkeit proportionale Glückseligkeit (110, 33 f.). Es geht also um das auf die Postulate von Unsterblichkeit und Gott gerichtete Hoffen.

Nur das allerletzte Textstück der zweiten Kritik, der „Beschluß", genauer: lediglich ihr erster, längerer Absatz, hat aus gutem Grund in der ersten Kritik keine Parallele. Kant wirft hier jenen Rückblick auf die Leistung beider Kritiken, der mit den berühmten Worten beginnt: „Zwei Dinge erfüllen das Gemüt mit immer neuer und zunehmender Bewunderung und Ehrfurcht, je öfter und anhaltender sich das Nachdenken damit beschäftigt: *der bestirnte Himmel über mir und das moralische Gesetz in mir*" (161). Der „bestirnte Himmel" nennt das Thema der ersten Kritik, die Natur in ihrer Gesetzmäßigkeit, das „moralische Gesetz" dagegen das Thema der zweiten Kritik. Und die Erläuterung zeigt, warum Kant hier wie höchst selten in seinem Œuvre pathetisch wird: Kant verfolgt ein existentielles Interesse („ich ... verknüpfe sie [beide Dinge] unmittelbar mit dem Bewußtsein meiner Existenz": 162, 2 f.). „Der erstere Anblick einer zahllosen Weltenmenge vernichtet gleichsam meine Wichtigkeit", mit der Einschränkung: „als eines *tierischen Geschöpfs*". „Der zweite erhebt dagegen meinen Wert, als einer *Intelligenz*, unendlich durch meine Persönlichkeit, in welcher das moralische Gesetz mir ein ... von der ganzen Sinnenwelt unabhängiges Leben offenbart" (Z. 12–20). Zugleich gibt Kant eine säkulare Antwort auf Pascals religiöses Erschrecken (*Pensées/Gedanken*: ed. Brunschvicg, Nr. 693): Durch die moralische Größe des Menschen wird seine kosmologische Winzigkeit nicht bloß ergänzt, sondern sogar mehr als aufgewogen.

Darüber hinaus bekräftigt Kant den engen Zusammenhang der zweiten mit der ersten Kritik. Die *Kritik der reinen Vernunft* beginnt mit einem praktischen Interesse, das vor allem in der zweiten Auflage betont wird. Im Bacon-Motto nimmt sich Kant einen Beitrag zur menschlichen Wohlfahrt und Würde vor, in der „Vorrede" wendet er sich gegen Atheismus, Materialismus und Fatalismus (B xxxiv) und will „allen Einwürfen wider Sittlichkeit ... auf alle künftige Zeit ein Ende machen" (B xxxi). Dieses Ein-Ende-Machen, die in Kants Augen endgültige Widerlegung aller moralischen Skepsis, vollendet sich erst im „Beschluß" der zweiten Kritik.

1.2 Die Grundaufgabe

In der *Kritik der praktischen Vernunft* wendet sich Kant gegen alle bisherigen Begründungen des Gipfels praktischer Verbindlichkeit: der Sittlichkeit bzw. Moral. Während man vorher deren Ursprung in der Ordnung der Natur oder der Gemeinschaft, im Verlangen nach Glück, im Willen Gottes oder im moralischen Gefühl suchte, zeigt Kant, daß all diese Versuche mißlingen. Sein Nachweis erfolgt analog zur ersten Kritik, denn nach Kant geht es in beiden Fällen um denselben Anspruch, den auf eine streng allgemeine und objektive Gültigkeit. Dort, im Bereich des Theoretischen, erhebt die Wissenschaft diesen Anspruch und nennt sich „Wahrheit" ohne jeden einschränkenden Zusatz: (theoretische) Wahrheit tout court. Hier, im Bereich des Praktischen, erhebt den Anspruch die Moral, die ebenfalls eine uneingeschränkte Verbindlichkeit meint: die höchste Stufe praktischer Objektivität, man kann sagen: praktische Wahrheit.

Die *Grundlegung* geht vom Begriff des schlechthin Guten aus und gelangt über den Zwischenbegriff der (moralischen) Pflicht zum Begriff und Kriterium dieser Pflicht, dem kategorischen Imperativ. Die zweite Kritik weicht wegen ihrer andersartigen Aufgabe davon erheblich ab. Kant bestimmt die Moral nicht als das schlechthin Gute, sondern als das schlechthin allgemeine, streng objektive praktische Gesetz, das er wiederum vom Vermögen streng objektiver Gesetze, der Vernunft, her bestimmt. Deshalb erfolgt seine Neubegründung der Moral in Form einer kritischen Prüfung der praktischen Vernunft. Diese ist jedoch keine andere als die theoretische Vernunft, vielmehr „nur eine und dieselbe Vernunft ..., bloß in der Anwendung unterschieden" (GMS IV 391, 27 f.); sie ist hier nicht mehr theoretisch („erkennend"), sondern praktisch („wollend") tätig.

Generell versteht Kant unter der Vernunft das Vermögen, den Bereich der Sinne zu übersteigen und dabei streng objektiven Gesetzen bzw. Prinzipien zu folgen. Die theoretische Vernunft nimmt den Überstieg für das Erkenntnisvermögen vor und wird dabei von theoretischen Prinzipien bestimmt, während die praktische Vernunft nicht etwa unmittelbar das Handeln, wohl aber das ihm zugrundeliegende Begehrungsvermögen und dessen praktische Prinzipien betrifft. Das vernunftbestimmte Begehrungsvermögen, die praktische Subjektivität, heißt auch Wille, der für Kant also keine irrationale Kraft ist, sondern im Gegenteil etwas Rationales: die Vernunft in bezug auf das Handeln. Genauer besteht die praktische Vernunft, der Wille, im Vermögen, „den Vorstellungen entsprechende Gegenstände entweder hervorzubringen, oder doch sich selbst zu Bewirkung derselben (das physische Vermögen mag nun hinreichend sein oder nicht), d. i. seine Kausalität zu bestimmen" (15, 11–13).

Vier Gesichtspunkte in dieser Definition sind wichtig: (1) Wegen des Ausdrucks „Bestimmungsgründe" geht es um ein Begehren, das nicht von den momentanen Gefühlen des Angenehmen oder Unangenehmen, sondern von Gründen geleitet ist. Auch die einfache, nicht erst die reine praktische Vernunft besteht in einem prinzipiengeleiteten Begehren; ihre Prinzipien sind entweder, so das Minimum, technische oder, so die Steigerung an praktischer Vernunft, pragmatische Imperative. (2) Der Ausdruck „hervorbringen" verweist auf eine produktive Kraft, (3) die allerdings – besagt die Klammer – nicht physisch zureichend sein muß; zwischen Wollen und Handeln besteht eine Differenz. (4) Und gemäß dem Moment „sich selbst zu Bewirkung derselben bestimmen" geht es um eine Entscheidung. Die reine praktische Vernunft besteht nun in reinen Vernunftgründen für den Willen, das heißt in der Fähigkeit, das dem Handeln zugrundeliegende Begehren unabhängig von sinnlichen Antrieben: den Trieben, Bedürfnissen und Leidenschaften, ohnehin den Empfindungen des Angenehmen und Unangenehmen, zu bestimmen. Ihre Prinzipien sind die kategorischen Imperative.

Die Frage, ob die Vernunft überhaupt praktisch sein kann, und die Anschlußfrage, ob es sie auch als reine praktische Vernunft, als moralische Subjektivität, gebe, zieht sich als ein Grundproblem durch die gesamte Philosophiegeschichte. Vor diesem Hintergrund darf man Kants ebenso klares wie knappes Vorgehen „genial" nennen. Als erstes präzisiert Kant den Begriff und überwindet mit ihm viele Mißverständnisse, auch Irrwege: Die praktische Vernunft ist keine Erkenntnisfähigkeit, die sich lediglich auf einen besonderen Gegenstand, die Praxis, richtet. Sie ist vielmehr eine grundverschiedene, nicht etwa vom Erkennen abgeleitete, sondern ganz eigenständige Fähigkeit, die des Wollens. Solange man die praktische Vernunft als Erkenntnisfähigkeit bestimmt, die sich auf die Praxis richtet, erscheint der Gedanke einer reinen praktischen Vernunft als unsinnig. Denn wie soll eine reine Erkenntnisfähigkeit das Handeln leiten können? Wird dagegen die praktische Vernunft als Bestimmungsgrund des Handelns verstanden, so wird die reine praktische Vernunft zu etwas, das zwar schwierig, aber nicht unmöglich zu denken ist: zu einem reinen, von externen Vorgaben unabhängigen Wollen.

An diese Begriffsbestimmung schließt sich nahtlos Kants zweiter Argumentationsschritt an, die Frage: Wodurch bestimmt sich ein reines Wollen? Der dritte Argumentationsschritt gibt die Antwort: Da die Materie des Wollens von außerhalb des Willens kommt, muß ein reines Wollen auf jede Bestimmung durch die Materie verzichten, so daß angesichts der Alternative „Materie oder Form" nur die Form als Bestimmungsgrund übrigbleibt. Eine reine Form wiederum – so der vierte Argumentationsschritt – ist für jedes willensfähige, also im praktischen Sinn vernünftige Wesen gleich, weshalb diese Gleichheit, sprich: das allgemeine Gesetz, zum Erkennungszeichen des reinen Wollens wird.

Wie im Bereich des Theoretischen, so trifft Kant auch im Praktischen eine methodisch scharfe Unterscheidung zwischen einem von sinnlichen Bestimmungsgründen noch abhängigen Vermögen, dem „pathologisch-affizierten Willen" (19, 17), und einem davon ganz unabhängigen, reinen Willen. Dort handelt es sich um die empirisch bedingte (15, 18), hier um die reine praktische Vernunft. Während nun die empirisch bedingte Vernunft einen Teil ihrer Bestimmung von außen erhält: von Trieben, Bedürfnissen, Gewohnheiten und Leidenschaften, ist die reine praktische Vernunft ganz auf sich, das heißt auf ihre reine Form, gestellt.

Schon in der „Vorrede" (3, 5 f.) behauptet Kant, was in der „Analytik" die entscheidende „Folgerung" aus dem „Grundgesetz der reinen praktischen Vernunft" bildet: daß die reine Vernunft „für sich allein praktisch" sein kann (31, 36). Mit dieser Behauptung weist Kant die Ansprüche der empirisch bedingten praktischen Vernunft in ihre Grenzen. Deretwegen findet im Bereich des Praktischen gegenüber dem des Theoretischen eine Umkehrung des Beweiszieles statt. Sie schlägt sich schon im Titel der beiden Werke nieder. Beim Erkennen weist Kant die Anmaßungen der *reinen Vernunft* zurück, weshalb die entsprechende Schrift „Kritik der reinen Vernunft", genauer: ‚der reinen theoretischen bzw. spekulativen Vernunft', heißt. Weil er beim Handeln dagegen, genauer: bei der Willensbildung, die Anmaßungen der *empirisch bedingten* Vernunft zurückweist, nennt er seine Schrift „Kritik der praktischen" und nicht der *„reinen praktischen Vernunft"*. Zu widersprechen ist nämlich der Ansicht, selbst die Prinzipien der Moral seien von der Erfahrung abhängig. Mit Blick auf Hume (vgl. 13 f., auch 50 ff.) verwirft Kant den sittlichen Empirismus (vgl. 7, 35 ff.; 71, 9 ff.).

Die erste Kritik sucht einen mittleren Weg zwischen dem Empirismus (von Locke und Hume) und dem Rationalismus (von Descartes, Spinoza, Leibniz und Wolff); Kant gibt beiden Richtungen sowohl recht als auch unrecht. In der zweiten Kritik lehnt er nur den Empirismus, diesen aber rundum, „in der ganzen Blöße seiner Seichtigkeit", ab (94, 20 f.). Er sagt sogar, mit dem Empirismus könne es „schwerlich ... Ernst sein"; „vermutlich" sei er „nur zur Übung der Urteilskraft ... aufgestellt", um „durch den Kontrast die Notwendigkeit rationaler Prinzipien a priori in ein helleres Licht zu setzen" (14, 5–8).

Der strenge Rationalismus, den Kant für die Moralphilosophie vertritt, zeigt sich schon im Aufbau des ersten Hauptstückes. In Anlehnung, aber nicht Übernahme des *mos* bzw. *ordo geometricus*, der mathematischen Methode, des Rationalismus und seines Höhepunktes, Spinozas *Ethica, Ordine Geometrico demonstrata*, beginnt Kant mit Definitionen („§ 1. Erklärung"). Daran schließt er Lehrsätze mit deren Begründungen, Folgerungen und Anmerkungen an. Allerdings enthält § 1 sowohl mehr als auch weniger denn die erforderlichen Begriffsbestimmungen. Er enthält mehr, weil Kant auch „sich erklärt"; er stellt sein Programm bzw. die zu lösende Aufgabe vor: Wie kann der Mensch trotz seiner Sinnlichkeit („pathologisch-affizierter Wille") die für die reine Vernunft charakteristische Allgemeingültigkeit im Bereich des Handelns denken und darüber hinaus auch verwirklichen? Auf der anderen Seite enthält die „Erklärung" weniger, da es nur vorläufige, bloß nominale Begriffsbestimmungen sind. Die anspruchsvollere Bestimmung des entscheidenden Begriffs, des praktischen Gesetzes, erfolgt erst gegen Ende des ersten Hauptstückes, in § 7.

Übrigens hebt Kant nirgendwo in der zweiten Kritik den moralischen Zeigefinger. Kant beginnt auch nicht etwa mit einer Warnung vor dem Empirismus, weil er für die Sittlichkeit so überaus schädliche Folgen habe. Nicht etwa schon in der „Vorrede", sondern erst am Ende des zweiten Hauptstückes der „Analytik", und auch dann nur kurz, aber in aller Deutlichkeit, warnt er vor dem Empirismus, hält dessen Kritik für „viel wichtiger und anratungswürdiger" als die des Mystizismus (71, 9 f.), da „der Empirism die Sittlichkeit in Gesinnungen ... mit der Wurzel ausrottet und ihr ganz etwas anderes, nämlich ein empirisches Interesse ... statt der Pflicht unterschiebt" (Z. 15–20). In philosophisch-wissenschaftlicher Nüchternheit führt Kant die Empirismus-Kritik, indem er sich eine zur ersten Kritik (A xii, B xxii–xxiv) analoge Aufgabe stellt, „die Prinzipien a priori ... nach den Bedingungen, dem Umfange und Grenzen ihres Gebrauchs" auszumitteln (12, 1–4) bzw. diese Prinzipien „ihrer Möglichkeit, ihres Umfanges und Grenzen" nach (8, 21 f.) vollständig anzugeben. Dabei spricht Kant eine kognitive, keine appellative Sprache. Seine Zurückhaltung geht sogar so weit, daß er im ersten Hauptstück zunächst nur von „praktischen" Gesetzen spricht und erst in der „Anmerkung" nach § 6 den Ausdruck des „moralischen" Gesetzes einführt.

1.3 Zum Aufbau

Wie die erste, so beginnt auch die zweite Kritik mit einer „Vorrede" und einer „Einleitung". Auf sie folgt als erster und weit umfangreicherer Teil eine „Elementarlehre der reinen praktischen Vernunft". Diese folgt nach Kants eigener Auskunft der Gliederung der ersten Kritik (16, 13 ff.; 89–91), allerdings subsummiert er jetzt die „Ästhetik" unter die „Analytik". Ansonsten fängt er wie in der ersten Kritik mit einer „Analytik" als „Regel der Wahrheit" an und läßt eine „Dialektik" als „Darstellung und Auflösung des Scheins in Urteilen der praktischen Vernunft" folgen (16, 18–20). Dabei enthält die Analytik (im neuen, erweiterten Verständnis) wie die der ersten Kritik drei Teile, allerdings in genau umgekehrter Reihenfolge (Z. 20 ff.). Die erste Kritik beginnt mit einer – dort der transzendentalen Analytik vorangestellten – Theorie der Sinnlichkeit, der Ästhetik, und läßt auf sie zuerst eine Analytik der Begriffe, sodann eine der Grundsätze folgen. Die zweite Kritik fängt dagegen mit einer Analytik der Grundsätze an, um dann eine der Begriffe und eine der (allerdings nichtsinnlichen) Triebfedern anzuschließen. Der Grund für die Umkehrung liegt im anderen Thema. Während es beim Erkennen um das Verhältnis der Vernunft zu Gegenständen geht, die es wiederum ohne Sinnlichkeit nicht gibt, kommt es jetzt auf den Willen an, der seine moralische Qualität, die Reinheit, in seinen Grundsätzen offenbart.

Der einfache, nicht reine Wille tritt in subjektiven Grundsätzen, Maximen, zutage, beispielsweise der Maxime, „keine Beleidigung ungerächt zu erdulden" (19, 19 f.). Da nur dort reine Vernunft und zugleich ein reiner Wille vorliegt, wo die subjektiven Grundsätze auch objektiv, das heißt „für den Willen jedes vernünftigen Wesens", gültig sind (Z. 11 f.), sucht Kant die entsprechenden objektiven Grundsätze auf, die praktischen Gesetze, die deutlicher „praktische allgemeine Gesetze" heißen (27, 3 f.) und den kategorischen Imperativen entsprechen (41, 34–36).

Die auf dieses Programm und Beweisziel folgende Argumentation läßt sich in sieben Beweisschritte untergliedern (vgl. auch Kap. 4.1 in diesem Band): Im *ersten* Beweisschritt, den Lehrsätzen I–II (§§ 2–3), scheidet Kant alle Maximen aus, die einem empirisch bestimmten Willen entspringen, zeigt, daß sie keine praktischen Gesetze abgeben können (§ 2), und nennt ihr Leitprinzip, die Selbstliebe oder eigene Glückseligkeit (§ 3). Später spricht er auch von Heteronomie (Fremdbestimmung) der Willkür (§ 8). Im *zweiten* Beweisschritt argumentiert Kant *e contrario*; er schließt vom untauglichen Prinzip, allen materialen Bestimmungsgründen, auf das allein taugliche Prinzip, die Form, genauer: die reine Form, die allein sich zum Bestimmungsgrund eines reinen Willens eignet, und gibt ihr im *dritten* Schritt eine gehaltliche Fülle: die allgemeine Gesetzgebung (Lehrsatz III: § 4).

Als nächstes stellt Kant zwei Aufgaben vor, denen sich die Beweisschritte 4 und 5 widmen. Zu finden ist einerseits die Beschaffenheit eines nur durch die Gesetzesform bestimmten Willens (§ 5: Aufgabe I) und komplementär dazu das dem freien Willen korrespondierende Gesetz (§ 6: Aufgabe II). Gesucht ist das höchste Moralprinzip in seiner doppelten, subjektiven und objektiven Bedeutung: einerseits das Prinzip der moralischen Subjektivität und andererseits das ihr entsprechende objektive Gesetz, das zugleich das höchste Moralkriterium beinhaltet. Bei der ersten Aufgabe erhält, was nach dem Ausscheiden aller materialen Prinzipien noch bleibt, eine eigene Fülle. Das Überbleibsel, die Form, muß – so der *vierte* Beweisschritt – den Willen bestimmen können; das Prinzip moralischer Subjektivität zeigt sich in der transzendentalen Freiheit.

Das objektive Moralprinzip, das den freien Willen bestimmende Gesetz, das Grundgesetz der reinen praktischen Vernunft, auch Sittengesetz oder moralisches Gesetz genannt, lautet daher, so der *fünfte* Beweisschritt: „Handle so, daß die Maxime deines Willens jederzeit zugleich als Prinzip einer allgemeinen Gesetzgebung gelten könne" (§ 7: 30). Genaugenommen handelt es sich aber nicht um das Sittengesetz selbst, sondern um dessen Gestalt bei endlichen, nichtreinen Vernunftwesen. Ohne den Ausdruck zu verwenden, formuliert Kant den (aus der *Grundlegung* bekannten) kategorischen Imperativ.

Wer von der *Grundlegung* kommt, wird überrascht, daß deren Hauptbegriff, der kategorische Imperativ, in der zweiten Kritik fast keine Rolle spielt. Die erste wichtigere Stelle (vorher aber schon 21, 8), § 7, hilft, diesen Umstand zu erklären: Kant setzt die kategorischen Imperative mit den „praktischen Gesetzen (welche Handlungen zur Pflicht machen)" gleich (41, 35 f.), so daß der Sache nach der kategorische Imperativ von Anfang an, seit dem ersten Satz der „Analytik", gegenwärtig ist. Dazu kommt, daß Kant den für den kategorischen Imperativ vorausgesetzten Begriff der Pflicht in der *Grundlegung* schon zu Beginn (IV 397), in der zweiten Kritik aber erst spät, im dritten und letzten Hauptstück der „Analytik", einführt (80, 27).

Schon in der Anmerkung zu §§ 5 und 6 deutet Kant an, was er in der Anmerkung zum „Grundgesetz" und einer weiteren Anmerkung zur „Folgerung" aus dem Grundgesetz des näheren ausführt: jenes schwierige Lehrstück, das den *sechsten* Beweisschritt ausmacht: das Faktum der Vernunft.

Daran schließt sich, als *siebter* Schritt, die Ausformulierung der schon im vierten Schritt herausgearbeiteten These von der transzendentalen Freiheit, die „Autonomie des Willens", an.

1.4 Willensfreiheit, Sittengesetz bzw. kategorischer Imperativ und Faktum der Vernunft

Drei Elemente der siebenteiligen Argumentation verdienen schon in einer Einführung nähere Erläuterung: das Prinzip der moralischen Subjektivität, die Willensfreiheit, ihr Kriterium, der kategorische Imperativ, und der Nachweis ihrer Wirklichkeit, das Faktum der Vernunft.

1. Willensfreiheit. Zur Bestimmung der moralischen Subjektivität als der reinen praktischen Vernunft argumentiert Kant mit den Begriffen von Materie und Form. In der *Logik* nennt er Materie den „Gegenstand" und Form „die Art, *wie* wir den Gegenstand erkennen" (IX 33, 15 f.). Auf das Thema der zweiten Kritik übertragen, liegt die Materie im Gegenstand des Willens und die Form in der Art, wie wir den Gegenstand wollen (nicht etwa: erkennen). Nun fallen unter die Materie alle Gegenstände, Zustände oder Tätigkeiten, deren Wirklichkeit man deshalb begehrt, weil sie Lust verspricht. Begehren und Lust beziehen sich dabei nicht nur auf die „niederen", sinnlichen Freuden (des Essens, Trinkens, der Sexualität, des Ausspannens), sondern auch auf die „höheren", geistigen Freuden aus intellektueller, kreativer oder sozialer Tätigkeit (§ 3, Anm. I). Denn in beiden Fällen ist man von der erwarteten Annehmlichkeit bestimmt, was erstens für den Willen von außen kommt, also heteronom ist, zweitens von der Erfahrung abhängt, also jederzeit empirisch ist, und drittens, weil erfahrungsabhängig, bestenfalls generelle, aber niemals die für praktische Gesetze erforderliche strenge, universelle Allgemeinheit erlaubt (36, 14). Statt dessen beugt sich der moralische Wille einer kompromißlosen Einsicht: „Die Ehrwürdigkeit der Pflicht hat nichts mit Lebensgenuß zu schaffen; sie hat ihr eigentümliches Gesetz, auch ihr eigentümliches Gericht" (89, 1–3).

Kant räumt zwar ein, daß jedes endliche (bedürftige) Vernunftwesen seinen eigenen Vorteil, letztlich sein Glück, verstanden als Zufriedenheit mit dem ganzen Dasein, mit Notwendigkeit sucht (§ 3, Anm. II). Weil diese Zufriedenheit aber von der (individuellen, sozialen und gattungsmäßigen) Besonderheit des Subjekts und von den Möglichkeiten abhängt, die ihm die natürliche und soziale Welt bieten, weil das Glück also in beider Hinsicht empirisch bedingt ist, genügt es nicht dem Kriterium der reinen praktischen Vernunft, der allgemeinen Gesetzlichkeit.

Da selbst geistige Interessen ausgeschieden werden, fragt es sich, ob nicht das gesamte Feld möglicher Bestimmungsgründe ausgeschritten sei, es folglich für die Sittlichkeit keinen Platz mehr gebe. Im dritten Hauptschritt zeigt Kant, daß nach Ausschluß aller Materie immer noch die Form, aber auch nur die Form der Maximen übrigbleibt, so daß sie den einzigen Bestimmungsgrund des Willens ausmacht (§ 4). Nun ist die bloße Gesetzesform kein möglicher Gegenstand der Sinne; sie transzendiert alle Erscheinungen und ihr Prinzip, die Kausalität. Der in der ersten Kritik gewonnene Begriff der transzendentalen Freiheit, die Unabhängigkeit von aller Natur, entpuppt sich daher in der zweiten Kritik als die praktische (moralische) Freiheit: Der von aller Fremdbestimmung und ihrer Kausalität freie Wille gibt sich selbst sein Gesetz, er zeichnet sich durch Autonomie, Selbstgesetzlichkeit, aus. Negativ besteht die Freiheit in der Unabhängigkeit von materialen Bestimmungsgründen, positiv in der Selbstbestimmung oder eigenen Gesetzgebung (§ 8).

Mit der Begründung des Handelns aus dem Begehren und mit der des Begehrens aus der Autonomie erhalten die Gedanken von Rationalität und Verantwortlichkeit eine neue Schärfe und Radikalität. Der Mensch bleibt zwar immer ein Bedürfnis-, darüber hinaus – was Kant hier aber nicht thematisiert – ein Geschichts- und Gesellschaftswesen. Moral, als Autonomie verstanden, schließt weder die Bedürfnisse noch die gesellschaftlichen Abhängigkeiten aus; im Gegenteil sind sie sogar als Bestimmungsgrund zugelassen. Denn: „Glücklich zu sein, ist notwendig das Verlangen jedes vernünftigen, aber endlichen Wesens und also ein unvermeidlicher Bestimmungsgrund seines Begehrungsvermögens" (25, 12–14). Selbst Kant-Kenner überlesen oft, daß Kant der Eigenliebe dieses Recht einräumt –

vorausgesetzt, daß sie sich „auf die Bedingung der Einstimmung mit diesem [moralischen] Gesetze einschränkt", mithin zu einer ‚vernünftigen Selbstliebe' wird (73, 17 f.). Dabei bedeutet „vernünftig" nicht „wohlüberlegt" oder „wohlkalkuliert". Es geht nicht etwa um pragmatische Imperative, die das langfristig größte Eigenwohl bewirken, sondern um eine Selbstliebe, die sich vorab den Einschränkungen aller moralischen Pflichten unterwirft. In Kants Sinn vernünftig ist eine Selbstliebe, die sich stets innerhalb der Grenzen der reinen praktischen Vernunft bewegt.

Nach Ansicht mancher Existenzphilosophen muß ein Mensch, um frei zu sein, aus dem Nichts neu anfangen. Dieser Ansicht widerspricht Kant mit seinem Prinzip Freiheit vehement. Nach Kant soll der Mensch nicht Vitalität, Sensibilität und soziale Orientierungen zugunsten einer dann leeren Rationalität zum Verschwinden bringen. Eine „lautere" Moralität schlägt sich weder auf die Seite von Askese und Lebensflucht noch auf die von Traditions- und Geschichtslosigkeit und einer Kritik gewachsener Lebensformen. Ihr geht es auch nicht um ein „eigentliches" oder „authentisches" Leben. Autonomie bedeutet, mehr als ein bloßes Bedürfnis- und Gesellschaftswesen zu sein und in dem Mehr, aber nicht in einem Stattdessen zum entscheidenden Selbst, zum moralischen Wesen als einem Wesen reiner praktischer Vernunft, zu finden.

Das Prinzip der Autonomie stellt die philosophische Ethik auf ein neues Fundament. Der Grund der Sittlichkeit liegt weder in der wohlwollenden Selbstliebe (Rousseau) noch in einem moralischen Gefühl (moral sense: Hutcheson, auch Shaftesbury und Hume). Gewiß, im Rahmen der Pflicht zur eigenen Vollkommenheit soll man das moralische Gefühl (38, 37 f.) und das Wohlwollen kultivieren (vgl. MS VI 386 f.). Beide, wohlwollende Selbstliebe und moralisches Gefühl, sind aber lediglich faktische, zudem zufällige Befindlichkeiten des Subjekts, daher nicht streng allgemeingültig. Rousseau und die Moral-sense-Philosophen bleiben vielmehr einem verfeinerten Empirismus verhaftet.

Noch weniger gründet die Sittlichkeit in einem physischen Gefühl (wofür Epikur steht, den Kant jedoch nicht für moralisch „so niedrig gesinnt" hält, „als man aus den Prinzipien seiner Theorie … schließen möchte": 115, 28 f.). Selbst die Vollkommenheit der Dinge (Stoiker, Wolff) oder der Wille Gottes (Crusius, theologische Moralisten) sind für moralische Verpflichtungen keine letzte Instanz. Denn eine Maxime ist für Kant nicht deshalb vernünftig, weil sie Gott in souveräner Macht gebietet, sondern Gott gebietet sie, weil sie und er selbst vernünftig sind. Auch wenn es empirisch gesehen manchmal umgekehrt sein mag – systematisch betrachtet folgt die Moralität nicht aus einem religiösen Glauben, sondern geht ihm voran.

2. *Sittengesetz bzw. kategorischer Imperativ.* Mit dem „Grundgesetz der reinen praktischen Vernunft" (§ 7) bzw. Sittengesetz (31, 37) stellt Kant für die Moral ein höchstes Beurteilungskriterium auf. Und das dazugehörige Urteilsvermögen, die „reine praktische Urteilskraft", erhält gegenüber der seit Aristoteles vorherrschenden Urteilskraft, der *phronêsis*: Klugheit, eine neuartige und zugleich in moralischer Hinsicht grundlegendere Gestalt. Aristoteles' *phronêsis* setzt nämlich die moralische Ausrichtung mittels Tugend schon voraus und begnügt sich, die Wege zum entsprechenden Ziel zu bestimmen (*Nikomachische Ethik* VI 13, 1144a 8 f.). Kants reine praktische Urteilskraft ist dagegen für die moralische Ausrichtung selbst, für die Unterscheidung unmoralischer von moralischen Maximen, zuständig.

Über dieser Urteilsaufgabe darf man freilich nicht übersehen, daß das moralische Grundgesetz oder der kategorische Imperativ kein neutrales Angebot machen. Für Kant sind sie weit mehr als ein bloßes Meßinstrument, ein Moralometer, das lediglich anzeigt, worin die moralischen Verbindlichkeiten bestehen, um dem Handelnden großzügig zu überlassen, ob er sie auch anerkennen will oder lieber nicht. Als ein „kategorisch praktischer Satz" (31, 7 f.) beginnt das Grundgesetz mit einem bedingungslosen „Handle …!". Erst in zweiter Linie sagt es, woran sich das entsprechende Handeln bemißt: an der Verallgemeinerungsfähigkeit der zugrundeliegenden Maximen.

Während in der *Grundlegung* die Frage, was man tun soll, in drei sich steigernde Teilfragen aufgegliedert wird, in ein technisches, ein pragmatisches und ein moralisches Sollen, spielt in der *Kritik der praktischen Vernunft* das erste Verständnis keine große Rolle. In der „Anmerkung" zu § 1 heißt es aber interessanterweise, daß die Regeln, die unter alle praktischen Grundsätze, also auch unter die moralischen, fallen, einen technischen bzw. instrumentalen Charakter haben, denn sie schreiben eine „Handlung als Mittel zur Wirkung als Absicht" vor (20, 7 f.). Und im Vorübergehen zeigt sich, daß die neuerdings beliebte Alternative „Deontologie oder Konsequentialismus" für Kant kein strenges Entweder-Oder bedeutet. Die Pflichten selbst, etwa das Tötungs- oder das Lügeverbot, aber auch das Hilfsgebot, lassen sich zwar nach Kant nicht von ihren Folgen her, also konsequentialistisch, rechtfertigen. Im Rahmen derartiger Pflichten, namentlich dem Hilfsgebot, muß man sich sehr wohl die Folgen einer Handlung überlegen, insbesondere ob die Handlung ein wirksames Mittel zum beabsichtigten Zweck ist. Im wesentlichen geht es der zweiten Kritik aber nur um die beiden anderen Klassen von Imperativen, um die pragmatischen Imperative, die jetzt Prinzipien der Selbstliebe oder eigenen Glückseligkeit heißen (22, 6–8), und um moralische Imperative, jetzt ‚kategorisch praktische Sätze' genannt (31, 7 f.).

3. *Faktum der Vernunft.* Mit den beiden Theoriestücken, dem Prinzip Autonomie und dem Kriterium der Verallgemeinerbarkeit von Maximen, erreicht Kant sein Beweisziel noch nicht: die Überwindung des ethischen Empirismus und Skeptizismus. Insbesondere der Skeptizismus läßt sich erst dann widerlegen, wenn die Sittlichkeit nicht bloß widerspruchsfrei gedacht, sondern auch gegen den Verdacht verteidigt wird, sie beruhe letztlich auf persönlichen, gruppenspezifischen, epochalen oder gattungsspezifischen Täuschungen. Kant tritt diesem Verdacht mit dem Gedanken „Faktum der Vernunft", genauer: „Faktum der (reinen praktischen) Vernunft", entgegen (§ 7, Anmerkungen; „Von der Deduktion der Grundsätze": 47; vgl. auch 30, 22 ff.; 72, 6 ff.; 105, 10 ff.).

Als Faktum der Vernunft bezeichnet Kant an der entscheidenden Stelle (31, 24) nicht das Sittengesetz bzw. das moralische Gesetz selbst, sondern dessen Bewußtsein. Dabei handelt es sich nach Kant um die unbestreitbare, nicht empirische (31, 32), sondern *a priori* gegebene (47, 12) und apodiktisch gewisse Tatsache, einer unbedingten Verpflichtung bewußt zu sein. Und darin kündigt sich die Vernunft „als ursprünglich gesetzgebend (sic volo, sic jubeo)" an (31, 33 f.).

Zum Beleg, daß das Faktum der Vernunft unleugbar ist, weist Kant auf jene Urteile hin, in denen wir unabhängig von einer konkurrierenden Neigung und ihrem Prinzip die moralisch richtige Handlung aussprechen. Kant fragt, ob jemand, unter Androhung der „unverzögerten Todesstrafe" aufgefordert, „ein falsches Zeugnis wider einen ehrlichen Mann" (30, 28 f.) abzulegen, es für möglich halte, das falsche Zeugnis zu verweigern. Die Antwort auf diese Frage lautet zweifelsohne: ja. Auch wenn das falsche Zeugnis verständlich sein mag, selbst wenn man es erwartet, weil man mit einem übermächtigen Lebensinteresse rechnet, wird man es trotzdem als moralisches Unrecht einschätzen. Und in dieser Einschätzung setzt man das Sittengesetz als eine unbedingte, von einer noch so krassen Bedrohung des eigenen Wohlergehens unabhängig gültige Gesetzgebung als wirklich an. Darin, daß wir in der Tat das bewußt falsche Zeugnis verurteilen, sieht Kant die von aller *praktischen* Empirie, nämlich die von aller Neigung unabhängige praktische Vernunft, als real erwiesen. Der reine Wille, die Moralität, erscheint nicht länger als ein lebensfremdes Sollen, sondern als eine Wirklichkeit, die wir immer schon anerkennen. (Vgl. die Diskussion eines Beispiels reiner Tugend in der „Methodenlehre": 155, 18 ff.) Gegen den Verdacht, die Sittlichkeit sei eine Erfindung von Moralisten, führt

Kant das Vernunftfaktum an und sagt, es sei längst im Wesen aller Menschen „einverleibt" (105, 12) und „mit der gröbsten und leserlichsten Schrift in die Seele des Menschen geschrieben" (Gemeinspruch VIII 287).

Da die reine praktische Vernunft in der Freiheit des Willens besteht, stellt die These vom Vernunftfaktum den dritten Schritt in Kants Lehre der Freiheit dar: (1) Im Antinomienkapitel der ersten Kritik weist Kant die Denkmöglichkeit der transzendentalen Freiheit nach; (2) das Prinzip der Autonomie aus der zweiten Kritik weist die transzendentale Freiheit als einen negativen Begriff aus, der positiv gesehen in der moralischen Freiheit besteht; (3) das Faktum der Vernunft belegt schließlich, daß die transzendentale und zugleich moralische Freiheit wirklich ist.

Gegen das Vernunftfaktum drängt sich der Einwand auf, Kant begehe hier den Sein-Sollens-Fehler, der aus bloßen Seins- (Tatsachen-)Aussagen Sollensaussagen ableitet. In Wahrheit zeigt sich im Vernunftfaktum die scheinbar paradoxe Situation der Kantischen Ethik, vielleicht sogar jeder Moralphilosophie: Reflektiert wird auf etwas, das im moralischen Bewußtsein (oder moralischen Reden usw.) immer schon gegeben ist, also auf ein Faktum, ein *Ist*, und doch soll die Reflexion zum Sittengesetz, dem Grund und Maßstab des *Sollens*, führen. Der Grund: Das Faktum bedeutet keine gewöhnliche, naturale Tatsache, sondern das Bewußtsein eines moralischen Sollens. Des näheren bietet Kant einen differenzierten Vorschlag, das Sein-Sollens-Problem innerhalb der Moralphilosophie zu lösen:

Erstens und vorab setzt er die theoretische Vernunft, die den Bereich des Seins untersucht, von der praktischen Vernunft ab, die sich auf das Sollen richtet. Zweitens unterscheidet er – insbesondere in der *Grundlegung* – verschiedene Arten und zugleich Stufen des Sollens: den technischen, pragmatischen und kategorischen Imperativ, die ebenso viele Stufen der praktischen Vernunft bedeuten. In der zweiten Kritik hebt er die empirisch bedingte, vor allem pragmatische Vernunft von der reinen praktischen, moralischen Vernunft ab, weshalb sie sich aus einer nichtmoralischen Erfahrung grundsätzlich nicht ableiten läßt. Drittens meint das Vernunftfaktum keine empirische Tatsache, sondern die moralische Selbsterfahrung des reinen praktischen Vernunftwesens. Als moralische Erfahrung dokumentiert sich die Selbsterfahrung nicht notwendigerweise in empirisch beobachtbaren Handlungen, sondern schon in moralischen Urteilen über Handlungen bzw. über das zugrundeliegende Begehren. Und als Selbsterfahrung urteilt sie über die Qualität des eigenen Begehrens. Vor allem und viertens bilden diese Urteile keine empirische Vorgabe, sondern etwas, worin sich der Mensch als moralisches Subjekt konstituiert und zugleich wiedererkennt. Es handelt sich um ein Faktum im ursprünglichen Sinn von etwas, das gemacht, und zwar vom Urteilenden selbst gemacht ist: Indem man die entsprechenden Entscheidungssituationen moralisch beurteilt – nicht notwendigerweise auch moralisch bewältigt –, bringt man sich als moralisches Wesen in die Wirklichkeit. Gemeint ist eine zu leistende Tat, freilich keine sinnliche, sondern eine intelligible Tat, die zugleich eine Tatsache (matter of fact) ist. Schließlich leitet Kant aus dem Vernunftfaktum keine Sollensaussagen ab: Argumentationslogisch betrachtet folgt das Sittengesetz nicht aus dem Vernunftfaktum, sondern aus dem Begriff eines uneingeschränkt allgemeinen, streng objektiven Gesetzes.

1.5 Zur „Dialektik der reinen praktischen Vernunft"

Die reine Vernunft hat für Kant „jederzeit ihre Dialektik" (107, 6). Indem sie nämlich die Totalität der Bedingungen, also das Unbedingte, auf Erscheinungen anwendet, als wären sie Sachen an sich selbst, verwickelt sie sich in einen unvermeidlichen Schein (Z. 15). Im Fall der zweiten Kritik betrifft die Dialektik das höchste Gut, ferner zwei mit ihm verbundene Postulate der reinen praktischen Vernunft: die Unsterblichkeit der Seele und das Dasein Gottes, nicht zuletzt den Primat der reinen praktischen Vernunft. Zu diesem weiten, von Kant-Interpreten häufig vernachlässigten Themenfeld kann sich die Einführung auf wenige Bemerkungen beschränken:

Die reine praktische Vernunft sucht zum praktisch Bedingten, zu allem, was auf Neigungen und Naturbedürfnissen beruht, das Unbedingte im Sinne einer absoluten Totalität. Diese Totalität bzw. das Höchste ist in zweierlei Weise denkbar, dominant und inklusiv. Im dominanten Sinn besteht das Oberste (supremum) in der Bedingung, die selbst unbedingt ist (originarium), im inklusiven Sinn dagegen im Vollendeten (consummatum) als jenem schlechthin umfassenden Ganzen, das seinerseits kein Teil eines noch größeren Ganzen ist. Nun liegt das dominant höchste Gut in der Tugend, zu verstehen als die Würdigkeit, glücklich zu sein. Dabei fehlt zum inklusiv Guten, daß der Tugendhafte der Glückseligkeit auch teilhaftig wird, und zwar gemäß seiner Glückswürdigkeit, der Tugend. Die tatsächliche, in der Sinnenwelt erreichte Glückseligkeit soll der moralisch (noumenal) verdienten Glückseligkeit entsprechen, auf daß es eine Proportionalität von Glückseligkeit und Glückswürdigkeit gebe (schon KrV B 836 ff.).

Zwei wichtige Lösungsvorschläge stammen schon aus der Antike und wirken bis in die Neuzeit nach. Kant verwirft sie beide, den Vorschlag der

Epikureer und den der Stoiker. Denn beide vereinfachen seiner Ansicht nach das Problem: „Der Begriff der Tugend lag nach dem *Epikureer* schon in der Maxime seine eigene Glückseligkeit zu befördern; das Gefühl der Glückseligkeit war dagegen nach dem *Stoiker* schon im Bewußtsein seiner Tugend enthalten" (112, 14–16). Weil für die Epikureer in der eigenen Glückseligkeit und für den Stoiker in der Tugend schon das ganze höchste Gut liegt, erkennen sie jeweils nur die eine Seite an und unterschätzen das Gewicht der anderen. Kant versucht sich dagegen an einer scheinbaren Unmöglichkeit: Er will Glückseligkeit und Tugend sowohl in ihrem Eigenwert anerkennen als auch miteinander versöhnen. Zu diesem Zweck führt er allerdings zwei Elemente ein, die in der Regel aus der Religion, namentlich der jüdisch-christlichen, stammen und dem Religionsskeptiker Schwierigkeiten bereiten. Mit der Postulatenlehre geht Kants Moralphilosophie in eine Religionsphilosophie über, freilich nicht in eine Philosophie göttlicher Offenbarung, sondern, wie er es in seiner späteren Religionsschrift schon im Titel sagt: Er befaßt sich mit der „Religion innerhalb der Grenzen der bloßen Vernunft".

Eine Ethik der Autonomie läßt zwar keine andere moralische Triebfeder als die Achtung vor dem moralischen Gesetz zu. Wer nur deshalb moralisch handelt, weil er im Jenseits eine lohnende und strafende Gerechtigkeit erwartet, verfehlt daher die Lauterkeit der Moralität. Die eine, für den theoretischen und den praktischen Gebrauch gemeinsame Vernunft drängt aber nach einer Einheit der zwei Vernunftbereiche. Wegen dieses Bedürfnisses nach Einheit drängt sich gegenüber der „Analytik" eine ganz neue Frage auf, nicht mehr die nach Begriff, Kriterium und Wirklichkeit, sondern die nach dem Sinn der Moralität. Der „Analytik" geht es um die Vollkommenheit der handelnden Subjekte, der „Dialektik" um die Vollkommenheit der Welt: Wie kann sie nicht bloß in sich, als Natur, sondern auch im Blick auf die Moral vollkommen sein?

Die Antwort auf die neuartige Frage liegt im höchsten, nicht nur obersten, sondern auch vollständigen Gut, in der Harmonie der Moralität als Glückswürdigkeit mit der tatsächlich eintretenden Glückseligkeit: Daß man in demselben Maße glücklich werde, wie man moralisch lebe, diese Harmonie ist nach Kant nur unter zwei Voraussetzungen denkbar: dem Dasein Gottes, der für die Harmonie sorgt, und der Unzerstörbarkeit der Person, der Unsterblichkeit der Seele, die in den Genuß der Harmonie zu gelangen erlaubt. Kant nennt die Voraussetzungen „Postulate der reinen praktischen Vernunft". Diese muß sie nämlich unterstellen, um ihr Sinnbedürfnis, das an das höchste Gut gebunden ist, als erfüllbar zu denken: Der Rechtschaffene „will", daß Gott existiert und seine Seele unsterblich ist.

Die Proportionalität von tatsächlicher und verdienter Glückseligkeit setzt deren Verbindung (Synthesis) voraus, die wiederum weder analytisch noch empirisch gegeben ist. Trotzdem läßt sie sich – so Kant – nur nach dem die Empirie beherrschenden Prinzip, dem Ursache-Wirkungsverhältnis, denken. Aus diesem Umstand folgen nun zwei sich widerstreitende Gesetzlichkeiten, mithin eine Antinomie: Erstens kann das Verlangen nach Glück nicht die Ursache von moralischen Maximen sein. Denn dem Glücksverlangen liegt der veritable Gegner des moralischen Gesetzes, das Prinzip Eigenliebe, zugrunde. Zweitens taugen die moralischen Maximen nicht als Ursache der Glückseligkeit, weil diese nicht von moralischen Gesinnungen, sondern von Naturgesetzen und dem physischem Vermögen abhängt.

Überwinden läßt sich die Antinomie durch die beiden Postulate der reinen praktischen Vernunft: *Einerseits* ist die völlige Angemessenheit der Gesinnungen an das Sittengesetz, die Heiligkeit, bei endlichen Vernunftwesen nur als ein unendlicher Fortschritt denkbar, der wiederum eine ins Unendliche gehende Existenz des Vernunftwesens, mithin die Unsterblichkeit der Seele, voraussetzt.

Nur in Klammern drängen sich dabei zwei Rückfragen auf. Erste Frage: Kann der Mensch überhaupt im strengen, „ontologischen" Sinn heilig werden? Er müßte doch seine Endlichkeit, nämlich Verführbarkeit zu unmoralischem Wollen, verlieren. Tatsächlich bleibt er aber trotz einer steigenden Lauterkeit als Sinnenwesen an das Verlangen nach Glück und die daraus resultierende Verführbarkeit gebunden, so daß er sich zumindest im „ontologischen" Sinn der Heiligkeit gar nicht annähern kann. Und für eine „pragmatische" Annäherung, für eine hinreichend feste Einstellung, die Tugend, muß der Fortschritt vielleicht nicht unendlich sein. Zweite Frage: Ist die von der Leiblichkeit befreite Person, die unsterbliche Seele, von Versuchungen der Eigenliebe nicht ohnehin frei? Dort scheint also Unmögliches, hier Unnötiges verlangt zu werden.

Andererseits braucht es ein Wesen, das durch seinen vollkommenen Verstand (Allwissen) und seinen vollkommenen Willen (Allgerechtigkeit und Allmacht) für das höchste Gut tatsächlich Sorge trägt. Methodisch gesehen sind beide Postulate keine „theoretischen Dogmata"; denn sie erweitern die Erkenntnis nicht in theoretischer, sondern nur in praktischer Absicht. Sie gehen vom Grundsatz der Moralität aus, der seinerseits kein Postulat, sondern ein Gesetz ist.

1.6 Aktualität und Provokation

Nach diesem allzu kurzen Blick in die Dialektik seien nur wenige Momente an Kants Moralphilosophie hervorgehoben, die sie sowohl aktuell als auch provokativ machen:

1. Moralische Erziehung. Einige Gründe für Kants Aktualität sind schon genannt, zum Beispiel daß Kant in der „Methodenlehre" eine Theorie moralischer Erziehung skizziert, von der der heutige Schulunterricht „Ethik" viel lernen könnte (s. o. Kap. 1.1). Sie stellt eine gewichtige Alternative zum Vorschlag dar, die Moral anhand von Dilemmata zu diskutieren. Wichtig ist beispielsweise, an den Hang der Vernunft anzuknüpfen, der sich auch bei Jugendlichen findet, „in aufgeworfenen praktischen Fragen selbst die subtilste Prüfung mit Vergnügen einzuschlagen" (154, 17 ff.). Auch verlohnt es sich, „das Prüfungsmerkmal der reinen Tugend an einem Beispiele" zu zeigen. „Man erzähle die Geschichte eines redlichen Mannes, den man bewegen will, den Verleumdern einer unschuldigen, übrigens nicht vermögenden Person beizutreten. Man bietet Gewinne ..., er schlägt sie aus. ... Nun fängt man es mit der Androhung des Verlusts an ... so wird mein jugendlicher Zuhörer stufenweise von der bloßen Billigung zur Bewunderung, von da zum Erstaunen, endlich zur größten Verehrung und einem lebhaften Wunsch, selbst ein solcher Mann sein zu können ... erhoben werden. ... Also muß die Sittlichkeit auf das menschliche Herz desto mehr Kraft haben, je reiner sie dargestellt wird" (155, 19 ff.).

2. Existentielles Gewicht. Von einem Moralphilosophen, der häufig als Gegenspieler Kants angesehen wird, von Aristoteles, stammt der Gedanke einer nachdrücklich praktischen Philosophie (*Nikomachische Ethik* I 1, 1095a 5 f.). In Kants radikaler Grundlagenreflexion hinsichtlich der Moral sehen manche Interpreten den Gedanken der praktischen Philosophie entschwinden. Tatsächlich ist er nicht nur in der *Metaphysik der Sitten*, ihrer *Rechtslehre* und ihrer *Tugendlehre*, gegenwärtig. Auch der zweiten Kritik (und vorher schon der *Grundlegung*, selbst der ersten Kritik, vgl. B xxxi, B xxxv u. a.) liegt eine praktische, sogar existentielle Intention zugrunde. Gegen einen ethischen Skeptizismus, der die Gültigkeit moralischer Pflichten grundsätzlich in Zweifel zieht, und gegen einen ethischen Empirismus, der an ihrer Reinigkeit und Strenge zweifelt, stellt Kant das gewöhnliche moralische Bewußtsein auf einen sicheren Grund und bestätigt es in seiner Unbedingtheit: als reines, von allen empirischen Elementen der Lust und Unlust unabhängiges Gesetz entspringt die Moral der Autonomie des Willens.

3. Kritik an Konsequentialismus und Utilitarismus. Nach einem beliebten Vorwurf sei Kants Ethik gegen das tatsächliche Wohlergehen konkreter Menschen gleichgültig und wegen dieser Gleichgültigkeit dem Utilitarismus unterlegen, der die Moral in Begriffen allgemeinen Wohlergehens definiert. In Wahrheit weiß Kant, wie schon gesagt, daß jedes endliche Vernunftwesen nach Glück verlangt (25, 12 f.); und die Sorge für das Wohl anderer hält auch er für moralisch geboten (34, 19 ff.; vgl. GMS IV 398; MS VI 450). Während der Utilitarismus aber sein Leitprinzip, das Wohlergehen anderer, nicht mehr philosophisch begründet, läßt sich Kant auf die – komplexe – Begründung ein. Darüber hinaus stellt er für das Sittengesetz mit der Verallgemeinerung von Maximen ein Kriterium bereit.

Weiterhin hält er das Wohlergehen anderer nicht für die einzige Pflicht. Er kennt vielmehr zwei pflichtgebotene Zwecke, neben der fremden Glückseligkeit auch die eigene Vollkommenheit (MS VI 385, 32). Außerdem stellt er sich der vom Utilitarismus vernachlässigten Frage, unter welchen apriorischen Bedingungen ein Subjekt überhaupt zur Moral fähig sei. Und im Widerspruch zu dem unter den Utilitaristen beliebten Hedonismus antwortet er mit der Autonomie des Willens. Aus diesen Gründen erscheint die utilitaristische Ethik, von Kant aus gesehen, nicht einfach als falsch, wohl aber als moralisch und zugleich philosophisch ergänzungs- und zugleich korrekturbedürftig. Insofern stellt sie weniger ein Gegenmodell zu Kant als eine nicht hinreichend gründliche, als eine zu kurz greifende Moralphilosophie dar.

Gegen den Utilitarismus spricht auch, daß er im Namen des Allgemeinwohls gegen die Gerechtigkeit zu verstoßen erlaubt. Weil Kant dagegen zu Recht Einspruch erhebt, mit dem Vorrang der engen Rechtspflichten vor den weiten ethischen Pflichten (vgl. MS VI 390–394), weil beispielsweise das Tötungs- und das Betrugsverbot nicht um des Hilfsgebots willen verletzt werden dürfen, bietet er in der Tat gegenüber dem Utilitarismus nicht bloß die philosophisch, sondern auch die moralisch überlegene Alternative.

4. Zur Subjektivität der Moral. Viele Moralphilosophen begnügen sich mit einem höchsten Kriterium für Moral. Auch Kant befaßt sich mit dieser Aufgabe, sieht aber zu Recht, daß die Frage nach der Moral damit noch nicht beantwortet ist. Da es in der Moral auf die menschliche Verantwortung, genauer: deren höchste Stufe, ankommt, genügt es nicht, das Kriterium zu kennen, an dem sich die Verantwortung mißt. Wichtig ist auch die Frage, welches Subjekt zu dieser Verantwortung denn fähig ist. Zu diesem Behuf ist nach dem moralischen Subjekt zu fragen, wofür bei Kant der

Maximenbegriff eine wichtige Mittlerrolle einnimmt. Schon in der ersten Kritik versteht Kant darunter subjektive Gründe der Handlungen, d. i. subjektive Grundsätze (B 840). In seinen moralphilosophischen Schriften ergänzt er erläuternd, daß derartige Grundsätze eine allgemeine Bestimmung des Willens enthalten und mehrere praktische Regeln unter sich haben (§ 1; vgl. GMS IV 420 f.). Als *subjektive* Grundsätze können sie von Individuum zu Individuum verschieden sein, müssen es aber nicht. Als *Willens*bestimmungen bezeichnen sie nicht Ordnungsschemata, die ein objektiver Beobachter dem Handelnden unterstellt; es sind vielmehr Prinzipien, die der Handelnde selbst als die eigenen anerkennt. Und als *Grund*sätze, die mehrere Regeln unter sich haben, steht „unser ganzer Lebenswandel" auf dem Prüfstand (KrV B 840): Maximen beinhalten die Art und Weise, wie man sein Leben als ganzes führt, freilich bezogen auf bestimmte Grundaspekte des Lebens und Zusammenlebens, etwa auf Hilfsbedürftigkeit, Lebensüberdruß oder Beleidigungen oder, so die Beispiele der zweiten Kritik, auf ein Rachebedürfnis (§ 1) und auf Habsucht (§ 4, Anmerkung).

Die Handlungsregeln, die unter die Maxime fallen, haben dagegen mit den wechselnden Bedingungen des Lebens zu tun und fallen entsprechend verschieden aus. Ohne daß es Kant im Rahmen seiner praktischen Vernunftkritik eigens hervorhebt, ist eine Maximenethik der verbreiteten Regel- oder Normenethik mindestens vierfach überlegen:

1. Weil die Willensgrundsätze von den wechselnden Umständen absehen, wird in ihnen das normative Grundmuster einer Handlung herauspräpariert. Infolgedessen sieht man, wieso unterschiedliches Handeln eine gemeinsame Qualität, die des Moralischen oder des Nichtmoralischen, haben kann, ohne deshalb in einen ethischen Relativismus auf der einen oder einen starren Regeldogmatismus auf der anderen Seite fallen zu müssen. Die Maxime gibt den normativen Grundriß an, der erst durch jene „Kontextualisierung" zur konkreten Handlung wird, die eine moralisch-praktische Urteilskraft mittels produktiver Beurteilungsprozesse vornimmt.

2. Als gemeinsame Lebensgrundsätze verhindern Maximen, daß sich die Biographie eines Menschen in eine unübersehbare Mannigfaltigkeit von Regeln oder gar unendlich viele Einzelhandlungen aufsplittert. Durch Maximen werden die Teile eines Lebens zu einheitlichen Sinnzusammenhängen verbunden, die das Sittengesetz bzw. der kategorische Imperativ auf ihre moralische oder aber nichtmoralische Qualität hin beurteilt.

3. Weil Maximen von den wechselnden Randbedingungen der Person und der Gesellschaft absehen, kommt in ihnen der Charakter des Menschen zum Ausdruck. Nicht Normen, sondern Maximen sind der ange-

messene Gegenstand für Fragen der moralischen Identität, der moralischen Integrität und der moralischen Erziehung.

4. Schließlich erlaubt erst eine Maximenethik, die Moral im Sinne von Moralität zu prüfen. Denn nur bei den letzten, selbstgesetzten Grundsätzen des Begehrens läßt sich feststellen, ob das Handeln bloß pflichtgemäß, also legal, oder aus Pflicht, mithin moralisch, geschieht.

Die Allgemeinheit, die in jeder Maxime steckt, ist freilich erst eine subjektive und relative Allgemeinheit, nicht die objektive: absolute und strenge Allgemeinheit, die schlechthin jedes Vernunftwesen umfaßt. Deshalb prüft der zweite Gesichtspunkt im Sittengesetz, die Verallgemeinerung, ob der subjektive Lebenshorizont einer Maxime auch als objektiver Lebenshorizont sowohl einer einzelnen Person (vgl. 28, 25 f.) als auch einer Gemeinschaft von Personen gelten kann. Im bunten Strauß subjektiver Grundsätze werden die moralischen von den nichtmoralischen geschieden, und der Handelnde ist aufgefordert, nur den moralischen Maximen zu folgen.

Ziehen wir zur *Kritik der praktischen Vernunft* eine vorläufige Bilanz: Auch wenn man Kant nicht in allen Argumenten folgt, so ist ihm zumindest darin zuzustimmen, daß die kritische Begründung einer sachgerechten Moralphilosophie mindestens vier Aufgaben zu erfüllen hat: (1) eine semantische Aufgabe: die Bestimmung des Begriffs der Moral bzw. des moralisch Guten; (2) eine kriteriologische Aufgabe: die Begründung eines höchsten Gesetzes oder einer höchsten Regel für die Moral; (3) eine subjektivitätstheoretische Aufgabe: die Bestimmung der dem Begriff und dem Gesetz entsprechenden moralischen Subjektivität; (4) Überlegungen zum Problemfeld höchstes Gut und Postulatenlehre, nämlich zur Frage, wie sich die „naturale" Bestimmung des Menschen, sein Verlangen nach Glück, zur Vernunftbestimmung, der Moral, verhält.

Blickt man auf die gegenwärtigen dominierenden Moralphilosophen, etwa auf Rawls, die Diskursethik und den Utilitarismus, so erscheinen sie alle insofern als eklektisch, als sie sich mit weniger Aufgaben als Kant zufriedengeben und ihr Weniger von der Sache her kaum überzeugt. Somit dürfte auch nach mehr als zwei Jahrhunderten die *Kritik der praktischen Vernunft* schon hinsichtlich der reicheren Aufgabenstellung ihresgleichen suchen. Und gute Gründe sprechen für die Annahme, daß dies auch für die Lösung der Aufgaben gilt: (1) Die Moral meint ein schlechthin objektives Gesetz; (2) ihr Kriterium liegt in der Verallgemeinerung der Maximen und (3) ihr subjektiver Ursprung in der Autonomie des Willens. (4) Und wenn man das Problem des höchsten Gutes nicht länger verdrängt, so erscheint es ohne eine Postulatenlehre oder zumindest ein gleichwertiges Äquivalent als kaum lösbar. Infolgedessen darf man Jean Paul abwandeln: Kaufen Sie sich um Himmels willen Kant; und langt es nur zu einem Buch, dann sollte es die *Kritik der praktischen Vernunft* sein.

2

Allen W. Wood

Preface and Introduction (3–16)

In his 1781 Preface to the *Critique of Pure Reason*, Kant assigned to this work the broadest possible aims: "In this business I have made comprehensiveness my chief aim in view, and I make bold to say that there cannot be a single metaphysical problem that has not been solved here, or at least to the solution of which the key has not been provided" (A xiii). It might be supposed that in his second critical enterprise, the *Critique of Practical Reason* (1788), Kant would have attempted a similar comprehensiveness regarding the problems of practical (or moral) philosophy. But in fact the very reverse of this is the case; the second Critique is quite narrow in its aims, and there is a great deal that falls under the heading of moral philosophy that it discusses only tangentially, if at all.

In this work, for instance, Kant took not a single step further toward completing the system of moral philosophy that he had been promising for two decades under the title 'Metaphysics of Morals'. Rather, like the *Groundwork for a Metaphysics of Morals* (1785), the *Critique of Practical Reason* thematizes only *foundational* questions in moral philosophy, and deals with the application of moral principles only incidentally – as an appendix about "practical judgment" to the chapter clarifying the role of the end or 'object' of action in practical reason (67–71) and again as part of the 'doctrine of method' – but only with the aim of "providing the laws of pure practical reason with access to the human mind and influence on its maxims" (151). Unlike the *Groundwork*, however, its aims are not "foundational" in the sense that it is concerned with *formulating* the fundamental principle of morality. And the extent to which the second Critique is concerned even with *establishing* that principle, is very much open to question. According to the work itself, it presupposes the *Groundwork* as regards both "acquaintance" with the principle of duty and its "justification" (8).

The chief purpose of the *Critique of Practical Reason*, like that of the *Critique of the Power of Judgment* published two years after it, was instead to discuss the *relationship* between theoretical and practical philosophy. But whereas the third Critique pursued this purpose by treating two topics that were relatively unexplored within Kant's philosophical enterprise (namely, aesthetic judgment and natural teleology), the *Critique of Practical Reason* attempted to revisit and discuss more thoroughly a set of issues that had already been dealt with either in the *Critique of Pure Reason* or in the *Groundwork*. The aim second Critique could be thought of, in fact, as limited to the completion of some quite determinate "unfinished business" left over from these two works – business that Kant regarded as necessary to complete before the foundations of his practical philosophy could be regarded as secure.

The *Critique of Practical Reason* was first conceived as a new section to be added to the *Critique of Pure Reason* in its second edition of 1787. An announcement of the latter (in November 1786) declares that "To the Critique of pure speculative reason contained in the first edition, in the second edition there will be appended a critique of pure practical reason" (KrV, 2nd ed., "Anmerkungen": III 556; cf. *Briefwechsel* X 445–46, 448–49). But obviously in the course of preparing a second edition of the *Critique of Pure Reason*, it became evident to Kant that neither the time allotted for completion of his revisions nor reasonable boundaries of length for what was already a very long book would permit him to do things this way. Upon completion of the second edition, he chose to write a different book concluding the critical examination of practical reason that he had begun in the *Groundwork* but (by his own admission) left unfinished there (IV 391).

In preparing the second edition of the *Critique of Pure Reason*, Kant was concerned to forestall charges that had been raised in the meantime by reviews and discussions (most famously, by the Garve-Feder review of 1782).[1] There is good reason to see the contents of the second Critique as in considerable part an answer to certain specific criticisms that had been raised against the first Critique and the *Groundwork*.

Some critics regarded Kant's grounding of morality on transcendental freedom as excessively subtle and metaphysical.[2] Particularly crucial to the aims and strategy of the *Critique of Practical Reason* was the charge, raised by

---

1 Zugaben zu den Göttinger Gelehrten Anzeigen (January 19, 1782).
2 Such criticisms were reported to Kant by Jenisch in a letter of 1787 (*Briefwechsel* X 462–464).

H. A. Pistorius in his review of the *Groundwork*, that Kant was guilty of inconsistency in denying legitimacy to the use of transcendent ideas such as freedom, God and immortality in the first Critique, and then afterward grounding his moral philosophy on the idea of freedom in the *Groundwork*.[3] Kant's attempts to reply to this criticism can be seen in the care he takes to elucidate the relationship between the moral law and the assertion of transcendental freedom and the primacy of the practical over the theoretical, and also in the emphasis given to the postulates of God and immortality.

Over half of the 162 pages of the *Critique of Practical Reason* are in effect devoted to answering Pistorius' charge of inconsistency. Another thirty or more highly prominent pages (much of the first two Chapters of the Analytic) are devoted to responding to a second objection raised by Pistorius (also put forward by G. A. Tittel), namely, that in the *Groundwork* the concept of the good should have been established prior to that of the moral principle.[4] Though Pistorius' review of the *Groundwork* is mentioned explicitly only once in it (8), the Preface as a whole seems preoccupied with his objections.

The Preface may be conveniently divided into four parts. The first and longest part, 3–8, discusses the relation between the first and second Critiques. This part may be regarded as primarily directed at Pistorius' worry about Kant's inconsistency. Kant then proceeds to discuss, more briefly (in a single paragraph), the relation of the second Critique to the *Groundwork* and to other possible systematic projects in moral philosophy (8–9). The third part of the Preface (9–12) discusses the relation of theoretical and practical cognition within an architectonic conception of the mind's faculties as a whole. This section begins by addressing the objection that the good should be prior to the moral principle, and extends to a more general discussion of the division of philosophy in accordance with the distinction between the faculties of cognition and desire (a problematic that was to continue to preoccupy Kant, especially in the *Critique of the Power of Judgment*). In the fourth part of the Preface, Kant concludes the Preface with a defense of *a priori* cognition, and of reason as a source of such cognition (12–14). This is best seen as a response to empiricist attacks on the critical philosophy, especially those of J. G. Feder.

---

3 Pistorius' review was published in the Allgemeine deutsche Bibliothek LXVI (1786), pp. 447–463.
4 G. A. Tittel, Über Herrn Kants Moralreform (Frankfurt/Leipzig, 1786).

2.1 The *Critique of Pure Reason* and the *Critique of Practical Reason* (3–8)

The task of a critique of practical reason. Kant opens with a justification for the omission of the adjective 'pure' from the title of his new work. This elucidation proceeds from Kant's understanding of the project of a 'critique' of reason, and tells us a good deal about what he takes to be essential to this project and important about it. A critique of reason is a species of self-knowledge in which reason comes to understand its own sources, extent and boundaries (KrV A xi–xii). Reason *requires a critique* only insofar as it tends to misunderstand itself in such a way as to overstep its proper boundaries. In its theoretical use, *pure* reason (reason used apart from everything empirical) requires a critique, because it generates ideas, propositions and arguments that lay claim to cognitions it cannot have, and involve a misunderstanding of the true sources of the cognitions it does have. In its practical use, however, Kant thinks pure reason requires no critique: For the most it could claim in this domain is that it gives laws to the will that are unconditionally valid, and this claim is (in Kant's view) entirely correct and entirely justified (3).

In reason's practical use, it is not pure but empirically conditioned reason that stands in need of a critique. For this reason proceeds from our empirical desires and tends to treat them as if they were legislative – either by caviling with the law of pure reason, trying to cast doubt on it, or at least on the strictness of its demands. This is what in the *Groundwork* Kant called a 'natural dialectic' of practical reason, which calls for moral philosophy as its antidote (IV 405). The second Critique proceeds quite consistently with this, presenting the Dialectic of Practical Reason in this light. Specifically, doubts about the possibility of the highest good are used to cast doubt upon the validity of the moral law (113–114), involving a 'subreption' that confuses the feeling of being determined by the law with the objective determination of the law by pure reason (in this way attempting to substitute empirical grounds for pure rational ones) (116). The resolution of these doubts is based on preventing this confusion, hence reasserting the reality and independence of the pure moral law as a ground of the will's determination (116–120).

In the Preface to the *Groundwork* Kant also spoke of a 'critique of pure practical reason', apparently referring to the problematic involving the justifiability of a belief in transcendental freedom as equivalent to a recognition of the validity of the moral law (IV 392). But although the phrase was used in the title to the Third Section of the *Groundwork*, it is not employed within that section (even the word 'critique' is nowhere used in it). Perhaps in 1785 Kant still had lingering doubts about the justifiability of a belief in transcendental freedom, and therefore of 'pure practical reason' itself, and was unsure how to present these convictions in a way that would pass critical muster. If so, however, then we may take the title of the second Critique as an assertion that by 1788 he entertained them no longer.

Freedom as the keystone. In the second paragraph of the Preface, Kant takes the indisputable existence of pure practical reason as unconditionally legislative to be equivalent to the establishment of freedom (3). He still understands freedom in a transcendental sense, as "the unconditioned in the series of causal connection" (3). Kant goes on to assert that this concept of freedom "constitutes the keystone of the whole structure of the system of pure reason, even of speculative reason" (3–4). The meaning of this puzzling remark, which has fascinated commentators, is far from clear; it appears to give the idea of freedom a privileged place even in the *Critique of Pure Reason* that was not obvious or explicit in that work. But it might also be seen as an endorsement of an idea in the *Groundwork* which is often thought to have been repudiated in the *Critique of Practical Reason*: namely, that freedom is inseparable from all use of reason, and necessarily presupposed even in theoretical judgments (IV 447–448)

Comparatively clearer (but only comparatively) is Kant's next important assertion about the concept of freedom, that its *real possibility* is revealed through the moral law, and therefore it is the only idea of reason whose possibility is cognized *a priori* (4). Kant takes *cognition* (*Erkenntnis*), properly speaking, to consist in an intuited content grasped through concepts (KrV A 19/B 33; A 51–51/B 75–76). The *real possibility* of a concept is cognized when it is exhibited how an object for the concept might be given in intuition (A 219–226/B 266–273). The real possibility of empirical concepts can be cognized only through empirical cognition of their actuality, or at least of the actuality of objects to which they might apply consonant with the laws of a possible experience (A 218/B 265). The only concepts whose real possibility can truly be cognized *a priori* are those of mathematics, since their objects can be constructed (hence exhibited) *a priori* in pure intuition (A 727–734/B 755–762). When we cognize the real possibility of a concept *a priori* in this way, we also "have insight" (*einsehen*) into it (Logik IX 65).

The concept of freedom cannot be made to fit the requirements for *a priori* cognition of its possibility if these requirements are taken literally, but Kant apparently thinks that our awareness of freedom through the apodictic moral law of practical reason provides an analogue or legitimate substitute, which entitles us to use the same terms. Through our awareness that we are unconditionally obligated to obey the moral law, we come to judge directly (as in an intuition) the real (not merely logical) possibility of our obeying that law. Since freedom of our will is the sole condition under which such obedience could be possible, this immediate judgment gives us also the analogue to a *cognition* of freedom – an *a priori* exhibition of the object of this concept *in concreto*.

Because the practical postulates of God and immortality arise through an obligation (to seek the highest good) that is grounded on freedom, Kant says that these other ideas of reason "attach themselves to this concept [of freedom]" and by means of it get stability and objective reality, that is their possibility is proved by this: that freedom is actual" (4). About these two other ideas of reason, Kant thinks we can *affirm* their objective reality, and are permitted to *assert* it, but cannot *cognize* it or *have insight* into it (4–5). Kant admits that it would be more satisfying to reason in its speculative use if we could produce theoretical proofs for the objective reality of our concepts of God, freedom and immortality. But the *Critique of Pure Reason* has shown that this cannot be done (5)

Supersensible use of the categories by pure practical reason. At this point in the Preface (5–6), Kant addresses Pistorius' worry about inconsistency head on. He concedes that it is an "enigma" that we must "*deny* objective *reality* to the supersensible *use of the categories* in speculation and yet *grant* them this *reality* with respect to the objects of pure practical reason" (5). His reply to the charge of inconsistency lies in distinguishing a *theoretical* use of the categories from a *practical* use of them: we deny the former use, but permit only the latter. Practical reason, through our awareness of moral obligation, "furnishes reality to a supersensible object of causality, namely to freedom (though as a practical concept only form practical use) and hence establishes by means of a fact what could there [in theoretical reason] only be *thought*" (6).

Kant then argues that in drawing this distinction and using it in this way, the critical philosophy exhibits a certain striking *consistency* with another of its characteristic doctrines: namely, transcendental idealism. For in denying the categories, and in particular the concept of freedom, a theoretical use, we are at the same time denying its applicability to the world of phenomena or appearances; and by permitting its practical use, we are asserting its applicability to the world of noumena or things in themselves

(6–7). Empiricists, he charges, could not allow the concept of freedom even practical use, because they would have to treat it as an empirical concept, applicable to the world of appearances, where it has been denied all applicability by the critique of theoretical reason; but a critical moralist who proceeds rationally may consistently allow it to be applied for practical purposes to a supersensible world (7–8).

Freedom and the moral law. In the first part of the Preface there is also discussion of the relationship between the postulate of freedom and the validity of the moral law, which is sometimes taken to constitute a new and distinctive approach to this topic as compared with the *Groundwork*. Practical reason, he says, "without any collusion with speculative reason, furnishes reality to a supersensible object of the category of causality, namely to freedom (although as a practical concept, only for practical use), and hence confirms what could there be only *thought* through a fact [*durch ein Faktum*]" (6). This is the first statement of the famous (though mysterious) doctrine of the "fact of reason", which is sometimes held to replace the *Groundwork*'s attempt to establish the moral law through appeal to the presupposition of freedom with a simple assertion of the moral law as a "fact of reason" of which we are immediately aware. In Kant's discussion of the relation of the second Critique to the *Groundwork* (8) we will find reason to doubt that this could have been Kant's own self-understanding, at any rate. The *Groundwork* never attempted, in any case, to establish freedom as a part of speculative philosophy through any theoretical proof. In the Preface, at least, it remains utterly obscure what sort of "fact" Kant could have in mind, and also how it could establish freedom. However, it is fairly evident that in the above remark Kant is once again responding to a version of Pistorius' charge of inconsistency. For he is claiming that transcendental freedom is established for practical on some basis other than the theoretical basis denied in the *Critique of Pure Reason*. Thus the assertion of freedom in moral philosophy is entirely consistent with the first Critique's denial of all theoretical proofs of the objective reality of freedom (along with the denial of such proofs regarding the other ideas of reason).

Probably the most famous statement in the Preface on freedom and the moral law is offered as a defense against a possible charge of inconsistency apparently different from the one raised by Pistorius. This is that Kant seems to hold simultaneously that the moral law is the condition of freedom and that freedom is the condition of the moral law – which is clearly related somehow to Kant's worry in the Third Section of the *Groundwork* that there is a "circle" in his reasoning when he says first that we regard ourselves as free in order to think of ourselves as under moral laws and afterwards that we think of ourselves as under moral laws because we have ascribed freedom to ourselves (GMS IV 450). His answer here in the Preface to the second Critique is to say that freedom is the *ratio essendi* of the moral law, while the moral law is the *ratio cognoscendi* of freedom (4). The inconsistency is therefore to be removed by distinguishing two senses of "condition" (or "ground" or *ratio*). Freedom grounds the moral law in the sense that the moral law could not have been encountered in us were we not free, but we come to be acquainted with our freedom only through our awareness of the moral law.

Provisional evaluation of Kant's reply to the charges of inconsistency. In assessing Kant's reply to Pistorius' charge of inconsistency, it is only fair to keep in mind that we are discussing merely a programmatic account of it in the Preface to the *Critique of Practical Reason*. Kant has much more to say in answer to the charge later in the Critique. But it is entirely fair to look critically at the program, and identify the most serious problems Kant has to solve if his response is to be convincing.

The distinction between a "theoretical" and a "practical" use of categories such as causality, and pure concepts or ideas, such as freedom, needs clarification, and it may also stand in need of a kind of defense for which Kant here provides not even a hint. Both "uses" of such concepts appear to be *theoretical* at least in the sense that they involve theoretical assertions: that the will is free, that there exists a God, and that the soul is immortal. The *Critique of Pure Reason* denied unequivocally that there could be either any empirical evidence or any *a priori* proof that the ideas of God, freedom and immortality apply to any objects either in the phenomenal or in the noumenal world. Kant's proposal that there is a *practical use* of these ideas must therefore consist in the claim that there is a kind of argument, distinct from any form of empirical evidence or rational proof, that justifies some claim about the *actual existence* of a free will, an *ens realissimum* and an immortal soul – apparently, an argument that justifies us in believing in objects corresponding to these three ideas. But it is not immediately evident – and nothing in the phrase "practical use only" makes it any clearer – what sort of argument for such beliefs or assertions might be given once all empirical evidence and rational proof has been excluded.

Also open to question is Kant's claim that his views can be made consistent by appealing to his transcendental idealist distinction between the phenomenal and noumenal worlds. It certainly would seem to be inconsistent to assert of one and the same will that it is both free and unfree. If

Kant's claim is that nothing (hence no will) can be a free cause if it belongs to the phenomenal world is, by contrast, certainly consistent with his that something (a will) is a free cause as a member of the noumenal world. But when we try to go beyond this, and understand his assertions to be about *our* wills, the threat of inconsistency very soon emerges again. For as moral agents we do not think of ourselves as being two distinct beings (or persons, or wills), one of them unfree and the other free. We think that we acquire some information about ourselves as responsible moral agents through experience – for instance, the empirical information that I have kept this promise and broken that one. If this information is to be relevant to judgments about the worth of my person, then the being whom I take to be subject to the moral command to keep promises must be identical with the being about whom I have this empirical information. If, however, the latter being, as a member of the world of sense, cannot be free, then it would seem to follow that it also cannot be held accountable for its actions, and it would seem to make no sense to suppose that a rational imperative (one presupposing the freedom to obey it) is even addressed to that being. If Kant means to say that the phenomenal and noumenal beings are indeed one and the same, but that one of them is free and the other unfree, then there is at least *prima facie* still an inconsistency. If he intends to deny the inconsistency on the ground that we are are speaking of the same being in two different *senses* or *respects*, then that is a suggestion that requires far more development and defense than Kant has provided, or even hinted at, in the Preface.

Tentatively, then, we must conclude that neither Kant's distinction between a theoretical and a practical use of the categories, nor his distinction between the world of sense and the world of understanding is yet presented in the Preface in such a way as to respond successfully to the charge of inconsistency. Whether or not his reply to this charge is ultimately convincing, Kant was doubtless right in judging that over eighty pages of discussion in the second Critique might be necessary to answer it.

I think we must draw a similar tentative conclusion regarding Kant's attempt to rescue himself from the charge of inconsistency by distinguishing a *ratio essendi* from a *ratio cognoscendi*. On a verbal level, the defense works, but the deeper problem remains still to be addressed. For if the worry (expressed repeatedly in the *Groundwork*) is that the moral law may after all be a mere illusion, a "high-flown fantasy" (GMS IV 395) or a "figment of the mind overreaching itself through self-conceit" (IV 407), then this worry might be addressed equally to the moral law, the idea that we are free, and our awareness of moral obligation is possible only if we are free. Appealing to any one of these ideas in support of another might not involve any explicit inconsistency or technically involve any reasoning in a vicious circle. But as an argumentative strategy it seems to have all the same defects. For someone who doubts the validity of the moral law for us might do so on the ground that they doubt whether we are transcendentally free, and suspect that both our awareness of moral obligation and our impression that we are free are high-flown fantasies born of metaphysical self-conceit. These doubts might be answered either by a theoretical proof that we are free or by some demonstration of the validity of the moral law that renders that validity independent of the presupposition of freedom. But Kant's strategy does not appear to do either: it still seems to involve the establishment of one dubious idea by appealing to another idea just as dubious, and quite possibly dubious for just the same reasons.

One possible way out of this impasse might be the *Groundwork*'s suggestion that freedom is unavoidably presupposed in all judgment (IV 447–448), including theoretical judgments (any judgments whatever, even skeptical ones) about whether we are free. At least this would push those who doubt freedom to the point where they must admit that they are under an illusion even in thinking that their own doubts might be based on reasons, thus threatening fatalism, skepticism about freedom and skepticism about the moral law equally with unintelligibility or self-refutation. But those who see in the second Critique's "fact of reason" doctrine a new starting point for Kant's treatment of freedom and the moral law typically regard him as having abandoned the *Groundwork*'s strategy on this point.

2.2 The *Critique of Practical Reason* in relation to the *Groundwork* and to a complete system of practical philosophy (8)

Kant's discussion of the relation of the second Critique to the *Groundwork* is as remarkable as it is brief, since it seems to contradict a number of ideas commonly held about the relation between the two works. The same paragraph attempts to situate the *Critique of Practical Reason* in its relation to an entire system of practical philosophy or "a complete division [*Einteilung*] of all practical sciences" (8).

Kant first insists that the second Critique, like the first, itself constitutes a "*system* of pure practical reason." It was part of Kant's aim in the first Critique to deal systematically – that is completely, exhaustively, and conclusively – with the entire set of philosophical questions raised by the general problem of pure (theoretical) reason (KrV A xiii–xvi). His aim in the second Critique is apparently no less with regard to an analogous set of problems about practical reason. This grounds his division of the second Critique into a 'Doctrine of Elements' and a 'Doctrine of Method', and of the former into an 'Analytic' and a 'Dialectic'. But here in this brief section of the Preface Kant is concerned less with explaining these divisions than with distinguishing the second Critique from other possible systematic projects in practical philosophy.

Kant asserts that the *Critique of Practical Reason*, "presupposes the *Groundwork for the Metaphysics of Morals*, but only insofar as this constitutes preliminary acquaintance with the principle of duty and provides and justifies a determinate formula of it; otherwise it stands on its own" (8). The aim of the *Groundwork* itself, however, was avowedly limited to "the search for and establishment *of the supreme principle of morality*" (IV 392). Supposing that the *Groundwork* has succeeded in its aims, it has already provided and justified a "determinate formula" of the principle of morality. Thus the second Critique is here said to presuppose it precisely to the extent of its own explicit aims. Thus Kant seems to be saying that the second Critique *presupposes* both the formulation and the justification of the moral principle rather than *providing* them. If that is right, then we should not expect the second Critique's argument to contain any derivation of any formulation of the moral law, nor any justification of any such formula. Still less should we expect Kant to be offering a *new* or *different* justification from the one he provided in the *Groundwork*; for his explicit claim here is that in the second Critique this justification is *presupposed*.

If this is Kant's meaning (and it seems plainly to be) then it directly contradicts the claims of many scholars who think they see in the second Critique a different justification of the law from that given in the *Groundwork*. More specifically, it is commonly held that in the *Groundwork*, Kant is in some sense deriving the moral law from the presupposition of freedom, whereas in the second Critique he treats the moral law as a "fact of reason" (apparently standing in no need of justification on the basis of freedom or anything else), serving (conversely) to justify the presupposition of freedom.

In view of Kant's assertion in the Preface, it seems that these scholars would do well to reconsider whether there really is such an inconsistency between Kant's procedures in the two works. They might consider the possibility that Kant's talk in the *Critique of Practical Reason* about a "fact of reason" is not intended as a *revised* account of the *Groundwork*'s justification of the moral principle, but merely as a *description* of that very justification (which is, as Kant says, being presupposed and taken for granted). It might, of course, turn out that this way of reading the two works is untenable on other grounds. But I submit that it would be the only reading that does not force us simply to reject as false Kant's statement here in the Preface about the extent to which the second Critique presupposes the *Groundwork*, and the nature of that presupposition.

Kant then makes it clear that the system of practical philosophy presented in the *Critique of Practical Reason* is distinct from all practical sciences involving the "determination of duties" since these are possible "only after the subject of this determination (the human being) is cognized as he is really constituted" (8). The second Critique, by contrast, proposes to account for the principles of practical reason, their possibility, extent and limits, "without special reference to human nature" (8).

2.3 The practical faculty (8–12)

Desire and reason. In the next phase of the Preface, Kant discusses the nature of the human faculties to which he is going to direct his critique. His main point is quite simple: The *faculty of desire* is the capacity of a living being to cause an object by means of its representation of that object. *Desire* (for an object) consists in the representation of that object accompanied by a feeling of pleasure. But for some the feeling of pleasure is taken always to be the *ground* of the desire for the object, which (Kant says) is equivalent to assuming that all practical principles are empirical. Kant thinks that the traditional formulations admit of another possibility: that pleasure in the representation of an object might *follow upon* the determination of the will to pursue that object. In that case, what grounds the desire, and hence the conception of the good as the object of desire, is a *principle of the will* that precedes (in the order of grounds or reasons) both the desire and the conception of the good as its object (9).

The unity of reason. The other topic Kant takes up in this section of the Preface is related in a fundamental way to all three Critiques, and assumes increasing importance as Kant proceeds in the critical enterprise. He notes that in analyzing our faculties for the purposes of criticism, "we can begin only with the *parts*" (10), that is, with the special faculties of the mind. But then we must attend to a second thing, that is "more philosophical and *architectonic*, namely, to grasp correctly the *idea of the whole* and from this idea to see all those parts in their mutual relation by means of their derivation from the concept of that whole in the rational faculty" (10). In particular, Kant is concerned with the whole of reason itself, in its theoretical and practical use. To show there is this sort of unity or harmonious relationship between the theoretical and practical uses of reason is just another way of responding to Pistorius' charge of inconsistency.

In the second Critique, Kant's strategy appears to be to show that theoretical and practical reason harmonize at least in the minimal sense that their results do not contradict one another – what is assented to or postulated by practical reason is at least thinkable by theoretical reason, and cannot be disproved by it. He is also concerned to establish the primacy of practical reason, so that its extension to the ideas of God, freedom and immortality also seems suitable to the respective functions of reason. Only two years later, however, in the *Critique of the Power of Judgment*, Kant was to undertake a different, also a much more positive and ambitious, project regarding the unity of our theoretical and practical faculties, by presenting *judgment* as a mediator between the theoretical faculty (understanding) and the practical faculty (reason).

2.4 The reality of *a priori* cognition (12–14)

"Nothing worse could happen to these labors than that someone should make the unexpected discovery that there is and can be no *a priori* cognition at all. But there is no danger of this. It would be tantamount to someone's wanting to prove by reason that there is no reason" (12). In the final phase of the Preface, Kant addresses an objection, most prominently presented in criticisms of the critical philosophy by J. G. Feder, that all cognition is empirical and none of it is *a priori*. This threatens the project of the first Critique with the prospect that metaphysics (synthetic *a priori* cognition through concepts) is not only bounded in its scope, but utterly nonexistent. It threatens the project of the second Critique even more fundamentally, since the primary aim in this work is to curb the pretensions of *empirically conditioned* reason, by showing that pure reason can be practical of itself, and hence that the fundamental and overriding principle of practical reason is *a priori*.

Kant's first reply to this objection is presented very tersely in the passage just quoted. It is that there would be something self-defeating in the attempt to argue against *a priori* cognition in general, since such an argument could consist only in a use of reason, but what it tried to show would have to be equivalent to showing that there was no reason at all. This is because "cognition through reason and *a priori* cognition are one and the same" (12). This last claim can best be understood if we keep in mind that Kant understands *a priori* cognition as cognition that depends solely on the mind's own faculties. The full system of human cognitions (whether theoretical or practical) must of course always involve both the activity of our faculties and what is given to them from outside through the senses. But our faculties alone – and in particular the highest faculty of reason – provide the essential organizing principles for such cognitions, so that all cognition whatever must fundamentally involve principles of reason, in other words *a priori* cognition.

Kant's second argument, presented at much greater length in the Preface, is fundamentally a repetition of the arguments for *a priori* theoretical cognition already given at the start of the *Critique of Pure Reason* (A 1–13/B 1–6, 19–24). They consist in citing examples of cognitions that we undoubtedly have and arguing that these cognitions must be *a priori* if they exist at all. The cognitions in question include all those claiming strict universality or necessity, and especially the cognitions of mathematics. Kant also recognizes, as he did in the *Critique of Pure Reason* (A 95/B 127), that his defense of *a priori* cognition amounts to the dismissal of a certain empiricist (and specifically Humean) philosophical project that attempts to reduce the "objective meaning of necessity" to a "subjective meaning of necessity" or a "necessity thought" to a "necessity *felt*" (13–14) – in the case of causal necessity, Hume calls the subjective principle "custom" (13).

Kant argues that Hume saved himself from total skepticism by admitting at least mathematics as *a priori*, on the ground that mathematical propositions are analytic.[5] His charge is that a truly "universal empiricism of principles" would lead to total skepticism because it would admit no "touchstone" (Probierstein) of experience at all (which can only be found in *a priori* principles), although experience consists not of feelings only but also of judgments" (14). The argument here is obscure, but it may consist in an appeal to the normativity of judgment as a component of experience. That is, it is essential to making judgments that we take ourselves to be conforming (or at least attempting to conform) to valid principles (providing a "touchstone") for the judgments we make. The empiricist project appears to yield only psychological principles, according to which we in

---

5 As some scholars have pointed out, this may be correct as an account of the *Enquiry*, but it is questionable as a description of Hume's position in the *Treatise*.

fact have thoughts and make judgments, but no principles that we could regard as having normative force. Such principles, Kant is alleging, can arise only from our own faculties, and especially from the faculty to which we make final appeal, the faculty of reason.

Human cognition, both theoretical and practical, arises through the operation of our faculties with data given through experience. The normative grounds of judgment are principles given solely through our faculties, hence *a priori*. Hence in order to understand ourselves as judging on good grounds, we must represent our judgments as conforming (or at least attempting to conform) to valid principles of judging that belong to our faculties, and are therefore *a priori*. A "universal empiricism of principles" would therefore leave us with no normative basis for the judgments we make, but at most a set of psychological regularities we are accustomed to follow in judging. This point connects with Kant's first, brief argument against empiricism, which claimed that denying all *a priori* cognition would be "tantamount to wanting to prove by reason that there is no reason" (12). We can now understand the argument as follows: Every proof (or rational argument of any kind) represents itself as providing grounds for judgment that accord with the normative principles according to which a rational subject should judge. Only by so representing itself can an argument claim that the person to whom the argument is communicated should accept its conclusion as a judgment that is well-grounded. A universal empiricism of principles, however, cannot represent the argument as conforming to such normative principles of judgment, or of requiring assent according to a "touchstone" of judgment. At most, it can depict those who draw its conclusion as following regular patterns of judging that are common among human subjects. In effect, then, an argument purporting to establish universal empiricism of principles must represent itself as following normative principles of judgment leading to the conclusion that there can be no such principles. The result of such an argument must therefore be to undermine a necessary presupposition of its being offered as something that ought to convince us of its conclusion.[6]

---

6 A skeptic could still offer the argument for universal empiricism of principles in the following spirit: Though there are no normative principles providing a "touchstone" for judgment. the argument for universal empiricism of principles is such that it in fact causes a subject to judge in favor of its conclusion. If the aim is one typical of traditional skepticism – of producing in us a total suspension of judgment (which is thought to have a philosophically therapeutic effect), then the argument can be represented as doing everything the skeptic needs it to do. Of course, the skeptic is barred not only from saying that we ought to judge as his argument (allegedly) causes us to judge, but he is also barred from criticizing us if the argument fails to

The final paragraph of the Preface, after dismissing this universal empiricism as a position it is impossible to take seriously, ends by praising those who pursue it for engaging in an enterprise that is nevertheless capable of illuminating rational *a priori* principles and thus contributing to the tasks set for an age of criticism (14).

2.5 Introduction (15–16)

The Introduction to the *Critique of Pure Reason* was an ambitious document that set itself the task of explicating the notion of synthetic *a priori* cognition and using it to define both the general problem of pure reason and the task of transcendental philosophy. The Introduction of the second Critique proposes to do essentially the same tasks for this new work, but is nevertheless, by contrast, extremely brief and quite unambitious. We may take this striking fact as a measure of Kant's estimate of the relative ease of defining and defending those tasks in the case of a critique of *practical* reason.

The Introduction consists of two paragraphs. The first contrasts the task of a *Critique of Practical Reason* with the task of the *Critique of Pure* [Speculative] *Reason*. It points out again (what was already said in the Preface) that in its practical use, *pure* reason needs no critique, since its claim to be unconditionally legislative is entirely justified and liable to no excess or abuse. On the contrary, that claim even permits us to assert, for practical purposes, the reality of a kind of causality (that of freedom), which was found to be problematic in the *Critique of Pure Reason* (15). Kant then makes even more explicit than he did in the Preface the point that in the case of practical reason, it is not *pure* reason but *empirically conditioned* reason that requires critique (15–16). Kant makes it clear that the task of critique is always to be carried out by reason, according to standards supplied by *pure* reason. In the title of the first Critique, therefore, the genitive (the critique *of* pure reason) was simultaneously objective and subjective: It was a critique carried out *on* pure reason (with respect to its

---

have the effect he hopes for. He is also barred from trying to persuade us that the effect of the argument (the resultant skepticism) is good for us, since that too would require an argument that conforms to a touchstone (or to normative principles). Also, if it is correct that to judge is to represent oneself to oneself as judging according to normative principles (or a "touchstone"), then empiricist skeptics must also represent those who are convinced by their arguments as guilty of a kind of self-deception when they subscribe to the conclusion of those arguments.

transcendent claims) *by* pure reason (using standards that belong to reason itself wholly *a priori*). In the second Critique, criticism is again carried out by pure reason according to its own *a priori* standards, but this time on empirically conditioned reason, which exhibits a tendency to exceed its limits by claiming to be universally legislative. This tendency is called "self-conceit" – it is the claim of our inclinations, and thus implicitly our self-love, to represent themselves as universally legislative, whereas these empirical grounds are always of conditional validity and the finite self is always subject to laws requiring it to respect the equal claims of other rational beings who are ends in themselves (72–74; 87).

The passage just quoted also shows that for Kant a critique of reason is always motivated by specific tendencies of our rational faculty to transcend its proper boundaries. Here in the second critique this tendency appears to belong not to pure reason as such (as was the case in the first Critique) but to our specifically human nature, not only as finite but also as having this tendency to self-conceit. In other words, we see that the tendency of human nature that the *Religion* was later to call a "radical propensity to evil" is the ground of our need to provide a critique of reason in its practical use.

The second paragraph of the Introduction turns to the structure of the second Critique, its division (like the first) into a Doctrine of Elements and a Doctrine of Method, and the former into an Analytic and a Dialectic. In relation to the Analytic, Kant makes the point that since in its practical use reason is unconditionally legislative, it proceeds first from principles (the moral law) to concepts (the good), "and only then, where possible, to the senses" (16), whereas theoretical reason had to begin with sensible intuitions, then proceed to concepts and finally to principles of reason (which were always only regulative). The brevity of the Introduction to the second Critique is due not only to Kant's estimate of the relative ease of the task to be accomplished in it; it is surely due in part to the fact that the Introduction is content to defer discussion of some difficult issues until later in the work.

Bibliography

[Feder, J. G./Garve, Ch.]: Kritik der reinen Vernunft. Von Imman. Kant, in: Zugaben zu den Göttinger Gelehrten Anzeigen (January 19, 1782), pp. 40–48.
Pistorius, H. A.: Rezension der "Grundlegung zur Metaphysik der Sitten", in: Allgemeine deutsche Bibliothek LXVI (1786), pp. 447–463.
Tittel, G. A.: Über Herrn Kants Moralreform, Frankfurt/Leipzig 1786.

3

Christoph Horn

Wille, Willensbestimmung, Begehrungsvermögen (§§ 1–3, 19–26)

In der Eröffnungspassage der *Kritik der praktischen Vernunft* nimmt Kant seine bekannte Absetzung einer formalen Vernunftethik (eigener Prägung) von allen materialen Glücksethiken (des traditionellen Typs) vor. Dabei mangelt es Kant offensichtlich nicht an Selbstbewußtsein: Er scheint kurzerhand alle seine moralphilosophischen Vorgänger dem Eudämonismus-Vorwurf aussetzen zu wollen und allein für sich selbst ein angemessenes Ethikmodell zu reklamieren; dies bestätigen spätere Äußerungen in der zweiten Kritik unmißverständlich (bes. 39, 5 ff.). Natürlich fragt man sich bei einem so pointierten Anspruch: Wie genau wird die Unterscheidung zwischen formalen und materialen Ethiken von Kant entwickelt? Worauf stützt er seine Einschätzung, die moralphilosophische Tradition habe sich weitgehend auf einem Irrweg befunden? Trifft er deren Eigenart richtig? Möchte Kant tatsächlich alle Ethiken abweisen, die auf der begrifflichen Basis von Zwecken, Zielen oder Gütern operieren?

Um angemessene Antworten auf diese Fragen zu finden, darf man sich, wie mir scheint, nicht darauf beschränken, die drei Anfangsparagraphen des Ersten Hauptstücks der „Analytik" lediglich im groben Umriß nachzuzeichnen. Man muß sie möglichst genau ihrem Wortlaut nach rekonstruieren. Denn nach einer oberflächlichen Lesart könnte der Text als bloße Zusammenfassung dessen erscheinen, was Kant im Zweiten Abschnitt der *Grundlegung* entwickelt hat. So gesehen werden hier in knapper Form die Begriffe Grundsatz, Regel, Maxime, praktisches Gesetz, hypothetischer und kategorischer Imperativ, Glückseligkeit und Selbstliebe behandelt: Kant erinnert zunächst daran, daß ein praktischer Grundsatz ein höherstufiges Handlungsprinzip darstellt, also jeweils mehrere einzelne Handlungsregeln umfaßt (19, 7 f.; GMS IV 421, Anm.). Sodann unterscheidet er subjektive Grundsätze, die er Maximen nennt, von objektiven, die er als Gesetze bezeichnet (Z. 9–12; IV 420 f.). Anschließend führt er ein Beispiel für eine nicht-verallgemeinerungsfähige Maxime an, den Grundsatz der Rache, und parallelisiert dabei seinen moralischen Gesetzesbegriff mit der nomologischen Beschreibungsform von Naturphänomenen (19 f.; IV 421). Hierauf folgt eine Erläuterung des Begriffs Imperativ sowie der Unterscheidung von hypothetischen und kategorischen Imperativen (20; IV 413 ff.). Und schließlich weist Kant die traditionelle moralphilosophische Orientierung am Glücksbegriff, d. h. am Prinzip der Selbstliebe, als ein unangemessenes Rekonstruktionsverfahren für das moralische Gesetz zurück (21–26; IV 418).

Doch bei sorgfältigerer Lektüre zeigt sich, daß sich diese Ausführungen auf ein ganz anderes konzeptionelles Gerüst stützen als in der *Grundlegung*. Es sind die Ausdrücke Wille, Willensbestimmung und Begehrungsvermögen, die sich als die sinntragenden Begriffe des Textstücks erweisen – ohne daß ihre Bedeutung dabei sonderlich klar würde.

3.1 Was ist eine Willensbestimmung?

Vielleicht das entscheidende Interpretationsproblem verbindet sich mit dem Begriff einer Willensbestimmung und den daraus abgeleiteten Wendungen wie „für den Willen jedes vernünftigen Wesens gültig sein", „Bestimmungsgrund des Willens sein" oder „bestimmende Ursache der Willkür sein". Was versteht Kant unter einer Willensbestimmung? Da der Ausdruck weder in der *Kritik der reinen Vernunft* noch in nennenswertem Umfang in der *Grundlegung* erscheint (mit der Ausnahme IV 412 f.) und da es sich nicht um einen *terminus technicus* der traditionellen Philosophie handelt, muß die Beobachtung überraschen, daß er in der zweiten Kritik zu den meistverwendeten Theorievokabeln überhaupt zählt. Und auch der Sache nach spielt er eine zentrale Rolle, die weit über den vorliegenden Textteil hinausreicht. In häufigen Wiederholungen erklärt Kant genau zwei Willensbestimmungen für möglich. Der Wille könne *entweder* durch eine „Materie" bestimmt werden *oder* durch die „bloße Form". Im ersten Fall habe man es ausschließlich mit subjektiven praktischen Grundsätzen zu tun, also mit Maximen der Glückseligkeit oder der Selbstliebe; diese seien nicht verallgemeinerungsfähig und führten aufgrund ihres empirisch-pathologischen Charakters zu einer Heteronomie des Willens. Im zweiten Fall gelange man dagegen zu Gesetzen oder (bei sinnlichen Vernunftwesen) zu kategorischen Imperativen. Denn eine Willensbestimmung, die sich auf die bloße Form stütze, sei gesetzesförmig universalisierbar; der Wille erreiche auf diese Weise Autonomie (20; 22 f.; 24 f.; 27; 28 f. u. ö.).

Gemessen an der Bedeutung des Ausdrucks Willensbestimmung, finden sich nur spärliche Erläuterungen in der vorliegenden Literatur.[1] Auch von Kant selbst wird der Ausdruck nirgends einführend erklärt, sondern bei der Erläuterung der Begriffe Maximen, praktische Gesetze, hypothetische sowie kategorische Imperative bereits vorausgesetzt. Die Wortbedeutung muß daher aus dem Kontext erschlossen werden. Doch auf den ersten Blick wird nicht einmal deutlich, ob innerhalb des Ausdrucks ‚Bestimmung des Willens' ein Genitivus subiectivus oder obiectivus vorliegt. Klar wird dies erst durch Äußerungen wie in § 7, wo es heißt, der Wille werde, „als reiner Wille, *durch die bloße Form des Gesetzes* als bestimmt gedacht" (31, 11 f.); das moralische Gesetz sei „eine Regel, die bloß den Willen in Ansehung der Form seiner Maximen a priori bestimmt" (Z. 20 f.). Bei dem Ausdruck „Bestimmung des Willens" handelt es sich um einen Genitivus obiectivus. Der Wille bestimmt nicht, er wird bestimmt.

Nun kann man das Verb ‚bestimmen' in recht unterschiedlichen Bedeutungen gebrauchen, darunter im Sinn von *messen, gebieten, festlegen, definieren, abgrenzen, die Beschaffenheit von etwas beschreiben* und *etwas einer Kategorie zuordnen*. Diese Bedeutungen lassen sich grob in zwei Gruppen einteilen: Man kann „bestimmen" einerseits aus einer Beobachtungsperspektive verwenden wie in den Formeln „den Kohlendioxidgehalt der Luft bestimmen" und „das Prädikat eines lateinisches Satzes bestimmen" und andererseits aus einer Gebotsperspektive wie in den Wendungen „jemanden im Testament als Erben bestimmen" oder „vom Schicksal zu etwas Höherem bestimmt sein". Bei einem Blick auf die Texte sieht man sofort,

---

1 Die wichtigsten neueren Arbeiten zum Kantischen Willensbegriff enthalten keine ausführlicheren Worterläuterungen: vgl. etwa Allison 1990, 129–136; Hill 1992, 109; 125; Hudson 1991; Meerbote 1982; Munzel 1999, 93–97; Prauss 1983; Stekeler-Weithofer 1990; Willaschek 1992, 48–53; Wood 1999, 50 ff. Immerhin ein Erklärungsansatz findet sich bei L.W. Beck ³1995: „Aber was ist eine allgemeine Willensbestimmung? Das Wort ‚Bestimmung' ist eins von Kants Lieblingswörtern, und er neigt dazu, es allzu häufig zu gebrauchen. In unserem Zusammenhang scheint es die folgenden Bedeutungen zu haben: (1) bestimmende Ursache einer Handlung, i. S. von ‚Bestimmungsgrund' (Motiv), (2) eine getroffene Entscheidung, durch die der Wille aufhört, eine unbestimmte Volition zu sein und eine spezifische oder bestimmte Richtung und Zielsetzung erhält" (81). Becks erste Umschreibung scheint mir unzureichend zu sein, weil nur der *subjektive* Bestimmungsgrund gleichbedeutend mit dem Motiv oder der Triebfeder sein soll (vgl. etwa V 72 und 75). Die zweite ist m. E. grundsätzlich korrekt, bleibt aber zu knapp.

daß Kant die zweite Wortbedeutung im Sinn hat. Den Willen zu bestimmen meint, ihn auf etwas festzulegen (*determinare*), es heißt nicht, seine Beschaffenheit zu beschreiben oder zu klassifizieren (*describere*). Ist dies soweit richtig, dann ist es nicht der Wille, der etwas festlegt oder dessen Entscheidung nachträglich beschrieben wird, vielmehr wird er von etwas auf etwas festgelegt. Was aber legt den Willen fest? In der Schulz-Rezension aus dem Jahr 1783 findet sich folgende, für den Entstehungshintergrund des Kantischen Wortgebrauchs aufschlußreiche Erklärung:

[Schulz selbst habe vorausgesetzt,] „daß der Verstand nach objektiven Gründen, die jederzeit gültig sind, sein Urteil zu bestimmen das Vermögen habe und nicht unter dem Mechanismus der bloß subjektiv bestimmenden Ursachen, die sich in der Folge ändern können, stehe; mithin nahm er immer Freiheit zu denken an, ohne welche es keine Vernunft gibt. Ebenso muß er auch Freiheit des Willens im Handeln voraussetzen, ohne welche es keine Sitten gibt ..." (VIII 14, 9–14).

Kant argumentiert gegen Schulz' moralischen Determinismus mit einer Parallelisierung von Verstand und Wille: Ebenso wie der Verstand frei ist, sein Denken nach objektiven Gründen auszurichten, ist der Wille frei von determinierenden äußeren Ursachen. Den Entstehungskontext unseres Ausdrucks scheint mithin das Determinismusproblem zu bilden. Sollte hier tatsächlich eine vollständige Parallele zwischen Verstand und Wille gezogen werden, dann ließe sich schließen, daß auch der Wille entweder ‚objektiv' oder ‚subjektiv' bestimmt werden kann. ‚Willensbestimmung' müßte demnach sowohl für die Möglichkeit einer freien Festlegung wie einer unfreien Fremddetermination stehen. Da Kant nun den Willen bekanntlich als „das Vermögen, *nach der Vorstellung* der Gesetze, d. i. nach Prinzipien, zu handeln" charakterisiert (GMS IV 412, 27 f.; vgl. IV 427, 19 f.; V 32, 11 ff.), würde eine Willensbestimmung besagen, daß er bei seinen Entscheidungen praktischen Prinzipien objektiver oder subjektiver Art ebenso folgen kann, wie sich der Verstand entweder an objektiven Prinzipien oder aber an bloß subjektiven Vorgaben orientiert. Daß dies gemeint ist, zeigt sich in der *Grundlegung* an Kants Definition des Ausdrucks Gebot oder Imperativ als die „Vorstellung eines objektiven Prinzips, sofern es für einen Willen nötigend ist" (IV 413, 9 f.). Eine zusätzliche Bestätigung findet sich in Kants gelegentlicher Formulierung vom „Bestimmungsgrund der Kausalität" (z. B. 67, 6; vgl. die Wendung „den Willen zur Tat bestimmen": 42, 8). Dabei wird der Wille als ein Kausalvermögen gedacht, dessen determinierende Ursachen (seien sie vernünftig gegeben oder von außen auferlegt) eben die „Bestimmungsgründe" sind. Eine Willensbestimmung bedeutet eine Festlegung unserer Handlungsfähigkeit entweder auf ein objektiv gültiges Prinzip oder auf eine unzulängliche, subjektive Regel.

Doch damit stehen wir vor einer erheblichen Schwierigkeit. Kann man sinnvoll sagen, man *determiniere* den Willen, wenn man ihn *aus Freiheit* auf etwas festlegt? Ein solcher Sprachgebrauch wirkt unsinnig. In der gesamten Philosophiegeschichte vor Kant bedeutete die These von der Willensdetermination, daß der Mensch nicht über eine freie Entscheidungsfähigkeit verfügt, da entweder Gottes Prädestination oder die Naturkausalität seinen scheinbar freien Willen zwingend beeinflussen. Bei einem Antideterministen (oder richtiger Kompatibilisten) wie Kant würde man dagegen Äußerungen erwarten wie diejenige, daß der von äußeren Einflüssen freie Wille gerade nicht determiniert, sondern selbstbestimmt sei. Diese Schwierigkeit löst sich m. E. erst dann auf, wenn man beachtet, daß Kant im Unterschied zur Hauptströmung der neuzeitlichen Philosophie unter Wille *meistens nicht* die Fähigkeit zu einer dezisionistischen Setzung versteht. Diese Beobachtung werde ich in den beiden folgenden Abschnitten näher erläutern. Zunächst möchte ich die Tatsache, daß Kants Willensbegriff mehrheitlich nicht für ein Dezisionsvermögen steht, noch von einer anderen Seite her beleuchten. Kant vertritt nämlich die merkwürdige Ansicht, daß Imperative „nur den Willen" bestimmen. In der Anmerkung von § 1 erläutert er dies in einem schwer verständlichen Satz:

> „Jene [die Imperative, C. H.] bestimmen aber entweder die Bedingungen der Kausalität des vernünftigen Wesens, als wirkender Ursache, bloß in Ansehung der Wirkung und Zulänglichkeit zu derselben, oder sie bestimmen nur den Willen, er mag zur Wirkung hinreichend sein oder nicht" (20, 14–17).

Kant trifft hier eine Unterscheidung zwischen zwei Formen, wie Imperative bestimmend wirken können: Entweder verursachen sie Handlungen allein im Blick auf ihre Eignung zu einer bestimmten Zielerreichung, oder aber sie beeinflussen ausschließlich den Willen, unabhängig von der äußeren Handlung. Natürlich denkt man hier an die Formulierung aus der *Grundlegung*, daß der gute Wille „wie ein Juwel doch für sich selbst glänzen" würde (IV 394, 25), wenn er selbst „bei seiner größten Bestrebung" (Z. 21 f.) erfolglos bliebe. Soviel ist klar: Daß Imperative allein den Willen bestimmen sollen, soll heißen, daß sich die gemeinte Festlegung einzig auf die Beschaffenheit des Willens bezieht, d. h. auf die Form, in der er etwas will, nicht auf seinen Zielgegenstand, die gewollte Materie. Ziele eines bestimmten Typs werden damit als zulässig, Ziele eines anderen Typs als unzulässig erwiesen. Die Stelle impliziert aber noch einen weiteren Aspekt: Sich den Willen in einer von allen Zielen abgelösten Form vorzustellen, bedeutet gleichsam, ihn in seiner nicht-kontaminierten, nicht-depravierten Form zu fassen zu bekommen. Demgegenüber hat man es mit seiner zur Moralrekonstruktion ungeeigneten, korrumpierten Form zu tun, wenn man ihn sich in Verbindung mit seiner gewöhnlichen Zielausrichtung denkt. Offenkundig deckt sich diese Beschreibung des isolierten Willens mit dem in der *Grundlegung* und der zweiten Kritik wiederholt genannten „reinen Willen". Zu beachten ist, daß bei der „Reinheit" des Willens an den fraglichen Stellen eindeutig nicht an ein moralisches, sondern an ein deskriptives Prädikat gedacht ist (vgl. 30–34; GMS IV 390; 453 f.). Der reine ist der allein für sich betrachtete Wille; fern von jeder sinnlich bestimmten Zielorientierung, wird er bloß aufgrund der Vorstellung eines verallgemeinerungsfähigen Gesetzes handlungswirksam. Ein solcher reiner Wille ist unterstellt, wenn Kant gelegentlich den Willen kurzerhand mit der praktischen Vernunft gleichsetzt (GMS IV 412; 441; 448 f.; V 55; MS VI 226 u. ö.).

Damit haben wir zwei wichtige Beobachtungen gemacht. Zum einen: Auch wenn der Ausdruck Willensbestimmung wohl dem Kontext des Determinismusproblems entstammt, kann Kant hier unter dem Willen unmöglich ein Dezisionsvermögen verstehen. Andernfalls müßte er, wenn er von einer Festlegung oder Bestimmung des Willens spricht, entgegen seiner Überzeugung eine Determination unseres Entscheidungsvermögens behaupten. Vielmehr muß er beim Willen an ein kausales Vermögen denken, an eine Handlungsfähigkeit, die auf unterschiedliche Grundsätze festgelegt werden kann. Zum anderen: Kant faßt den isolierten Willen als einen im deskriptiven Sinn reinen oder integren Willen (d. h. als praktische Vernunft) auf und betrachtet ihn als geeignete Basis zur Rekonstruktion des moralischen Gesetzes sowie des kategorischen Imperativs.

Hieran läßt sich eine dritte Beobachtung anschließen. Kant insistiert – wie bereits erwähnt – darauf, man könne den Willen auf genau zwei Arten bestimmen. An einer wichtigen Stelle der *Kritik der praktischen Vernunft* (60, 9–25) parallelisiert er seine pointierte Antithese von materialer und formaler Willensbestimmung mit der Entgegensetzung der beiden Begriffspaare Wohl-Übel und Gut-Böse. Die beiden Paare bilden differenzierende Übersetzungen der im Lateinischen zweideutigen Dichotomie von *bonum* und *malum*. Kants Absicht ist es zu zeigen, daß immer dann, wenn wir ein Objekt anstreben oder meiden, d. h. wenn wir unserer Handlungswahl das Begriffspaar Wohl-Übel zugrundelegen, dabei die Vorstellung von „Annehmlichkeit und Unannehmlichkeit" mitspielt. Nach Kant wird dabei eine Beziehung zwischen einem Objekt und einem „Empfindungszustand der Person" hergestellt. Anders im Fall der Bestimmung des Willens durch das Begriffspaar Gut-Böse. In diesem Fall, so Kant, kommt es nicht zu einer Akteur-Objekt-Beziehung, sondern zur Formung einer objektiven Handlungsregel. Für den Begriff der Willensbestimmung bedeutet dies, daß mit ihm nur eine insgesamt adäquate oder inadäquate Tendenz gemeint sein kann. Anders ausgedrückt: Der Willensbegriff, der hier im Spiel ist, muß so beschaffen sein, daß sich mit ihm der Grundgegensatz zwischen einer egozentrisch-hedonistischen und einer moralischen Gesamtorientierung des Menschen zum Ausdruck bringen läßt.

Wenn somit der Wille (i) kein Dezisionsvermögen bilden kann, wenn er (ii) in Reinform selbst die praktische Vernunft darstellt und wenn es bei seiner Bestimmung (iii) um die grundlegende Entscheidung zwischen der Lust-Unlust-Orientierung und der Gut-Böse-Ausrichtung geht, wie ist dann der Kantische Willensbegriff zu verstehen? Was geschieht bei einer Festlegung des Willens? Und was bedeutet dann Kants Auffassung, der Wille könne auf genau zwei Weisen, formal oder material, festgelegt werden?

3.2 Wille und oberes Begehrungsvermögen

Der Schlüssel zu einem angemessenen Verständnis des Kantischen Willensbegriffs findet sich m. E. in seiner Kennzeichnung als „oberes Begehrungsvermögen" in § 3. Bereits zuvor, im Lehrsatz von § 2, wird die Rede von einem materialen Bestimmungsgrund des Willens mit der vom „*Objekt* (Materie) des Begehrungsvermögens" (21, 14 f.) in Verbindung gebracht. Was bedeutet es zu sagen, daß der Wille das obere Begehrungsvermögen darstellt? Das Begehrungsvermögen wird von Kant als Fähigkeit definiert, *„durch seine Vorstellungen Ursache von der Wirklichkeit der Gegenstände dieser Vorstellungen zu sein"* (9, 21 f.; vgl. MS VI 211; Anthropologie VII 251). Wie wir sahen, bezeichnet der Wille die Fähigkeit, sich an der Vorstellung eines Gesetzes zu orientieren und entsprechende kausale Wirkungen hervorzurufen. Verwendet Kant damit einen neuartigen oder einen traditionellen Willensbegriff? Soweit ich sehe, lassen sich umgangssprachlich wie auch philosophiehistorisch drei verschiedene Willenskonzeptionen gegeneinander absetzen: (a) der Wille im Sinn eines Entscheidungsvermögens, (b) der Wille im Sinn einer Strebensenergie oder eines Kraftpotentials und (c) der Wille im Sinn eines Strebe- oder Begehrungsvermögens. Zunächst: In Beispielsätzen wie „Der Verstorbene wollte es so" oder „Du hast dir dies selbst zuzuschreiben; du hast es nicht anders gewollt" wird Wollen als ein Dezisionsakt verstanden; hier bedeutet Wollen soviel wie „eine Entscheidung fällen" oder „eine Wahl treffen". Der Wille erscheint bei diesem Wortgebrauch (a) als ein Dezisionsvermögen, an dem man die Vorstellung von Verantwortlichkeit und Zurechenbarkeit festmachen und auf das man moralische Leistungen oder Schuld zurückführen, auf das man ferner Lob und Strafe usw. beziehen kann; es ist der so verstandene Wille, den man üblicherweise als Ausdruck persönlicher Autonomie für respektierenswert hält.

Wie wir sahen, hat Kant diese Verwendung des Willensbegriffs offenkundig nicht im Sinn. M. E. kann er aber ebensowenig an das Begriffsverständnis (b) denken, bei dem der Wille als Strebensenergie oder als Kraftpotential verstanden wird; unterstellt wird eine solche Wortbedeutung z. B. in den Ausdrücken „Willensstärke" und „Willensschwäche". Diesem Sprachgebrauch liegt die Vorstellung zugrunde, willensschwach sei, wer seine guten Absichten aus Antriebsschwäche oder Kraftlosigkeit nicht realisieren oder durchhalten kann. Eine philosophische Verwendung findet ein solcher Willensbegriff besonders bei Schopenhauer und Nietzsche. Gemeint scheint bei Kant hingegen der Wille als Begehrungsvermögen (c), d. h. als eine zielgerichtete Tendenz, als Strebensausrichtung bzw. als Orientierung auf ein Objekt. Der Wille wird dabei zugleich als Zielausrichtung wie als die verursachende Größe solcher Entscheidungen und Handlungen gedacht, die der Erlangung oder Realisierung des erstrebten Objekts dienen. Im Alltagssprachgebrauch verwenden wir diesen Willensbegriff, wenn wir etwa sagen „Der Hund will sein Futter haben" oder „Ich bin so müde; ich will nichts als schlafen". Wollen heißt hier, bei anderen Individuen oder bei sich selbst das Vorhandensein eines Begehrens oder Wunsches, eines zielgerichteten Verlangens oder einer objektorientierten Neigung wahrzunehmen, dem darin implizierten Gebotsaspekt Folge zu leisten und geeignete Wirkungen hervorzurufen.

Allerdings geht es bei Kant anders als in den beiden Beispielsätzen nicht um die Wünsche, Absichten und Zwecke des sogenannten unteren Begehrungsvermögens, sondern um eine (zunächst mysteriös erscheinende) höhere Strebenstendenz. In Anmerkung I von § 3 setzt Kant den Willen als oberes Begehrungsvermögen entschieden von allen Formen des „unteren Begehrungsvermögens" ab. Er erklärt in längeren Ausführungen, daß oberes und unteres Begehrungsvermögen sich nicht im Sinn von rationaler bzw. sinnlich bestimmter Zielorientierung voneinander unterscheiden lassen. Seine Erläuterung des oberen Begehrungsvermögens basiert vielmehr auf der Zurückweisung jeglicher Zielorientierung. Klar ist zumindest: Mit dem unteren Begehrungsvermögen sind pathologische (das Subjekt sinnlich affizierende) Tendenzen und Neigungen bezeichnet, aus denen sich allenfalls „materiale praktische Regeln" gewinnen lassen, während das obere Begehrungsvermögen für jene Tendenz steht, die durch ein formales Gesetz bestimmt wird (22 f.). Kant präzisiert ausdrücklich, seine Feststellung eines vernünftigen Begehrens dürfe keinesfalls als Plädoyer für einen subtilen Hedonismus (im Sinn „geistiger Genüsse") mißverstanden werden, weswegen er im Text eine breite Polemik gegen antike und neuzeitliche Positionen folgen läßt, welche – wie Epikur – das obere Begehrungsvermögen durch „feinere Freuden und Ergötzungen" charakterisieren wollen (24). Er kennzeichnet seine eigene Intention dadurch, daß er die „Vernunft nur sofern sie für sich selbst den Willen bestimmt (nicht im Dienste der Neigungen ist), [als] ein wahres *oberes* Begehrungsvermögen" darstellen wolle (24, 40 ff.).

Kant beschreibt den Willen mithin nicht als Entscheidungs-, sondern als Begehrungsvermögen oder Strebenstendenz – wenn er auch zugleich einschränkend verlangt, daß dieses nicht auf pathologisch induzierte Ziele gerichtet sein darf. Die Herkunft dieses für uns befremdlichen Willensbegriffs läßt sich präzise lokalisieren, nämlich in der sich an Platons *Gorgias* anschließenden, intellektualistischen Begriffstradition. Sowohl in der platonisch-neuplatonischen Traditionslinie als auch im von Aristoteles geprägten mittelalterlich-scholastischen Schulkontext wurde diese Begriffsprägung übernommen und weitergeführt. Im *Gorgias* (466a9–467e5) entwickelt Platon erstmals die Vorstellung eines „rationalen Wollens"; er wirft bestimmten moralisch verwerflichen Personen (Rhetoren und Tyrannen) vor, sie täten nicht das, was sie *wollten*, sondern immer nur das, wozu sie gerade eine affektive Neigung verspürten. In unsere Theoriesprache übersetzt, wird differenziert zwischen dem, was jemand überlegtermaßen präferieren müßte, d. h. seinem „wohlverstandenen Eigeninteresse", und seinen kontingenten Wünschen, die sich immer dann durchsetzen, wenn er nicht hinreichend nachgedacht hat. Platons These, ein moralisch insuffizienter Mensch tue nichts von dem, was er will, reserviert den Ausdruck Wollen (*boulesthai*) definitorisch für ein eigentliches, vernünftiges Streben. Aber worum handelt es sich bei dem, was jemand eigentlich will, selbst wenn er es niemals ausführt? In unserem alltäglichen Sprachgebrauch würden wir zwar mitunter jemandem, der etwas äußerst Unvernünftiges vorhat, ebenfalls vorhalten, er könne dies unmöglich ernsthaft wollen; aber damit räumen wir bereits ein, daß er es will. Entschuldigt sich jemand im nachhinein mit den

Worten, er habe dies oder jenes nicht gewollt, so meint auch er natürlich nicht, er habe nichts von dem getan, was er eigentlich will, vielmehr entschuldigt er sich für eine nicht-intendierte Handlungsfolge.

Eine Verständnisbrücke für das schwer nachvollziehbare intellektualistische Begriffsverständnis entsteht vielleicht, wenn wir uns jemanden vorstellen, der durch massive Manipulation oder durch Drogeneinfluß seine rationale Autonomie eingebüßt hätte. Unterschriebe eine solche Person einen für sie nachteiligen Vertrag, dann würden sicherlich auch wir urteilen, hier könne nicht vom eigentlichen Willen dieser Person die Rede sein. Platon und Kant gehen jedoch noch einen merkwürdigen Schritt weiter: Sie sagen nicht, eine solche Person *verfüge* nicht über ihren Willen, sondern sie *befolge* ihren Willen nicht. Augenscheinlich beruht diese Begriffsverwendung auf zwei konstitutiven Merkmalen. Zum einen wird jemandes Verhältnis zu seinem Wollen hier so interpretiert, als könne er dieses gleichsam als objektives Phänomen in sich wahrnehmen; der Wille wird als eine im Individuum auftretende, rationale Strebenstendenz verstanden. Ich bezeichne dies als den *Wahrnehmungsaspekt* der intellektualistischen Konzeption. Zum anderen bildet das, was sich da im Subjekt wahrnehmen läßt, eine normativ verbindliche Vorgabe, eine Art rationales Gebot; wer nicht tut, was sein Wille will, handelt irrational. Ich nenne dieses Merkmal den *normativen Aspekt* eines solchen Modells. Beide Momente setzen offenkundig voraus, daß es sich beim Willen um eine einzige und kohärente sowie bei allen rationalen Individuen identische Strebenstendenz handelt. Demgegenüber beinhaltet eine dezisionistische Willenskonzeption zwei ganz andere konstitutive Merkmale. Ihr erstes Kennzeichen ist der *Erstverursachungsaspekt*. Wer einen Willen im Sinn eines freien Entscheidungsvermögens besitzt, bildet die nicht weiter zurückverfolgbare Ursache einer Handlung. Das zweite Kennzeichen ist der *Selbstverfügungsaspekt*; der Wille, welcher mir freie Verfügung über bestimmte Ereignisse garantiert, muß *a fortiori* über sich selbst verfügen, und zwar unmittelbar, ohne von irgendeiner zusätzlichen Instanz abzuhängen.

Auf diese intellektualistische Tradition greift Kant offenbar zurück, wenn er seinen Willensbegriff genauer erläutert – am deutlichsten in der „Einleitung" der *Metaphysik der Sitten* (VI 211–214; vgl. VI 226 f. sowie bereits KrV A 534/B 562; A 802/B 830; *Vorarbeiten zur Metaphysik der Sitten* XXIII 248 f.). Dort wird zwischen zwei Momenten des rationalen Teils des Begehrungsvermögens, nämlich der Willkür und dem Willen, unterschieden. Während die Ausdrücke Willkür und Wille in der zweiten Kritik nicht streng auseinandergehalten werden (Ausnahmen finden sich auf S. 33 und 74), erscheinen sie in der *Metaphysik der Sitten* als zwei präzise unterschiedene Momente des Begehrungsvermögens. Dabei steht die Willkür für ein rationales Dezisionsvermögen (ein *liberum arbitrium* im Gegensatz zu einer „tierischen Willkür", dem *arbitrium brutum*), wohingegen der Wille ein rationales Strebevermögen, die Fähigkeit zur vernünftigen Zielwahl und Zielverfolgung, bezeichnet. Wie ist ein so charakterisierter Wille zu verstehen? Während das animalische Begehren von naturalen Tendenzen, Neigungen und Impulsen determiniert ist, besitzt der Mensch ein appetitives Vermögen, das Lebensziele abstrakt zu antizipieren, nach Vernunftprinzipien auszuwählen und regelförmig anzustreben vermag. Über das Verhältnis von Wille und Willkür heißt es in der *Metaphysik der Sitten*:

> „Das Begehrungsvermögen, dessen innerer Bestimmungsgrund, folglich selbst das Belieben in der Vernunft des Subjekts angetroffen wird, heißt der *Wille*. Der Wille ist also das Begehrungsvermögen, nicht sowohl (wie die Willkür) in Beziehung auf die Handlung, als vielmehr auf den Bestimmungsgrund der Willkür zur Handlung betrachtet, und hat selbst vor sich eigentlich keinen Bestimmungsgrund, sondern ist, sofern sie die Willkür bestimmen kann, die praktische Vernunft selbst" (VI 213, 20–26).

Im Unterschied zur Willkür richtet sich der Wille nicht auf Einzelhandlungen und deren Regeln (Maximen), sondern auf die Zwecke der Vernunft (vgl. MS VI 226). Während also die freie Willkür die Fähigkeit zur rationalen (= nicht sinnlich determinierten) Einzelentscheidung darstellt, bezeichnet der Wille das vernünftige Aufdeckungsvermögen des moralisch Richtigen und somit dasjenige Prinzip, an dem sich eine rationale Handlungsentscheidung im Einzelfall ausrichten kann. Dabei zeigt sich übrigens, daß die gelegentliche Rede von einem „Bestimmungsgrund der Willkür" in unserem Textstück (etwa 21, 21) strenggenommen falsch ist; Bestimmungsgrund der Willkür ist der Wille. Nicht die Willkür, sondern nur der Wille kann entweder das moralische Gesetz oder aber sinnlich bestimmte Objektvorstellungen zum Bestimmungsgrund haben. Kant leitet also vom Willensbegriff dasjenige nicht-empirische Antriebsmoment ab, das die freie Willkür zu ihrer Entscheidung gegen neigungsorientierte Handlungsoptionen motiviert. Freie Willkür und Wille hängen nach Kant wie die beiden Seiten einer Medaille zusammen: Während die freie Willkür für die negative Freiheit steht, nämlich für jene Dezisionsakte, die unabhängig von allen sinnlichen Neigungen sind und auf ein Vernunftmotiv zurückgehen, bezeichnet der Wille die positive Freiheit, d. h. die vernunftbestimmte Variante des Begehrens und damit die Fähigkeit, der

Willkür neigungsunabhängige Optionen vorzulegen. Für sich genommen wäre die Willkür heteronom; zu ihrer Freiheit bedarf es, was die Inhalte und die Motivation betrifft, der Autonomie des Willens (vgl. 33; MS VI 213 f.). Während somit die Willkür für die Fähigkeit steht, Handlungen und Maximen neigungsunabhängig zu wählen, verbindet sich mit dem Willensbegriff der Forderungscharakter der praktischen Vernunft, weswegen Kant sagt: „Von dem Willen gehen die Gesetze aus; von der Willkür die Maximen" (MS VI 226, 4 f.). Diese Interpretation läßt sich durch ein Textstück aus den *Vorarbeiten zur Metaphysik der Sitten* untermauern:

> „Der Wille des Menschen muß von der Willkür unterschieden werden. Nur die letztere kann frei genannt werden und geht bloß auf Erscheinungen, d. i. auf actus[,] die in der Sinnenwelt bestimmt sind. – Denn der Wille ist nicht unter dem Gesetz[,] sondern er ist selbst der Gesetzgeber für die Willkür und ist absolute praktische Spontaneität in Bestimmung der Willkür. Eben darum ist er auch in allen Menschen gut[,] und es gibt kein gesetzwidriges Wollen. Die Maximen der Willkür aber[,] weil sie auf Handlungen als Erscheinungen in der Sinnenwelt gehen[,] können böse sein, und die Willkür als Naturvermögen ist in Ansehung jener Gesetze (des Pflichtsbegriffes) frei[,] durch die sie eigentlich nicht unmittelbar bestimmbar ist[,] sondern nur vermittelst der Maximen[,] sie jenem gemäß oder zuwider zu nehmen" (XXIII 248, 3–14).

Zunächst bestätigt der Text, daß Kant die beiden Begriffsmomente Wille und Willkür miteinander im Sinn einer rationalen Tendenz einerseits und eines freien Wahlvermögens andererseits kontrastiert. Die Willkür hat demnach innerhalb der phänomenalen Welt konkrete Handlungsentscheidungen zu treffen; sie stützt sich jedoch stets auf die Vorgaben des Willens. Dieser ist als ein nicht-kontaminierter, reiner Wille gut und für alle Menschen gleich; die Formulierung „es gibt kein gesetzwidriges Wollen" könnte mühelos der vormodernen *Gorgias*-Tradition entstammen. Kant favorisiert in der vorliegenden Beschreibung des Willens die Metaphorik der Spontaneität, wonach der Wille selbst als Gesetzgeber zu verstehen ist; es scheint aber keine sachliche Differenz zur in der zweiten Kritik üblicheren Metaphorik der Determination (der Wille wird durch das Gesetz bestimmt) zu geben.[2]

---

2 Bei Wood 1999, 55 scheint mir richtig gesehen, daß der Wille ein Vermögen darstellt, eine moralisch angemessene Grundorientierung zu wählen und beizubehalten; nicht korrekt scheint mir dagegen die Feststellung: „only a free power of choice is a will (*Wille*)" (51).

3.3 Strebensausrichtung und Glück

Kommen wir damit zu einer zentralen interpretatorischen Schwierigkeit. Gewöhnlich charakterisiert man Kants Ethik als formal im Unterschied zu material und als deontologisch im Unterschied zu teleologisch. Als Referenzpunkt dieser philosophiehistorischen Einordnung kann etwa jene Stelle aus der *Grundlegung* dienen, wo es heißt, der kategorische Imperativ betreffe im Unterschied zum hypothetischen „nicht die Materie der Handlung und das, was aus ihr erfolgen soll, sondern die Form und das Prinzip, woraus sie selbst folgt, und das Wesentlich-Gute derselben besteht in der Gesinnung, der Erfolg mag sein, welcher er wolle" (IV 416, 10–13). Was hier scheinbar zum Ausdruck kommt, ist die Zurückweisung von Ethiken des teleologischen Typs zugunsten einer deontologischen Ethik. Folgt man der Interpretation dieser (auf C. D. Broad zurückgehenden) Gegenüberstellung bei Frankena (1972, 21 f.) oder Rawls (1975, 42 f.), so ergibt sie sich aus der Art und Weise, wie eine Moralphilosophie die Begriffe des Guten und des Richtigen zueinander in Beziehung setzt. Demnach nehmen teleologische Ethiken in einem ersten Schritt eine nicht-moralische, meist eine prudentielle Bestimmung des Guten vor und erklären in einem zweiten Schritt dasjenige für das moralisch Richtige, was dieses Gute erreichbar macht oder maximiert. Umgekehrt verfahren deontologische Ethiken: Sie bestimmen zunächst, was verbindlich getan werden muß oder welche Motivlage beim Handeln bestehen muß, d. h. sie zeichnen zunächst etwas als moralisch richtig aus. In einem zweiten Schritt charakterisieren sie das Richtige als das Gute, d. h. als etwas Wünschenswertes aus der Perspektive der gelingenden Lebensführung. Grob gesprochen orientieren sich teleologische Ethiken an Handlungszielen und Handlungsfolgen, während deontologische Ethiken sich auf Handlungsarten oder Handlungsmotive berufen.

Deontologische Ethiken müssen offenbar beide konstitutiven Schritte teleologischer Modelle zurückweisen. Und in der Tat scheint sich auch Kant gegen beide zu wenden, sowohl gegen eine Orientierung an natürlichen Neigungen als auch gegen die Ansetzung eines von diesen Neigungen angezielten Telos, welches sich zur Bestimmung des moralisch Richtigen heranziehen läßt. Scheinbar besteht für ihn das schlechterdings Gute statt dessen einfach in einer moralisch richtigen Motivlage, in einem guten Willen oder einer guten Gesinnung. Ein reiner Wille will nach Kant dasjenige, was die praktische Vernunft – frei von allen empirisch-pathologischen Neigungen – als richtig erweist, nämlich das, was sie einem sinnlich bestimmten Vernunftwesen auf dem Weg des kategorischen Imperativs gebietet. Und dies scheint einfach die Einhaltung der Gesetzesform, also die Universalisierbarkeit von Handlungsregeln, zu sein.

Dieses hergebrachte Bild vom Deontologen Kant wird jedoch empfindlich durch die Beobachtung gestört, daß es sich bei Kants Willensbegriff, wie gezeigt, um denjenigen der teleologisch-intellektualistischen Tradition handelt. Weitere Indizien gegen die übliche Sichtweise lassen sich jenen Stellen entnehmen, an denen Kant betont, die imperativische Form des Sittengesetzes ergebe sich erst aus der mangelhaften Entsprechung von subjektivem Willen und objektiver Vernunft (20; 32; 37; 79; GMS IV 413 f.). In der *Moral Mrongovius II* heißt es: „Die Imperative sind aus einer Idee eines vollkommenen Willens hergenommen und gelten als Regeln für meinen unvollkommenen Willen; die Pflicht ist eine Idee eines vollkommenen als eine Norm eines unvollkommenen Willens. – Gott hat daher keine Pflichten" (XXIX 606, 3–7). Anders gesagt: Das moralische Gesetz wird allein für solche Wesen zum Imperativ, die keinen reinen und erst recht keinen „heiligen" oder „vollkommenen" Willen aufweisen, d. h. also für Menschen, deren Wille neben objektiven Bestimmungsgründen auch subjektiven Triebfedern unterworfen ist. Wenn aber ein Imperativ gerade Kennzeichen eines mangelhaften Willens ist, dann wirkt der Umkehrschluß zwingend, daß der Wille für sich eine hinreichende moralische Orientierung enthält. Derselbe Gedanke findet sich in der *Grundlegung*, wo Kant das Sollen, das bei rein geistigen Wesen mit dem Wollen zusammenfällt, ebenfalls vom Sollen sinnlich affizierter Wesen unterscheidet, bei dem eine Differenz zum Wollen vorliegt (IV 449). Eine imperativische Ethik knüpft nach Kant also lediglich an den vorhandenen Willen an und kompensiert dessen bei neigungsaffizierten Vernunftwesen unvermeidliche Mängel. Der imperativisch-deontologische Charakter seiner Ethik, Kants scheinbares Proprium gegenüber der strebenstheoretischen Tradition, wird in Wahrheit exakt vor dem Hintergrund eines teleologischen Modells entwickelt und ausdrücklich als dessen Defizienzform charakterisiert.

Bei näherem Hinsehen finden sich weitere Hinweise darauf, daß Kants Ethik den teleologischen Konzeptionen unerwartet nahe steht. Er vertritt, wie einige neuere Interpretationen mit Recht herausstellen, die Auffassung, der reine Wille sei auf ein inhaltlich bestimmtes Telos gerichtet (vgl. etwa Guyer 2000; Herman 1993; Korsgaard 1996; Wood 1999). In der zweiten Kritik wird dieses Telos, das „höchste Gut", bekanntlich als Einheit von Tugend und Glückseligkeit bestimmt. In einer modifizierten, aber nicht grundsätzlich verschiedenen Form kommt es bereits in der Selbstzweckformel der *Grundlegung* zum Ausdruck; was die Formulierung von der *„Menschheit sowohl in deiner Person, als in der Person eines jeden andern"*

(GMS IV 429, 10 f.) meint, läßt sich am besten als vernünftige Autonomie oder rationale Handlungsfähigkeit umschreiben. In Kants moralphilosophischen Vorlesungen findet sich folgende pointierte Stelle:

> „Worauf beruhet denn das principium aller Pflichten gegen sich selbst? Die Freiheit ist einesteils das Vermögen, welches allen übrigen unendliche Brauchbarkeit gibt. Sie ist der höchste Grad des Lebens. Sie ist die Eigenschaft, die eine notwendige Bedingung ist, die allen Vollkommenheiten zum Grunde liegt. ... Der innere Wert aber der Welt, das summum bonum, ist die Freiheit nach Willkür, die nicht nezessitiert wird[,] zu handeln. Die Freiheit ist also der innere Wert der Welt" (*Moralphilosophie Collins* XXVII/1 344, 14–18 und 23–25).

Offenkundig wird hier das Prinzip aller Pflichten teleologisch rekonstruiert, d. h. im Sinn eines höchsten Guts, nämlich der Freiheit. Die Freiheit verleiht allen anderen Gütern („Vollkommenheiten") deren Wertcharakter, ihre „Brauchbarkeit". Doch sollte es richtig sein, daß Kant den teleologischen Ansätzen unmittelbar nahe steht, dann sind zwei heikle Fragen zu beantworten. (1) Wie erklärt es sich, daß er sie – in unserem Text (24) die Ethik Epikurs – explizit wegen ihrer Orientierung am materialen Telos der Glückseligkeit oder Selbstliebe ablehnt? (2) Warum fordert Kant eine formale anstelle einer materialen Willensbestimmung zur Auffindung des moralischen Gesetzes?

(1) Kant versteht den Glücksbegriff bekanntlich im Sinn einer umfassenden Wunscherfüllung, als „Befriedigung aller Vergnügen *überhaupt*" (*Praktische Philosophie Powalski* XXVII/1 101, 24) oder als „Befriedigung aller unserer Neigungen (sowohl *extensive*, der Mannigfaltigkeit derselben, als *intensive*, dem Grade, und auch *protensive*, der Dauer nach)" (KrV A 806/ B 834; vgl. GMS IV 399; V 124). Zwar denkt er dabei, wie unser Text zeigt, keineswegs nur an die Erfüllung sinnlich-naturaler Neigungen oder Bedürfnisse, sondern auch an rational geprägte Wünsche. Aber er unterstellt dem antiken Eudämonismus generell, also auch im Blick auf die rationalen Neigungen, eine hedonistisch geprägte Strebenskonzeption (22); von dort aus ist es nicht mehr weit bis zum Diktum aus der *Anthropologie*: „Alle Eudämonisten sind daher praktische Egoisten" (VII 130, 11). Der Sache nach ist dieses Urteil unberechtigt. Die antiken Strebenskonzeptionen denken mehrheitlich in Begriffen rational vorteilhafter oder handlungstheoretisch verbindlicher Ziele, nicht in Begriffen der Wunscherfüllung (Irwin 1996); Moral und Glück unterhalten meist eine konstitutive, keine instrumentelle Beziehung (Weidemann 2001). Zumindest stimmt Kant

den antiken Ethiken aber in einer wichtigen Hinsicht zu: Glückseligkeit ist auch für ihn keineswegs irgendein Zweck neben anderen. In der *Grundlegung* heißt es klar, die Absicht auf Glückseligkeit sei eine „Naturnotwendigkeit". Die Glücksorientierung könne man „a priori bei jedem Menschen voraussetzen" (IV 415, 37). Kant geht mit seiner Anerkennung der menschlichen Glücksorientierung überdies so weit, daß er sie in der zweiten Kritik als unverzichtbaren Bestandteil des höchsten Gutes ausweist.

(2) Warum läßt Kant ausschließlich eine formale Willensbestimmung gelten, nicht jedoch eine materiale? Ohne ein materiales Element, d. h. ohne einen korrelativen Zweck hängt der strebenstheoretische Willensbegriff gleichsam in der Luft; sollte meine Interpretation zutreffen, muß es in Kants Konzeption ein Ziel geben, auf das der Wille gerichtet ist. Würde Kant den moralischen Willen ateleologisch auffassen, so läge kein Wille im Sinn eines Begehrungsvermögens vor.

Die geschilderte interpretatorische Schwierigkeit wäre gelöst, wenn sich zeigen ließe, daß Kant die Ausrichtung des Willens auf ein Ziel wenn schon nicht als Ursache, dann wenigstens *als Folge* der formalen Willensbestimmung versteht. Kants Position bestünde dann nicht in der Zurückweisung eines materialen Telos, sondern nur in einer veränderten Vorgehensweise, die das antike Modell beibehält, aber zugleich dessen Schrittfolge umkehren würde. Nach meiner Auffassung ist genau dies der Fall (vgl. die ausführlichere Argumentation in Horn 2002, Kap. 6). Kant lehnt so gesehen nur die methodische Reihenfolge der antiken Moralphilosophie ab, und zwar mit folgendem Argument: Achtet man zunächst auf natürliche Ziele, wie Menschen sie faktisch haben, so läßt sich der reine Wille nicht mehr rekonstruieren; man nimmt dann von vornherein die Perspektive faktischunreiner Willensausrichtungen ein.

Kant kommt auf das Problem der materialen Willensausrichtung selbst wiederholt zu sprechen. So heißt es in der *Grundlegung* in der Überleitungspassage zwischen der ersten und zweiten Formel des kategorischen Imperativs etwa: „Nun ist das, was dem Willen zum objektiven Grunde seiner Selbstbestimmung dient, der *Zweck*, und dieser, wenn er durch bloße Vernunft gegeben wird, muß für alle vernünftige Wesen gleich gelten" (IV 427, 21–24). Ebenso wird in der zweiten Kritik konstatiert: „Nun ist freilich unleugbar, daß alles Wollen auch einen Gegenstand, mithin eine Materie haben müsse" (34, 11 f.). Kant denkt den Willensbegriff also tatsächlich mit der Konzeption eines objektiven Zwecks korreliert. In der „Tugendlehre" spricht er sogar von der Notwendigkeit eines moralischen Zwecks als Gegengewicht zu den neigungsbestimmten Zielsetzungen (MS VI 380, 22–381, 3). Auch andernorts bestätigt sich, daß nach Kant „ohne allen Zweck ... kein *Wille* sein [kann]" (Gemeinspruch VIII 279, 34 f.). Eine der aufschlußreichsten Stellen zu diesem Problem findet sich in der „Vorrede" zur Religionsschrift:

„Obzwar aber die Moral zu ihrem eigenen Behuf keiner Zweckvorstellung bedarf, die vor der Willensbestimmung vorhergehen müßte, so kann es doch wohl sein, daß sie auf einen solchen Zweck eine notwendige Beziehung habe, nämlich nicht als auf den Grund, sondern als auf die notwendigen Folgen der Maximen, die jenen gemäß genommen werden. – Denn ohne alle Zweckbeziehung kann gar keine Willensbestimmung im Menschen stattfinden, weil sie nicht ohne alle Wirkung sein kann, deren Vorstellung, wenngleich nicht als Bestimmungsgrund der Willkür und als ein in der Absicht vorhergehender Zweck, doch als Folge von ihrer Bestimmung durchs Gesetz zu einem Zwecke muß aufgenommen werden können (*finis in consequentiam veniens*), ohne welchen eine Willkür, die sich keinen weder objektiv noch subjektiv bestimmten Gegenstand (den sie hat, oder haben sollte) zur vorhabenden Handlung hinzudenkt, zwar *wie* sie, aber nicht *wohin* sie zu wirken habe, angewiesen, sich selbst nicht Gnüge tun kann. So bedarf es zwar für die Moral zum Rechthandeln keines Zwecks, sondern das Gesetz, welches die formale Bedingung des Gebrauchs der Freiheit überhaupt enthält, ist ihr genug. Aber aus der Moral geht doch ein Zweck hervor ..." (VI 4, 11 ff.).

Die Textstelle entwickelt eine Lösung für das Paradox, in welchem Sinn man einen Zweck – der doch das Objekt eines Willens sein und d. h. ihm vorhergehen muß – zugleich als eine Folge des gesetzmäßig bestimmten Willens betrachten kann. Kant betont hier einerseits die Irrelevanz eines materialen Telos für die moralische Willensbestimmung und andererseits die Notwendigkeit, einen Willen stets mit einem Zweck korreliert sein zu lassen. Formale Willensbestimmung und materiale Willensausrichtung werden kompatibel, wenn man die Methode der antiken Moralphilosophie umkehrt: Kant fordert zuerst eine formale Vorgehensweise und ermittelt dann die sich aus dem so bestimmten Willen ergebende Zweckausrichtung (*finis in consequentiam veniens*).

Ein analoges Umkehrungsprogramm findet sich im Zweiten Hauptstück der „Analytik" der zweiten Kritik. Kant beruft sich dort ausdrücklich auf den traditionellen teleologischen Satz ‚*nihil appetimus, nisi sub ratione boni; nihil aversamur, nisi sub ratione mali*' (59, 12 f.). Er verlangt nur, man müsse den Satz richtig übersetzen, nämlich nicht: „[W]ir begehren nichts als in

Rücksicht auf unser *Wohl* und *Weh*", sondern: „[W]ir wollen nach Anweisung der Vernunft nichts, als nur sofern wir es für gut oder böse halten" (60, 4–9). Kant will hier Moralität zur Beurteilung des höchsten Gutes bereits *heranziehen* können und lehnt daher ein Verfahren ab, bei dem man den Moralitätsbegriff erst aus der Vorstellung eines höchsten Gutes *gewinnen* würde. Sein eigenes Verfahren bezeichnet Kant als „Paradoxon der Methode": Man dürfe nicht aus den Begriffen des Guten und Bösen das moralische Gesetz herleiten, sondern müsse umgekehrt das moralische Gesetz zur Bestimmung des Guten und Bösen verwenden (62). Auch in einer Passage der Schrift *Zum ewigen Frieden* wird das Prioritätsproblem von Form und Materie auf dieselbe Weise gelöst, ohne daß auf den Materialaspekt verzichtet würde (VIII 376, 22–377, 6). In der *Kritik der praktischen Vernunft* geht Kant so weit, in diesem Punkt den „veranlassenden Grund aller Verirrungen der Philosophen in Ansehung des obersten Prinzips der Moral" zu sehen (64, 8 f.). Denn gleichgültig, ob diese die Lust, also den „obersten Begriff des Guten", als Glück, Vollkommenheit, moralisches Gefühl oder als Willen Gottes aufgefaßt hätten, sie hätten damit das moralische Gesetz von vornherein ausgeschlossen. Der Begriff des höchsten Gutes dürfe folglich nicht zum Kriterium moralischer Richtigkeit erklärt werden; er sei vielmehr „ein Objekt, welches weit hinterher, wenn das moralische Gesetz allererst für sich bewährt und als unmittelbarer Bestimmungsgrund des Willens gerechtfertigt ist, dem nunmehr seiner Form nach a priori bestimmten Willen als Gegenstand vorgestellt werden kann, welches wir in der Dialektik der reinen praktischen Vernunft uns unterfangen wollen" (Z. 30–34).

Fassen wir zusammen: Kants Willenskonzept ist das intellektualistische der *Gorgias*-Tradition. Ein solcher Willensbegriff verbindet sich in der Regel mit teleologischen Ethikmodellen. Kant dagegen lehnt die ihm bekannten teleologischen Ethiken (besonders der Antike) ausdrücklich ab, wobei er einen sehr fragwürdigen Hedonismus-Verdacht gegen deren Strebens- und Glücksbegriff richtet. Das bedeutet aber keineswegs, daß er das teleologische Modell grundsätzlich verwerfen würde. Vielmehr scheint er die Vorstellung, daß wir über einen „rationalen Willen" verfügen, der auf ein materiales Telos gerichtet sein soll, durchaus beizubehalten. Gleichzeitig ist er aber davon überzeugt, daß es völlig inadäquat wäre, die faktisch vorfindliche Beziehung von Wille und Telos seiner Moralphilosophie zugrunde zu legen; denn der Wille, so wie er sich bei einem neigungsorientierten Wesen wie dem Menschen tatsächlich darstellt, wird von ihm als pathologisch kontaminiert und hedonistisch depraviert aufgefaßt. Kant kehrt daher die Reihenfolge um und ermittelt das Telos des Willens sozusagen nachträglich, nämlich als jene Folgeausrichtung, die ein als rektifiziert gedachter Wille aufweisen würde.

Trifft diese Interpretation zu, so bleibt es zwar richtig zu sagen, Kant sei ein deontologischer Moralphilosoph. Denn seine Ethik geht in der charakteristischen Reihenfolge vor: Sie gibt zuerst an, was es für einen Willen bedeutet, gut zu sein, und bestimmt dann, worauf ein solcher Wille zielt. Andererseits scheint mir dabei Moralität (genau wie in Teilen der älteren Tradition) als Resultante rationalen Strebens gedacht zu werden, und wenn man zudem die genannten Mißverständnisse in Rechnung stellt, dürfte Kant dieser Tradition überraschend nahe stehen.[3]

Literatur

Allison, H. E. 1990: Kant's Theory of Freedom, New York.
Beck, L. W. ³1995: Kants „Kritik der praktischen Vernunft". Ein Kommentar, München (engl. 1960).
Frankena, W. K. 1972: Analytische Ethik, München (engl. 1963).
Guyer, P. 2000: Kant on Freedom, Law, and Happiness, Cambridge/New York.
Herman, B. 1993: The Practice of Moral Judgment, Cambridge (Mass.).
Hill, Th. Jr. 1992: Dignity and Practical Reason in Kant's Moral Theory, Ithaca.
Horn, Ch. 2002: Grundlegende Güter. Untersuchungen zu einer handlungsteleologischen Ethik, Frankfurt a. M. (im Erscheinen).
Hudson, H. H. 1991: *Wille, Willkür* and the Imputability of Immoral Actions, in: Kant-Studien 82, 179–196.
Irwin, T. 1996: Kant's Criticism of Eudaemonism, in: S. Engstrom/J. Whiting (Hg.), Aristotle, Kant, and the Stoics. Rethinking Happiness and Duty, Cambridge, 63–101.
Korsgaard, C. M. 1996: Creating the Kingdom of Ends, Cambridge.
Meerbote, R. 1982: *Wille* and *Willkür* in Kant's Theory of Action, in: M. S. Gram (Hg.), Interpreting Kant, Iowa, 69–84.
Munzel, G. F. 1999: Kant's Conception of Moral Character. The 'Critical' Link of Morality, Anthropology, and Reflective Judgment, Chicago/London.
Prauss, G. 1983: Kant über Freiheit als Autonomie, Frankfurt a. M.
Rawls, J. 1975: Eine Theorie der Gerechtigkeit, Frankfurt a. M. (engl. 1971).
Stekeler-Weithofer, P. 1990: Willkür und Wille bei Kant, in: Kant-Studien 81, 304–320.
Weidemann, H. 2001: Kants Kritik am Eudämonismus und die Platonische Ethik, in: Kant-Studien 92, 19–37.
Willaschek, M. 1992: Praktische Vernunft. Handlungstheorie und Moralbegründung bei Kant, Stuttgart/Weimar.
Wood, A. W. 1999: Kant's Ethical Thought, Cambridge/New York.

---

3 Für ausführliche Kritik und wertvolle Anregungen danke ich Hans-Ulrich Baumgarten, Philipp Brüllmann und Friedo Ricken.

4

Otfried Höffe

Die Form der Maximen als Bestimmungsgrund (§§ 4–6, 27–30)

4.1 Überblick

In der „Analytik der reinen praktischen Vernunft" will Kant beweisen, „daß reine Vernunft praktisch sein, d. i. für sich, unabhängig von allem Empirischen, den Willen bestimmen" kann (42, 4 f.). Innerhalb dieser Beweisaufgabe befassen sich §§ 4 bis 6 vornehmlich mit dem zweiten (reine Form), dritten (allgemeine Gesetzgebung) und vierten (transzendentale Freiheit) von insgesamt sieben Beweisschritten (s. auch Kap. 1.3 in diesem Band). Da sie überdies den ersten Beweisschritt („keine materiellen Prinzipien") knapp wiederholen und den Beweisschritten fünf („Grundgesetz"), sechs („Faktum der Vernunft") und sieben („Autonomie") vorgreifen, machen sie innerhalb der zweiten Kritik den Kernbereich der „Analytik" aus.

Der „Erklärung" (§ 1) zufolge ist das Beweisziel erreicht, wenn es nicht bloß subjektive („Maximen"), sondern auch jene objektiven praktischen Grundsätze („praktische Gesetze") gibt, die als „für den Willen jedes vernünftigen Wesens gültig" erkannt werden (19, 11 f.). Dann nämlich, so erläutert die „Anmerkung", enthält die reine Vernunft einen „zur Willensbestimmung hinreichenden Grund in sich" (Z. 14 f.). Im folgenden, ersten Beweisschritt (§§ 2–3) gewinnt Kant ein zweiteiliges, negatives Ergebnis: (a) Alle Maximen, die einem empirisch, nämlich von der vorhergehenden Begierde bestimmten Willen entspringen, können keine praktischen Gesetze abgeben (§ 2: Lehrsatz I). (b) Folglich scheidet ihr Leitprinzip, die Selbstliebe oder eigene Glückseligkeit, aus (§ 3: Lehrsatz II).

Während die anderen Lehrsätze (I, II und IV) in der für einen Lehrsatz üblichen Form – „A ist B" – erscheinen, weicht Lehrsatz III davon ab: § 4 beginnt hypothetisch („Wenn ..., so ..."), und die beiden nächsten

Paragraphen schließen sich dem an („Vorausgesetzt, daß ..."). Man kann den Lehrsatz III zwar in die lehrsatzübliche Form bringen: „Ein vernünftiges Wesen kann sich seine Maximen nur als solche Prinzipien denken, die ... bloß der Form nach den Bestimmungsgrund des Willens enthalten." Ein Teil der Pointe geht dann aber verloren: daß Kant nämlich erst eine Möglichkeit, noch keine Wirklichkeit behauptet.

In der hypothetischen Formulierung zeigt sich jene für eine praktische Vernunftkritik, näherhin ihre Analytik, charakteristische Argumentationsweise, die wir schon vom Beginn der „Anmerkung" zu § 1 kennen („Wenn man annimmt ..., so gibt es ...": 19, 14 f.): Im Unterschied zu einem System der praktischen Vernunft, einer Metaphysik der Sitten, kann man die Wirklichkeit der reinen praktischen Vernunft nicht als schon gegeben annehmen, man muß sie vielmehr noch beweisen. Zu diesem Zweck setzt Kant probeweise die Wirklichkeit als gegeben voraus („Wenn ...") und überlegt sich, mit welchen Argumenten die Voraussetzung schrittweise eingeholt werden kann. Nachdem die beiden ersten Lehrsätze das untaugliche Prinzip ausgesondert haben, knüpft der dritte Lehrsatz (§ 4) an beides an: an die einleitend genannte Leitaufgabe, Maximen zu suchen, die „praktische Gesetze" (§ 1: 19, 9 ff.), nachdrücklicher: „praktische allgemeine Gesetze", sind (27, 3 f.), und an das Zwischenergebnis des *ersten* Beweisschrittes, daß es bei derartigen Gesetzen nicht auf die Materie, sondern die Form ankommt (Z. 5 f.). §§ 5 und 6 schließlich setzen in ihrer Voraussetzung die Teilergebnisse der jeweils vorangehenden Paragraphen als erreicht an.

Zu Beginn von § 4 erklärt Kant noch, daß er sich zunächst nur eine Teilaufgabe vornimmt. Während nach der Gesamtaufgabe Maximen als objektiv gültig „erkannt" werden sollen (19, 12), gibt er sich hier zufrieden, sie so zu „denken" (27, 4). Dem zur Erkenntnis zusätzlich notwendigen Moment, daß das Gedachte auch wirklich ist, wendet er sich erst später, insbesondere unter dem Titel „Faktum der Vernunft", zu.

Der *zweite* Beweisschritt besteht in einem Argument *e contrario*; Kant schließt vom untauglichen auf das allein taugliche Leitprinzip: Aus einer Wiederholung des ersten Beweisschrittes, der Untauglichkeit aller materialen Prinzipien (Z. 7–12), folgt, daß zum Bestimmungsgrund des reinen Willens ausschließlich die Form und die Form allein, die reine Form der Maximen, taugt.

Im *dritten*, mit dem zweiten eng verklammerten Beweisschritt erhält die reine Form eine gehaltliche Fülle, die allgemeine Gesetzgebung (§ 4, Lehrsatz III: 27, 14 und 18). Die Qualifizierung als allgemein hat dabei hier wie andernorts eine explikative, keine spezifizierende Bedeutung: Nach Kants strengem Begriff sind Gesetz und Gesetzgebung im Bereich des Praktischen „für den Willen jedes vernünftigen Wesens gültig" (19, 11 f.). Und die Fähigkeit eines praktischen Gesetzes, „sich zur allgemeinen Gesetzgebung [zu] qualifizieren", „ist ein identischer Satz" (27, 33 f.), was bei Kant eine analytische, schon im Begriff der Sache enthaltene Beziehung meint (vgl. KrV B 10).

Vorausgesetzt, daß es allein auf die allgemeine Gesetzgebung ankommt, bestimmt Kant in zwei weiteren Schritten die nähere, in sich gedoppelte Aufgabe. Die „Aufgabe I" (§ 5) enthält den *vierten* Beweisschritt: Kant arbeitet die Beschaffenheit eines nur durch die Gesetzesform bestimmten Willens heraus; er ist ein „freier Wille". Unter dieser Voraussetzung bestimmt er in der „Aufgabe II" (§ 6) das dem freien Willen korrespondierende Gesetz: Wie schon vom zweiten Beweisschritt bekannt, liegt der Bestimmungsgrund des freien Willens in der in der Maxime enthaltenen, gesetzgebenden Form, die gemäß dem dritten Beweisschritt der allgemeinen Gesetzgebung entspricht.

In der „Anmerkung" zu § 4 geht Kant einen *Seitenschritt*. Er macht die bloße Form der Gesetzgebung, die Allgemeinheit, zum Maß und Kriterium für moralische Maximen und wendet den Test der Verallgemeinerbarkeit bzw. Universalisierbarkeit auf das berühmte Beispiel des Depositums an. Damit greift er dem *fünften* Beweisschritt, dem moralischen Gesetz in Gestalt des kategorischen Imperativs, vor.

Der *vierte* Beweisschritt ist in sich vierteilig. Als erstes (a) wird der freie Wille negativ bestimmt, „als gänzlich unabhängig von dem Naturgesetz der Erscheinungen, nämlich dem Gesetze der Kausalität" (§ 5: 29, 4 f.), zweitens (b) erhält die negative Bestimmung eine positive Wertschätzung: es ist die Freiheit „im strengsten, d. i. transzendentalen, Verstande" (Z. 7). Unter Rückgriff auf den dritten Beweisschritt erhält der Wille drittens (c) einen positiven Gehalt; er ist „ein Wille, dem die bloße gesetzgebende Form der Maxime allein zum Gesetze dienen kann" (Z. 7–9). Schon hier taucht der positive Begriff der Freiheit auf, womit Kant die Sache des vierten und letzten Lehrsatzes und damit den *siebten* Beweisschritt, die Autonomie des Willens, anklingen läßt. Im vierten Teilschritt (d) kehrt Kant den Zusammenhang um: Die gesetzgebende Form der Maxime ist „das einzige, was einen Bestimmungsgrund des Willens ausmachen kann" (§ 6: 29, 21 f.).

Schließlich greift Kant in der „Anmerkung" zu § 6 dem *sechsten* Beweisschritt, dem „Faktum der Vernunft" vor, das sich in den beiden Anmerkungen zu § 7 findet.

In der „Vorrede" hatte Kant an das für die zweite Kritik entscheidende Ergebnis der ersten Kritik erinnert: daß die transzendentale Freiheit erst „problematisch, als nicht unmöglich zu denken", aufgestellt ist (3, 19 f.). Die neue, zweite Kritik soll die noch ausstehende Aufgabe lösen und der transzendentalen Freiheit die „objektive Realität" sichern (Z. 20 f.). Damit sei nichts weniger als der spekulative „*Schlußstein* von dem ganzen Gebäude eines Systems der reinen, selbst der spekulativen Vernunft" gewonnen (Z. 25 ff.). Da Kant dieses Ziel im wesentlichen, wenn auch noch nicht in aller Deutlichkeit und Ausführlichkeit schon in §§ 4 bis 6 erreicht, handelt es sich bei ihnen nicht bloß um das Kernargument der „Analytik", sondern sogar um die entscheidende Passage der gesamten zweiten Kritik. Ich fasse ihre wichtigsten Schritte zusammen:

(1) Kant leitet aus dem Ausschluß der Materie des Willens und seiner Maximen die bloße Form ab. (§ 4, 1. Absatz)

(2) Er expliziert die bloße Form der Maximen als eine allgemeine Gesetzgebung. (§ 4, 2. Absatz)

(3) „Welche Form in der Maxime sich zur allgemeinen Gesetzgebung schicke, welche nicht, das kann der gemeinste Verstand ohne Unterweisung unterscheiden" (27, 21 f.). Kant erläutert diese Behauptung am Beispiel eines Depositums „in meinen Händen, dessen Eigentümer verstorben ist und keine Handschrift darüber zurückgelassen hat" (Z. 24 f.). (§ 4, „Anmerkung", 1. Absatz)

(4) Im Depositumbeispiel blickt Kant auch auf jene „Begierde zur Glückseligkeit" (28, 4) und ihre empirischen Bestimmungsgründe zurück, die für jede allgemeine, nicht bloß für eine äußere, sondern auch für eine innere Gesetzgebung untauglich sind (Z. 23 f.). (§ 4, „Anmerkung", 2. Absatz)

(5) Die bloße Form des Gesetzes kann lediglich von der Vernunft vorgestellt werden; sie ist kein Gegenstand der Sinne, gehört folglich auch nicht unter die Erscheinungen und deren Gesetz der Kausalität. Somit ergibt sich, erneut *e contrario*, daß ein Wille, der lediglich von seiner gesetzgebenden Form bestimmt wird, ein im strengsten, transzendentalen Verständnis freier Wille ist. (§ 5)

(6) Auch ein von allen empirischen und zugleich materialen Bedingungen unabhängiger Wille muß bestimmbar sein, wofür aber nur die gesetzgebende Form übrigbleibt. (§ 6)

(7) Freiheit und unbedingtes praktisches Gesetz weisen zwar „wechselsweise aufeinander zurück" (29, 24 f.). Da man der Freiheit aber weder unmittelbar bewußt werden noch aus der Erfahrung auf sie schließen kann, hebt „unsere *Erkenntnis* des unbedingt Praktischen" (Z. 28) beim moralischen Gesetz an. Daß man seiner unmittelbar bewußt wird, zeigt Kant am

Beispiel eines extrem zugespitzten Konfliktes von Pflicht und Neigung, dem Konflikt zwischen dem moralischen Gebot der Ehrlichkeit und dem pragmatischen Wunsch, am Leben zu bleiben, und er kontrastiert diesen Konflikt mit einer pragmatischen Güterabwägung, der zwischen einer kurzfristigen, „wollüstigen" Neigung und dem langfristigen Interesse am Leben. (§ 6, „Anmerkung")

4.2 § 4: Die bloße Form und das Depositumbeispiel

Um seine *e contrario*-Argumentation deutlich zu machen, wiederholt Kant im ersten Teil von Lehrsatz III das entscheidende, negative Ergebnis der beiden vorangehenden Lehrsätze: daß die Materie als Bestimmungsgrund ausscheidet. Man kann sich fragen, ob das Ausscheiden übereilt erfolgt, da Kant nur gegen sinnliche Materie, aber nicht gegen jede, auch nicht- bzw. übersinnliche Materie argumentiert habe. Die Antwort ergibt sich aus Kants weiterem Begriff. Unter der Materie (im Bereich des Praktischen) versteht er jedweden, sinnlichen wie nichtsinnlichen Gegenstand, dessen Wirklichkeit begehrt wird. Entscheidend ist, daß daher bei allen materialen Prinzipien eine Begierde vorausgeht: die Lust an der Wirklichkeit des Begehrten. (Gemäß der Zweideutigkeit von „bonum" und „malum" besteht das, was man begehrt bzw. verschmäht, im Wohl und Weh, nicht im Guten und Bösen; vgl. 57 ff.) Die Lust, die man an der noch ausstehenden Wirklichkeit hat, die Vorfreude, ist aber ebenso eine empirische Frage wie die Lust, die man bei der Wirklichkeit tatsächlich empfindet. Zu Recht sagt Kant, es sei „unmöglich ... a priori einzusehen, welche Vorstellung mit *Lust*, welche hingegen mit *Unlust* werde begleitet sein" (58, 14–16). Die Materie beiseite zu setzen heißt nicht, dem Willen jeden Gegenstand und jede Bestimmtheit zu nehmen, wohl aber auszuschließen, daß die Lust am Erreichen des Gegenstandes den – entscheidenden – Bestimmungsgrund ausmacht. Da es also nicht auf die Lust ankommen darf, ist der Unterschied zwischen ‚feineren Freuden', etwa aus der „Kultur der Geistestalente" (§ 3: 24, 5), und solchen, die auf sinnlichen Vorstellungen beruhen, für eine Kritik der praktischen Vernunft unerheblich.

Bekanntlich hält Aristoteles das wissenschaftlich-philosophische Leben, den *bios theôrêtikos*, für die höchste Lebensform des Menschen (*Nikomachische Ethik*, X 6–7). Kant würde weder bestreiten, daß es hier um die höchste und anhaltendste Tätigkeit geht, noch, daß sie eine höchste Lust verspricht. Trotzdem könnte man – wäre sein Argument – nicht *a priori* behaupten, daß dieser Mensch A in dieser Lebensphase t die dem Geist eigentümliche, theoretische Lust begehre.

Auch geistige und, genereller, feinere Freuden sind Freuden, so daß es auf die Lust ankommt und mit ihr auf die empirischen Unterschiede sowohl zwischen verschiedenen Subjekten als auch zwischen verschiedenen Lebensphasen desselben Subjekts: Die „Regel des Willens" – faßt Kant in § 4 zusammen – unterliegt „einer empirischen Bedingung", nämlich „dem Verhältnisse der bestimmenden Vorstellung zum Gefühle der Lust und Unlust", und kann „folglich kein praktisches Gesetz sein" (27, 9–12).

Unter der stillschweigenden Voraussetzung einer vollständigen Disjunktion – entweder Materie oder Form, etwas Drittes gibt es nicht – schließt Kant im zweiten Teil des Lehrsatzes auf die Form als den Rest, der nach Ausschluß der Materie übrigbleibt. Für den dabei verwendeten Begriff der Form eignet sich nicht etwa die von Korsgaard (1996, 75 f.) für die *Grundlegung* gegebene Erläuterung, es gehe um das Verhältnis von auszuführender Handlung und zu verwirklichender Absicht (purpose). Als Beispiel führt Korsgaard das Verhältnis der beiden Teilsätze „Ich schlage Alex nieder" und „Ich will meine Wut loswerden" innerhalb der Maxime „Ich schlage Alex nieder, um meine Wut loszuwerden" an. Von Kant her gesehen, formuliert Korsgaard noch gar keine Maxime, nicht einmal eine der Regeln, die unter die Maxime fallen: Analog zu den Beispielen der zweiten Kritik – „keine Beleidigung ungerächt zu erdulden" (19, 19 f.) und „mein Vermögen durch alle sichere Mittel zu vergrößern" (27, 23 f.) –, aber auch zu den Beispielen der *Grundlegung*, würde die Maxime etwa lauten: „Ich will meine Wut mit allen – sicheren – Mitteln loswerden." Die (moralisch problematische) Regel, die darunter fällt, hieße: „Wenn es mir als – sicheres – Mittel, meine Wut loszuwerden, erscheint, schlage ich jemanden nieder." Ich werde also gewalttätig, was nach Kant den Gegensatz zur Gerechtigkeit bildet (vgl. 61, 4 f.). Sowohl diese Regel als auch die ihr zugrundeliegende Maxime enthalten für Kant eine materiale Willensbestimmung, die Begierde, seine Wut mit allen Mitteln loszuwerden.

Die von Kant gemeinte Form entspricht auch nicht schlicht dem Sollen. Denn auch ein reines, also dem Sollen enthobenes Vernunftwesen vermag nach bloßer Form zu handeln. Als ein im „ontologischen" Sinn heiliges Wesen handelt es sogar stets nach bloßer Form. Wie Kant sowohl in der *Grundlegung* (IV 431, 9 ff.; 436, 15 ff.) als auch in der zweiten Kritik (27, 14) erläutert, geht es um die reine Form eines Gesetzes: die allgemeine Gesetzgebung.

Ein Blick in Kants *Logik* bekräftigt diese Interpretation: In der „Einleitung", dem Abschnitt „V. Erkenntnis überhaupt …", nennt Kant Materie den „Gegenstand" und Form „die Art, *wie* wir den Gegenstand erkennen" (IX 33, 15 f.). Auf das Thema der zweiten Kritik, den Willen und seinen Bestimmungsgrund, übertragen, liegt die Materie im Gegenstand des Willens und die Form in der – von aller Lusterwartung abgekoppelten – Art, wie wir den Gegenstand wollen (hier nicht etwa: erkennen) (s. Kap. 1.4 in diesem Band). Dabei stellt sich die Alternative: reine Form des Wollens bzw. Form der Maxime, d. i. allgemeine Gesetzlichkeit, oder nichtreine Form, d. i. Mangel an allgemeiner Gesetzlichkeit. Erneut ist der Zusatz ‚allgemein' (27, 3 f.) nicht qualifizierend, sondern explikativ zu verstehen. Kant setzt nicht etwa eine allgemeine gegen eine besondere Gesetzgebung ab, sondern hebt das entscheidende Merkmal jeder Gesetzgebung, ihre Allgemeinheit, hervor. Und nur aufgrund dieses Merkmals entfaltet die bloße Form in der folgenden „Anmerkung" ihre kriteriologische Kraft:

„Welche Form in der Maxime sich zur allgemeinen Gesetzgebung schikke, welche nicht" (Z. 21 f.), prüft Kant an der Maxime, „mein Vermögen durch alle sichere Mittel zu vergrößern" (Z. 23 f.). Nicht die Absicht, sein Vermögen zu vergrößern, steht zur Diskussion, sondern lediglich jene Einstellung, Habsucht genannt (Z. 36), die sich dabei aller Mittel, sofern sie nur sicher sind, bedienen will. In Kants Test der Verallgemeinerbarkeit geht es um eine unmoralische Einstellung, deren Unmoral sich an der moralischen Unzulässigkeit gewisser Mittel zeigt. Entgegen einer verbreiteten Ansicht geht es Kant weder um irgendwelche Mittel noch um irgendwelche Regeln. Wie man sein Vermögen vergrößert, ist in Kants Verständnis eine technische Frage, da man sich zu einer vorgegebenen Absicht die besten Mittel überlegt. Pragmatisch ist die Frage, ob die Vergrößerung des Vermögens zu meinem Wohl beiträgt, moralisch dagegen erst eine Frage – weiß der Leser spätestens seit dem ersten Paragraphen –, bei der es auf die „Bestimmung des Willens" ankommt (19, 7 f.). Bei der Vermögensbildung geht es etwa um die Frage, ob man sie stets ehrlich oder gelegentlich auch betrügerisch vornehme, und die Frage, ob in Gleichgültigkeit gegen fremde Not oder aber in Hilfsbereitschaft.

Dasselbe trifft auf die *Grundlegung* zu, und erneut von Anfang, sogar von der „Vorrede" an, sofern sie vom Willen „ohne alle empirische Bewegungsgründe" (aber nicht: „Bestimmungsgründe") oder vom „reinen Willen" spricht (IV 390, 25 f., vgl. Z. 35). Ebenso heißt es im fulminanten Einleitungssatz, daß „überall nichts in der Welt ... ohne Einschränkung für gut könnte gehalten werden, als allein ein *guter Wille*" (IV 393, 5–7). Darüber hinaus kommt es Kant sowohl in der *Grundlegung* als auch in der zweiten Kritik auf eine derart „allgemeine" Willensbestimmung an, daß den zugehörenden Sätzen der Rang von Grundsätzen im strengen Verständnis zukommt, die noch „mehrere praktische Regeln unter sich" haben (19, 8). Schon eine Regel ist etwas Allgemeines, eine Maxime daher eine Allgemeinheit zweiter Stufe, so daß Kant unter einem (praktischen) Gesetz eine noch höhere Allgemeinheit versteht, jene Allgemeinheit dritter Stufe, die „als objektiv, d. i. für den Willen jedes vernünftigen Wesens gültig, erkannt wird" (Z. 11 f.). Sie ist also sowohl für endliche als auch für reine Vernunftwesen und bei den endlichen Vernunftwesen sowohl für Menschen als auch nichtmenschliche, aber durch Vernunft und zugleich Sinnlichkeit ausgezeichnete Wesen gültig. Allein in derartigen Grundsätzen spricht sich die Neigung eines Menschen im Sinne seines Charakters aus: „im gegenwärtigen Falle meine Habsucht" (27, 35 f.).

Kant prüft die Verallgemeinerbarkeit der Habsucht indirekt, nämlich an einer nicht verallgemeinerbaren Regel, die gleichwohl unter den genannten Grundsatz fällt (vgl. Z. 26: „der Fall meiner Maxime"). Es ist das berühmte Depositum-Beispiel, das die Philosophie übrigens seit Platons *Politeia* (I 333b–d) kennt. Eine halbe Generation nach Kant, seit seinem Naturrechtsaufsatz (1803, bes. 462 f.; vgl. *Phänomenologie*, 1807: „Die gesetzprüfende Vernunft": 322 f.), wird Hegel glauben, Kants Behandlung des Beispieles und mit ihm die Grundlage der Kantischen Moralphilosophie zurückweisen zu können. Und viele Generationen von Hegelianern werden der Kritik folgen, ohne ihre Berechtigung in einer genauen Kant-Lektüre zu überprüfen. (Zu Hegels Kant-Kritik s. auch Allison 1990, 184 ff. und Ameriks 2000, Kap. 7).

Als erstes ist der Begriff des Depositums zu klären: Seit dem Römischen Recht bedeutet es eine bewegliche Sache, die zur unentgeltlichen Aufbewahrung gegeben ist. Der zugrundeliegende Rechtsakt heißt „pactum depositi": Verwahrungsvertrag, und ist von der zur Verwahrung gegebenen Sache, dem Depositum, zu unterscheiden. Auch das Lehrbuch, auf dessen Grundlage Kant seine Naturrechtsvorlesungen hielt, der „Achenwall" (Achenwall/Pütter 1750/1995, § 379: 124 f.), bestimmt das „pactum *depositi*" als Vertrag, „durch den unentgeltlich die Bewachung einer fremden beweglichen Sache übernommen wird" (quo custodia rei alienae mobilis gratis suscipitur; vgl. heute BGB § 688, wo die Verwahrung aber nicht immer unentgeltlich ist: BGB § 689). Obwohl man gelegentlich unter Depositum nicht (bloß) die Sache, sondern (auch) den zugrundeliegenden Vertrag versteht, ist Kants Formulierung eindeutig. Ein Depositum „in meinen Händen" (27, 24) ist eine Sache und kein Vertrag.

Als nächstes ist zu sehen, daß es Kant nicht um irgendein Depositum, sondern lediglich um jenes geht, das die Bedingung „sicheres Mittel" erfüllt, was dort zutrifft, wo der „Eigentümer verstorben ist und keine Handschrift darüber zurückgelassen hat" (Z. 24 f.). Kant erörtert den Sonderfall einer nicht schriftlich nachweisbaren, insofern lediglich auf Treu und Glauben erfolgten und wegen des Todesfalls vom Verwahrungsgeber nicht einmal reklamierbaren Hinterlegung.

Hegel sieht das Depositum zu Recht als einen Fall von Eigentum an, wirft Kant aber zweierlei vor. Einerseits erbringe das Gedankenexperiment der Verallgemeinerung nur ein tautologisches Ergebnis: „wenn Eigentum ist, muß Eigentum sein". Andererseits lasse sich Kant auf die entscheidende Aufgabe nicht ein, „zu erweisen, daß Eigentum sein müsse" (1803, 463); statt dessen setze er dieses Rechtsinstitut als schon gegeben voraus. Beginnen wir mit dem zweiten Vorwurf, bezogen auf Kants Beispiel des Depositums:

Auch wenn Deposita zumindest in informeller Form in so gut wie allen entwickelteren Kulturen vorkommen dürften, nimmt Kant sie nicht als schon in der Wirklichkeit gegeben an. Für seine Argumentation reicht die Denkbarkeit eines derartigen Institutes aus. Es genügt sogar, daß es irgendein Mittel gibt, sei es in der Wirklichkeit, sei es bloß in einem Gedankenexperiment, das die Bedingung „sicheres Mittel, um mein Vermögen zu vergrößern", erfüllt, aber moralischen Geboten widersprechen könnte. Für seine Argumentation setzt Kant nur voraus, daß es in moralischer Hinsicht unterschiedliche, nämlich teils mit der Moral verträgliche, teils unverträgliche Mittel der Vermögensbildung gibt und daß die moralunverträglichen, des näheren betrügerischen Mittel mit Hilfe seines Gedankenexperiments sich aussondern lassen.

Damit entkräftet Kant auch Hegels ersten Einwand. Kant kommt nicht zu dem Ergebnis, „wenn Eigentum ist, muß Eigentum sein", vielmehr sondert er gewisse Formen der Eigentumsbildung als moralisch illegitime aus. Genaugenommen geht es ihm überhaupt nicht um die Institution des Verwahrungsvertrages, auch nicht um die des Eigentums. Ihm kommt es lediglich auf die Nichtverallgemeinerbarkeit eines gewissen Mittels, des unriskanten Betruges, an. Selbst er ist aber nur der vermittelnde Gegenstand; letztlich greift Kant die Ansicht an, „die Begierde zur Glückseligkeit" (28, 4) tauge zum allgemeinen praktischen Gesetz. Deren Untauglichkeit, die sogar „der gemeinste Verstand ohne Unterweisung" einsehen kann (27, 22; vgl. 87, 35 ff., 153, 19 ff., 155, 12 ff.), zeigt er an einem Beispiel auf, das er einer der ‚aus der Kultur hervorgehenden (erworbenen)' und ‚kalten', im Unterschied zu den ‚natürlichen (angeborenen)' und ‚erhitzten' Leidenschaften (Anthropologie VII 267 f.) zuordnet: es ist die Habsucht (27, 36).

Nach Kant besteht die Leidenschaft in einer „Neigung, durch welche die Vernunft verhindert wird, sie in Ansehung einer gewissen Wahl mit der Summe aller Neigungen zu vergleichen" (Anthropologie, § 80: VII 265, 27–30). In Leidenschaften, „Krebsschäden für die reine praktische Vernunft", tritt insofern eine extreme „Torheit" zutage, als man sowohl einen Teil des entsprechenden Zwecks zum Ganzen macht (vgl. § 81: VII 266) als auch sich anderen Neigungen versperrt und aus beiden Gründen ein aus dem Inbegriff der Neigungen hervorgehendes Glück verspielt. Anhand des abgeleugneten Depositums kritisiert Kant aber weder die Habsucht pragmatisch, als Torheit. Im Gegenteil greift er die wohlüberlegte Handlung heraus, ein nicht nachweisbares Depositum abzuleugnen. Noch verwirft er die Habsucht insgesamt, da sie eine zwar „ganz geistlose", aber doch „nicht immer moralisch verwerfliche" Leidenschaft ist (VII 274, 12). Kant kritisiert die Habsucht nur insofern, als sie sich unmoralischer Mittel, nämlich eines wohlkalkulierten Betruges, bedient.

Am Beispiel der Verleugnung eines nicht nachweisbaren Depositums zeigt Kant die Untauglichkeit der zuständigen Habsuchtsmaxime zu einer allgemeinen Gesetzgebung und *e contrario* die Tauglichkeit der Verallgemeinerung als Kriterium für praktische, moralische Gesetze. Denn, so lautet sein Argument, das Gesetz, jedes nicht nachweisbare Depositum dürfe man ableugnen, würde „sich selbst vernichten" (27, 31). Die Selbstvernichtung entspricht dem strengeren Kriterium der *Grundlegung*, dem für die vollkommenen Pflichten zuständigen „Nichtdenkenkönnen", nicht dem für unvollkommene Pflichten zuständigen „Nichtwollenkönnen" (IV 424, 3 ff.). Kant erörtert also den Fall einer vollkommenen Pflicht gegen andere, den einer Rechtspflicht.

Weil Kant auch sagt, daß es bei einer Verallgemeinerung des entsprechenden Betruges „gar kein Depositum gäbe" (27, 32), könnte man sein Argument für folgenorientiert („konsequentialistisch") und sozialpragmatisch, überdies empirisch halten: Das Hinterlegen eines Depositums, der Verwahrungsvertrag, gelte als eine sozial verbindliche Handlungsregel, eine Institution, die sich sowohl durch Vorteile als auch Verpflichtungen definiere, zugleich Erwartungen schaffe und eine Abstimmung des eigenen Handelns mit dem anderer, folglich ein geregeltes Zusammenleben ermögliche. Das Verleugnen eines Depositums untergrübe die Glaubwürdigkeit der Institution, und im Fall, daß jeder so handelte, gäbe es keinen mehr, der sich auf ein Depositum einließe. Nach dieser Interpretation stirbt bei einer Verallgemeinerung der entsprechenden Maxime die Institution des Depositums und mit ihr eine Möglichkeit zum vernünftigen Miteinanderleben dahin.

Eine derartige Überlegung ist richtig, trifft aber weder Kant noch das genaue Sachproblem. Denn konsequentialistisch betrachtet ist es gleichgültig, woher der allgemeine Vertrauensschwund kommt: ob aus fehlender Ehrlichkeit oder daher, daß man gelegentlich, aufgrund unvorhergesehener Schwierigkeiten, ein Depositum trotz bester Absicht nicht zurückgeben kann. Während der zweite Grund moralisch unbedenklich ist, interessiert sich Kant allein für den moralischen Gesichtspunkt, für die zugrundeliegende Willensbestimmung, die Maxime (vgl. 19, 7–10) bzw. Neigung (27, 35; vgl. GMS IV 402, 31–33: „Nun ist es doch etwas ganz anderes, aus Pflicht wahrhaft zu sein, als aus Besorgnis der nachteiligen Folgen").

Gegen das Recht, ein Depositum zu verleugnen, spricht nach Kant, daß es bei entsprechender Maxime „gar kein Depositum gäbe" (27, 32). Das „nicht geben" ist im Sinne des vorangehenden „sich selbst vernichten" (Z. 31; vgl. 28, 11) zu verstehen. Als ein Gegenstand, der zur Aufbewahrung hinterlegt worden ist, bedeutet das Depositum kein Geschenk, sondern eine fremde Sache, die man dem Eigentümer oder dessen Erben zurückzugeben hat. Dort, wo ein Depositum via Ableugnen das zum Begriff unverzichtbare, sogar entscheidende Moment der „fremden" Sache verliert, wird es in seinem „Wesen", fremdes Eigentum zu sein, zerstört, eben, wie Kant sagt, vernichtet.

Generell zeigt sich für Kant das eigentlich Moralische, die Moralität, nicht in Handlungen, sondern – darin liegt das Hauptargument gegen die konsequentialistische Interpretation – in deren Bestimmungsgründen. Ähnlich geht es beim Depositum nicht um die Frage, ob man es tatsächlich zurückgibt. Denn die hinterlegte Sache könnte durch einen Brand zerstört worden oder durch einen Diebstahl mir abhanden gekommen sein. Kant kommt es vielmehr auf das etwaige ‚Ableugnen' (27, 30), also einen Fall von Lüge und Betrug, und als deren volitiven Hintergrund auf Habsucht an.

In der konsequentialistischen Interpretation taucht Kants Ergebnis der Verallgemeinerung, das ‚sich selbst Vernichten' bzw. ‚sich selbst Aufreiben' (28, 3), nicht auf. Denn eine Welt, in der man aufgrund enttäuschter Erwartungen keine Sache mehr hinterlegt und alle Wertsachen lieber unter der Matratze versteckt oder im Garten vergräbt, mag unangenehm sein – undenkbar ist sie nicht. Auf den in Kants Wendungen enthaltenen logischen – und nicht, wie Korsgaard (1996, 92) annimmt, praktischen – Widerspruch stößt man erst, wenn man nicht mehr auf die (widrigen oder wünschenswerten) Folgen, sondern allein auf die Maxime selbst achtet: Was bedeutet „mein Vermögen durch alle sichere Mittel zu vergrößern" (27, 23 f.)?

Weil ein Verwahrungsvertrag die Verpflichtung der Rückgabe beinhaltet, bedeutet ein Ableugnen des Verwahrten, daß man eine fremde Sache verwahrt und die Sache doch nicht als eine fremde ansieht. Einem Depositum, das man im Wissen und der Absicht annimmt, es zu behalten, liegt die „in sich widersprüchliche" Maxime zugrunde, etwas als fremde Sache anzuerkennen und es zugleich als fremd zu leugnen. (Im Unterschied zu Willaschek 1992, 333 ist bei der Frage, welcher der beiden Maximen – das Depositum ableugnen oder nicht – der Rang des Moralischen gebührt, die Urteilskraft gerade nicht erforderlich.)

Die Ablehnung des Prinzips Glückseligkeit ist für Kant so wichtig, daß er sie nach der Hauptkritik im „Lehrsatz II" noch einmal, beim „Lehrsatz III", aufgreift. Kant wendet sich dort gegen ‚verständige Männer' (28, 6), die die der Begierde zur Glückseligkeit entsprechende Maxime für ein allgemeines praktisches Gesetz ausgeben. Denkt er wie in § 3: 24, 15 f., an den in der Liste der praktischen materialen Bestimmungsgründe namentlich genannten Epikur (40)? Während es dort, in § 3, um eine unmittelbar bestimmende Vernunft, „nicht vermittelst eines dazwischen kommenden Gefühls der Lust und Unlust" (25, 7 f.), also den Gegensatz von unmittelbarer und mittelbarer Willensbestimmung, geht, diskutiert er hier, in § 4, entlang der Opposition von „Einstimmung" und dem ‚äußersten Widerspiel der Einstimmung', dem ‚ärgsten Widerstreit' (28, 10 f.; vgl. Z. 9 und 28). Die (stets: eigene) Glückseligkeit führt, zum Gesetz gemacht, zum ärgsten Widerstreit, was an Hobbes' Krieg aller gegen alle erinnert: „Denn der Wille Aller hat alsdann nicht ein und dasselbe Objekt, sondern ein jeder hat das seinige (sein eigenes Wohlbefinden)" (Z. 12–14), das sich allenfalls zufälligerweise mit anderen Absichten verträgt. Diese bloß gelegentliche und nur zufällige Harmonie widerspricht aber der Aufgabe einer streng allgemeinen Gesetzgebung.

In der Regel wird die Verallgemeinerung nur in sozialer Perspektive verstanden, als eine Personenverallgemeinerung, die Kant in der negativen Form vornimmt: daß eine Maxime für alle Personen sich entweder nicht wollen oder sogar nicht denken läßt. Der zweite Absatz der „Anmerkung" korrigiert dieses Verständnis, da er von den empirischen Bestimmungsgründen sagt, sie taugten nicht nur zu keiner allgemeinen äußeren Gesetzgebung, sondern auch „eben so wenig zur innern" (Z. 24). Der Grund: In „jedem Subjekt selber ist bald die, bald eine andere [Neigung] im Vorzuge des Einflusses" (Z. 26 f.). Damit deutet sich – erneut *e contrario* – neben der bekannten, „interpersonalen Verallgemeinerung", der ‚allseitigen Einstimmung' (Z. 28), eine zweite, jetzt „intrapersonale Verallgemeinerung" an. Sie dürfte das Kriterium für jene durchaus moralischen Verbindlichkeiten abgeben, die in der heutigen, auf Soziales eingeschränkten Moralphilosophie kaum noch Beachtung, geschweige denn Anerkennung finden: die Pflichten gegen sich.

4.3 § 5: Ein freier Wille

In der „Aufgabe I" geht es um die Beschaffenheit des Willens, der sich durch die bloße gesetzgebende Form allein bestimmen läßt. Das entscheidende Zwischenargument lautet: Die „bloße Form des Gesetzes" kann „lediglich von der Vernunft vorgestellt werden" (28, 34 f.). Daraus ergeben sich die anderen Argumente zwangsläufig: daß die Form „kein Gegenstand der Sinne" ist (Z. 35), „folglich auch nicht unter die Erscheinungen gehört" (Z. 35 f.) und „von allen Bestimmungsgründen der Begebenheiten in der Natur nach dem Gesetze der Kausalität unterschieden" ist (Z. 37 f.). Eine derartige Unabhängigkeit von aller Naturkausalität heißt aber Freiheit, und zwar Freiheit „im strengsten, d. i. transzendentalen, Verstande" (29, 7).

Kant erläutert den Begriff der transzendentalen Freiheit nicht, da er ihn als von der ersten Kritik bekannt voraussetzt (vgl. „Vorrede": 3, 14). Die transzendentale Freiheit bedeutet dort, in der entscheidenden dritten Antinomie (Freiheit versus Determination), jene exzeptionelle „Kausalität", „durch welche etwas geschieht, ohne daß die Ursache davon noch weiter, durch eine andere vorhergehende Ursache, nach notwendigen Gesetzen bestimmt sei" (B 474). Während die Freiheit generell eine Spontaneität meint, besteht die transzendentale Freiheit in einer „*absolute[n] Spontaneität* der Ursachen, eine Reihe von Erscheinungen, die nach Naturgesetzen läuft, *von selbst* anzufangen" (ebd.; vgl. B 831); ihrer Begriffsart nach ist sie eine „Idee" (B 476). Daß Kant in der zweiten Kritik bei dieser Bestimmung im wesentlichen bleiben will, belegen zwei Stellen: Schon in der „Vorrede" heißt es, die transzendentale Freiheit werde „in derjenigen absoluten Bedeutung genommen, worin die spekulative Vernunft beim Gebrauche des Begriffs der Kausalität sie bedurfte, um sich wider die Antinomie zu retten" (3, 15–17). Und in der „Kritischen Beleuchtung der Analytik" heißt es von der transzendentalen Freiheit, sie müsse „als Unabhängigkeit von allem Empirischen und also von der Natur überhaupt gedacht werden" (97, 1 f.). In genau dieser Unabhängigkeit besteht aber die absolute Spontaneität.

Kant erörtert übrigens nicht einen Kontrastbegriff zur transzendentalen Freiheit, jene komparative und gewissermaßen pragmatische Freiheit, die er selbst im ersten Beispiel der „Anmerkung" nach „Aufgabe II" anklingen läßt, wenn er den Lebenswillen der Wollust gegenüberstellt und bei entsprechender Wahl ihm den selbstverständlichen Vorrang einräumt (30, 22 ff.). Ohnehin spricht er auch dort nicht von einer komparativen Freiheit und begibt sich damit einer Möglichkeit, durch Kontrast die exzeptionelle Bedeutung der transzendentalen Freiheit hervorzuheben. (Kant selbst spricht nur dort vom komparativen Begriff der Freiheit, wo der bestimmende Naturgrund wie beispielsweise bei der freien Bewegung eines geworfenen Körpers innerlich im wirkenden Wesen liegt: 96, 1 ff.)

Die transzendentale Freiheit beinhaltet nun deshalb den strengsten Freiheitsbegriff, weil – so muß man es sich erläutern – einerseits alle anderen Begriffe noch Momente von Determination zulassen; es sind komparative Freiheitsbegriffe: wie etwa bei der ‚psychologischen Freiheit', „einer bloß inneren Verkettung der Vorstellungen der Seele" („Kritische Beleuchtung der Analytik": 96, 35 f.), ist man mehr oder weniger, aber nicht absolut frei. Andererseits läßt sich in ihrer transzendentalen Gestalt die Freiheit nicht mehr steigern. Als ‚absolute Spontaneität der Ursachen' bedeutet sie einen schlechthinnigen, absoluten Anfang, und sie heißt genau deshalb transzendental, weil sie sich mit den Bedingungen der Möglichkeit befaßt, eine Reihe von Erscheinungen von selbst anzufangen.

Wie Kant in der „Vorrede" zur zweiten Kritik erinnert, wird der Begriff der transzendentalen Freiheit in der ersten Kritik als „nur problematisch" aufgestellt (3, 19). Auf den ersten Blick scheint § 5 der zweiten Kritik nur das sinngemäß selbe Ergebnis zu erreichen, wenn auch jetzt innerhalb der willensbestimmenden, praktischen, nicht der erkennenden, spekulativen Vernunft. Die mit der transzendentalen Freiheit zu lösende Aufgabe beginnt nämlich hypothetisch: „Vorausgesetzt, daß ...". In der Tat handelt Kant über die objektive Realität dieser Freiheit erst ab der „Anmerkung" zum nächsten Paragraphen. Gleichwohl gelangt er über das Ergebnis der ersten Kritik schon erheblich hinaus. Problematische Urteile sind nämlich nicht gleichbedeutend mit hypothetischen Urteilen. Nach der Urteilslehre der ersten Kritik (§ 9) gehören sie vielmehr zu den Modalitätsurteilen, die generell „nichts zum Inhalte des Urteils" beitragen, sondern „nur den Wert der Kopula in Beziehung auf das Denken überhaupt" betreffen. Problematische Urteile „sind solche, wo man das Bejahen oder Verneinen als bloß *möglich* (beliebig) annimmt" (B 100). In diesem Sinn folgt aus der Auflösung der dritten Antinomie nur, daß die transzendentale Freiheit „nicht unmöglich zu denken" ist. „Hypothetisch" heißt dagegen eine *Relation* von Urteilen: die Wenn-dann- bzw. Grund-Folge-Relation. Neu ist nun gegenüber der ersten Kritik zum einen, daß der Vordersatz schon den Vernunftbereich nennt, in dem allein die transzendentale Freiheit objektive Realität erreichen kann. Es ist – seit § 1 bekannt – der Bereich des Willens. Neu ist zum anderen – was wir seit § 4 wissen –, daß sich beim Willen die objektive Realität, also die zweite Modalitätskategorie, allein der Fähigkeit verdankt, daß die „bloße gesetzgebende Form der Maxime allein zum Gesetze dienen kann" (29, 8 f.).

Auf diese Weise hat Kant ein entscheidendes Zwischenergebnis erreicht: Der etwaige Übergang von der problematischen („möglicherweise") zur assertorischen Modalität („tatsächlich"), der vom „nicht unmöglich zu denken" zu „objektiv real", gelingt der transzendentalen Freiheit nur, wenn „die bloße gesetzgebende Form der Maxime allein" zum Gesetze nicht bloß „dienen kann", sondern auch tatsächlich dient. Neu ist also das Wissen um das Wie des Übergangs, um die Brücke – mit der Einschränkung: Wir haben das Wissen weitgehend, aber noch nicht vollständig; denn die Bestimmung des Wie wird noch fortgesetzt. Kant wird vom „Grundgesetz der reinen praktischen Vernunft" sprechen (§ 7). Was vor allem noch fehlt, ist aber das Ob bzw. Daß: Gibt es die gesuchte Brücke tatsächlich? Die positive Antwort besteht im Gegebensein des Grundgesetzes, im „Faktum der Vernunft" (31, 24) bzw. „Faktum der reinen Vernunft" (Z. 33).

Angesichts der bekannten Alternative: negativer oder positiver Begriff der Freiheit, erscheint der Wille zunächst nur im negativen Sinn als frei: „als gänzlich unabhängig von dem Naturgesetz der Erscheinungen, ... dem Gesetze der Kausalität" (29, 4 f.). Da ihm aber „die bloße gesetzgebende Form der Maxime allein zum Gesetze" dient (Z. 8), ist er auch im positiven Sinn frei. Ohne den Begriff der Autonomie einzuführen, greift Kant also in § 5 der Sache schon vor: Der bloße Wille ist kein Verhältnis zu Gegenständen, sondern ein Selbstverhältnis der reinen Vernunft und als solches im positiven Sinn frei. (In der *Metaphysik der Sitten* wird Kant diese Aussage insofern korrigieren, als er die Unterscheidung zwischen Wille und Willkür einführt und dann vom Willen sagt, er sei weder frei noch unfrei; frei könne nur die Willkür genannt werden: VI 226.)

4.4 § 6: Freiheit und moralisches Gesetz

Die „Aufgabe II" ist eine Ergänzung und zugleich Umkehrung der „Aufgabe I". Ging es dort um den zur gesetzgebenden Form passenden, freien Willen, so hier um jenes zum freien Willen passende Gesetz, das einen freien Willen „allein notwendig zu bestimmen tauglich ist" (29, 12). Die Antwort lautet: „Also ist die gesetzgebende Form, sofern sie in der Maxime enthalten ist, das einzige, was einen Bestimmungsgrund", pointiert: was einen zureichenden Bestimmungsgrund, „des Willens ausmachen kann" (Z. 20–22). Die Antwort ist im Prinzip schon bekannt, entspricht nämlich der Schlußeinsicht von § 5. Allerdings geht es dort um den Willen, hier (§ 6) um die gesetzgebende Form.

Die „Anmerkung" hebt die strenge Komplementarität hervor. Insofern liest man sie am besten nicht bloß als Anmerkung zur Aufgabe II. Als eine zu den beiden Aufgaben gemeinsame Anmerkung zieht sie deren Zwischenbilanz: „Freiheit und unbedingtes praktisches Gesetz weisen also wechselweise aufeinander zurück" (Z. 24 f.).

Die Qualifizierung des praktischen Gesetzes als „unbedingt" (vgl. auch Z. 28) taucht übrigens in den beiden vorangehenden Paragraphen (und auch sonst vorher) nicht auf. Sie ist explikativ, nicht spezifizierend zu verstehen, ähnlich wie vorher die Qualifizierung als „allgemein" (27, 14) und später die Qualifizierung als ‚reine' praktische Gesetze (30, 4). Denn die einleitende Bestimmung, daß praktische Gesetze „für den Willen jedes vernünftigen Wesens gültig" sind (§ 1: 19, 11 f.), kann weder von „bedingten" noch von „nichtreinen" praktischen Gesetzen erfüllt werden. In beiden Fällen müßten empirische Bestimmungsgründe eine Rolle spielen, was aber dem Begriff des praktischen Gesetzes, seiner Für-jedes-Vernunftwesen-Gültigkeit, widerspräche. Andererseits sind die beiden Explikationen „unbedingt" und „rein" nicht überflüssig, denn man weiß um sie nicht schon seit der einleitenden Bestimmung. Daß praktische Gesetze unbedingt gelten, weiß man erst seit der Einsicht in die transzendentale Freiheit (§ 5), denn als absolute Spontaneität unterliegt sie keinen Bedingungen. Und der „reine" Charakter ergibt sich aus der bloßen gesetzgebenden Form, also einer Einsicht schon aus § 4.

Wichtig und weiterführend ist die Frage der „Anmerkung", wovon „unsere *Erkenntnis* des unbedingt Praktischen *anhebe*, ob von der Freiheit, oder dem praktischen Gesetze" (29, 28 f.). Die Antwort deutet Kant schon in der „Vorrede" mit der Unterscheidung von „ratio essendi" und „ratio cognoscendi" (4, 32 f.) an: Die Erkenntnis kann nicht von der Freiheit anheben, da man sich ihrer weder unmittelbar bewußt werden noch aus der Erfahrung auf sie schließen kann. Unmittelbar bewußt werden kann man sich dagegen des moralischen Gesetzes, indem man auf die „Notwendigkeit, womit sie [reine praktische Gesetze] uns die Vernunft vorschreibt, und auf Absonderung aller empirischen Bedingungen, dazu uns jene hinweiset, acht" hat (30, 5–7).

Kant verbindet das unmittelbare Bewußtsein des moralischen Gesetzes mit einer parenthetisch eingeschalteten Bedingung. Es handelt sich bei ihr allerdings nicht um eine „bedingende Bedingung", um den Grund einer

Folge, sondern um eine Anwendungsbedingung, um ein „sobald", mit dem Kant in der Sache einem Theorem des nächsten Paragraphen, dem Faktum der (reinen) Vernunft, vorgreift: Das genannte Bewußtsein ist gegeben, „sobald wir uns Maximen des Willens entwerfen" (29, 34 f.). Es bedarf also einer Leistung. Sie richtet sich gegen ein gedankenloses In-den-Tag-Leben und besteht darin, daß man den Plan zu Regeln seines Lebens, sogar zu subjektiven Willensgrundsätzen, eben Maximen, faßt. Erstaunlicherweise werden diese Maximen nicht näher qualifiziert; es könnten also irgendwelche und müßten nicht notwendigerweise moralische Maximen sein. Dann würde die Allgemeinheit bzw. Gesetzlichkeit jeder Maxime zugesprochen, und der seit § 1 entscheidende Unterschied bloßer Maximen zu gesetzestauglichen Maximen fiele weg. Anhand einer unmoralischen Maxime, etwa des vom Depositum-Beispiel bekannten Grundsatzes, „mein Vermögen durch alle sichere Mittel zu vergrößern" (27, 23 f.), wird man sich aber schwerlich des moralischen Gesetzes unmittelbar bewußt. So wie Kant wenige Zeilen später von allgemeinen praktischen Gesetzen spricht, fragt sich, ob er nicht auch hier schon moralische und nicht irgendwelche Grundsätze meint: Indem man den Plan zu moralischen Grundsätzen faßt, und auch nur dann, wird man sich unmittelbar des moralischen Gesetzes bewußt. Die Hauptthese der „Anmerkung" ist jedoch von dieser Frage „irgendwelche oder moralische Maximen" unabhängig: Man kann sich der Freiheit nicht unmittelbar, sondern nur mittels des moralischen Gesetzes bzw. der Sittlichkeit bewußt werden.

Obwohl Kant das moralische Gesetz so nachdrücklich von allen sinnlichen Bedingungen absondert, beruft er sich gegen Ende der „Anmerkung" auf die „Erfahrung" (30, 21 f.). Die Erfahrung soll aber nicht – was ein Sein-Sollens-Fehler, überdies eine gravierende Inkonsistenz wäre – die Moral oder die Freiheit begründen. Sie soll nur die Ordnung der beiden Begriffe bestätigen, also daß „Sittlichkeit uns zuerst den Begriff der Freiheit entdecke" (Z. 9 f.). Zugunsten dieser Beweisaufgabe argumentiert Kant zweistufig. Ohne den Ausdruck einzuführen, nennt er zuerst eine Art pragmatischer, dem eigenen Wohl verpflichteter und sodann die genuin moralische bzw. transzendentale Freiheit, die sich aller Verpflichtung auf das eigene Wohl entzieht:

Kant beginnt mit einer zweiten Leidenschaft, nach der Habsucht jetzt mit einer ‚natürlichen (angeborenen)' und ‚erhitzten' Leidenschaft, der Wollust (Anthropologie VII 267 f., dort „Geschlechtsneigung" genannt). Gegen die Annahme einer angeblich unwiderstehlichen wollüstigen Neigung stelle man sich vor, der Betreffende wüßte, er würde unmittelbar „nach genossener Wollust" an einem vor dem Haus aufgerichteten Galgen gehängt. Auf die Frage, ob „er alsdann nicht seine Neigung bezwingen würde", ist Kant zu Recht überzeugt: „Man darf nicht lange raten, was er antworten würde" (30, 26 f.). Damit spielt er auf eine pragmatische Freiheit an: daß man frei ist, die gegenwärtig vorherrschende Neigung zugunsten einer höherrangigen Neigung, dem Lebenwollen, einzuschränken. Die Freiheit macht aber da nicht halt. Wer „unter Androhung derselben unverzögerten Todesstrafe … ein falsches Zeugnis wider einen ehrlichen Mann" abgeben soll, muß „ohne Bedenken einräumen", daß ihm zumindest „möglich sei", das falsche Zeugnis zu verweigern (Z. 27 ff.).

Generell spielt die „Wahrhaftigkeit im Gegensatze mit der Lüge" (61, 4) bei Kant eine besondere Rolle. Man denke an das Verbot des falschen Versprechens in der *Grundlegung* (IV 402, 16 ff.; 422, 15 ff.; 429, 29 ff.), an den Satz aus der Abhandlung *Zum ewigen Frieden* ‚Ehrlichkeit ist besser denn alle Politik' (VIII 370) und an die Ablehnung eines ‚vermeinten Rechts, aus Menschenliebe zu lügen' (VIII 423–430). Aus der Möglichkeit, das falsche Zeugnis zu verweigern, schließt Kant zu Recht: „Er urteilt also, daß er etwas kann, darum weil er sich bewußt ist, daß er es soll, und erkennt in sich die Freiheit, die ihm sonst ohne das moralische Gesetz unbekannt geblieben wäre" (30, 33–35; vgl. 155, 18 ff. und 158, 36 ff.). Mit dem ersten Teil greift er dem Lehrstück „Faktum der Vernunft" vor (‚der Mensch kann etwas, weil er sich bewußt ist, es zu sollen'), und mit dem zweiten Teil bzw. dem ganzen Satz bestätigt er ‚das moralische Gesetz als ratio cognoscendi der (transzendentalen) Freiheit'.

Literatur

Achenwall, G./Pütter, J.S. 1750/1995: Elementa Iuris Naturae/Anfangsgründe des Naturrechts, lat./dt. hrsg. u. übers. von J. Schröder, Frankfurt (Main).
Allison, H. E. 1990: Kant's Theory of Freedom, Cambridge.
Ameriks, K. 2000: Kant and the Fate of Autonomy, Cambridge.
Hegel, G. W. F. 1803: Über die wissenschaftlichen Behandlungsarten des Naturrechts, seine Stelle in der praktischen Philosophie und sein Verhältnis zu den positiven Rechtswissenschaften, in: Werke in zwanzig Bänden, Bd. 2, Frankfurt (Main) 1970, 434–530.
Hegel, G. W. F. 1807: Phänomenologie des Geistes, ebd., Bd. 3.
Korsgaard, C. 1996: Creating the Kingdom of Ends, Cambridge.
Willaschek, M. 1992: Praktische Vernunft. Handlungstheorie und Moralbegründung bei Kant, Stuttgart.

5

Onora O'Neill

Autonomy and the Fact of Reason in the *Kritik der praktischen Vernunft* (§§ 7–8, 30–41)

5.1 The Questions of *KpV* 30–41

The *Kritik der praktischen Vernunft* remains a puzzling text. Here, if anywhere, Kant should make plain what justification can be offered for practical reason, and so for the principles of morality. Yet here, some of his most distinguished commentators – they include Dieter Henrich and Karl Ameriks – allege, Kant abandons the very possibility of justifying either practical reason or morality. Instead, these critics claim, he introduces the so-called "Fact of Reason", which not only fails to justify practical reason or the moral law, but apparently undercuts any prospect of justification. As they see it, the *Kritik der praktischen Vernunft* delivers less than it promises, or than Kant needs, to ground his moral theory. It fails not only because of long-standing questions about Kant's account of human freedom, but because he gives up on justifying practical reason and morality. If the very project of a justification of practical reason is ditched or fails, then, even if we take seriously the Kantian picture of free human beings, we will not have reasons to think that they can respond to practical reason, and in so doing make the moral law the principle of their action.

On a different reading of parts of the text, which I shall sketch here, Kant does not settle for a trivial or inadequate conception of the justification of practical reason. The *Kritik der praktischen Vernunft* sets out to deliver not *less*, but *more* than a justification of practical reason. Delivery may fail if Kant cannot show that we are free agents, and his attempt to do this lies outside Sections 7 and 8. However, if he can show this, Sections 7 and 8 are important. In them he both proposes a strategy for justifying practical reason and the moral law, *and* offers an account of the way in which practical reason registers in ordinary lives and daily practice.

There is good reason to view these as distinct tasks, and to take both seriously. A *justification* of practical reason may not offer enough for ordinary practical purposes. Justifications and explanations are important, but often both redundant for and even unhelpful to our daily grasp of the matters that they govern. To explain the trajectory of a cricket ball we need to understand the laws of motion: but the skilled player and the keen spectator anticipate trajectories without reference to these laws; to see what makes some episode of life or literature hilarious may require subtle analysis, but people constantly see jokes without any analysis; musicians interpret scores without reference to first principles; most of us are law-abiding without thinking or knowing much about constitutional principles, or even about statute law. Similarly, the moral law is for everyone, and must be something that ordinary people can follow: but in daily action there may be no need, indeed no possibility, of referring to its underlying justification.

Kant may therefore have good reasons for addressing two related but distinct questions: 'How can we justify the basic principle of practical reason, and with it the moral law?' and 'How do ordinary people – all of us in our daily lives – grasp the basic principle of practical reason, and with it the moral law?'. Sections 7 and 8 of the *Kritik der praktischen Vernunft* include parts of Kant's answers to these questions. The two sections are closely related to preceding and succeeding parts of the text, and to passages in other Kantian texts; they cannot be read in isolation. Nevertheless I have tried, in the spirit of this collective commentary, to focus almost entirely on Sections 7 and 8. Although the reading has been checked against other passages both in and beyond the *Kritik der praktischen Vernunft*, there will be little space to refer beyond the passages of immediate concern.

Broadly speaking, as I read them, Sections 7 and 8 approach the justification of practical reason and the moral law by way of comments on the closely linked notions of universalisation and autonomy, and they approach our ordinary grasp of the moral law by way of comments on the so-called Fact of Reason. It is generally assumed that our understanding of Kantian autonomy is well established, whereas the Fact of Reason is an obscure topic, now of interest only to scholars. Both assumptions seem to me mistaken.

Although various conceptions of autonomy are widely used and admired at the start of the 21st century, the assumption that we have a settled understanding of Kantian autonomy seems to me false. Kant's conception of autonomy differs radically from its contemporary and better-known descendants. Today's admirers of autonomy generally equate it with (various forms of) individual independence in agents.[1] Kant equates it with the independence of principles of action from "all matter of the law (namely, from a desired object)" (33). These are fundamentally different ideas. Nobody would seek to link contemporary conceptions of individual autonomy to a fundamental conception of practical reason (admirers of individual autonomy usually expect to get by with pretty minimal conceptions of practical reason). By contrast, Kant's conception of autonomy is crucial to his account of practical reason.

Secondly, if Kant's comments on autonomy carry the burden of his attempted justification of practical reason and of the moral law, his comments on the Fact of Reason can have a distinct but complementary role. Again and again Kant points out, in plain words, that this role is to make the moral law accessible to ordinary people in ordinary practical contexts. In Kant's view the Fact of Reason, far from being of interest only to scholars, is of interest to every one of us.

If the account of the Fact of Reason had to carry both the task of justification and the task of making the moral law accessible in ordinary lives, then indeed Kant's thoughts would be deeply unsatisfactory. But if the two notions are used in answers to distinct but related questions, then there is (I shall argue) nothing intrinsically surprising about the interwoven discussions of autonomy and of the Fact of Reason in Sections 7 and 8, and elsewhere.

5.2 The Background of Sections 7 and 8

In the earlier sections of the *Kritik der praktischen Vernunft* Kant seeks to establish several points on which Sections 7 and 8, and subsequent sections, can build. Most significantly, in my view, he distinguishes what we now call the *directions of fit* of practical and of theoretical reasoning. Theoretical reasoning seeks to fit the world, and loses itself in falsehood and fantasy as soon as it makes knowledge claims that go beyond possible experience. Practical reasoning, by contrast,

---

[1] For contemporary views of autonomy see Christman (ed.) 1989 and Dworkin 1988. For some criticisms of these and kindred views see O'Neill forthcoming b.

"is concerned with the determining grounds of the will, which is a faculty either of producing objects corresponding to representations or of determining itself to effect such objects (whether the physical power is sufficient or not) that is, of determining its causality." (15; cf. 44–49)

In short, practical reasoning aims not to fit but (in some measure) to shape the world, making the world fit its demands. There is then a quite straightforward sense in which practical reason – whatever it may be – *must* go beyond the world as it is. This is a feature of all normative reasoning, in no way confined to morally important reasoning.

In speaking of 'the determining grounds of the will' in these and countless other passages Kant is not referring to physical (let alone to supernatural) events that are the efficient causes of human action. A *determination* or *determining ground* of the will is simply the practical proposition or principle that an agent adopts: hence not an efficient cause of action. Determinations of the will are formal causes of action, in that they shape and structure the will and thereby (if the will is free) any subsequent action and its results.

The central issue that Kant raises about practical reasoning in Sections 1 to 3 of the *Kritik der praktischen Vernunft* is whether all determining grounds of the will, and thereby all practical reasoning by which agents choose determining grounds of the will, are subjective, in that they presuppose specific desires or aims, so have nothing to say to agents lacking those specific desires and aims. If all determining grounds of the will are subjective, there will be hypothetical imperatives that command the adoption of principles of acting in ways that will promote actual desires or aims. In effect there will be practical reasons that are conditional, indeed specifically conditional on the desires and aims of individual agents, but none with unrestricted normative force, since specific aims and desires "cannot be presupposed in the same degree in all subjects" (20). In this case there will be no categorical imperatives or practical laws, since these would have to command action that did not vary with the desires and aims of individual agents, and be equally relevant to all agents.

In the following Sections 2 and 3 Kant fills in his account of practical reasoning that is contingent on agents' specific desires and aims. He argues in Section 2 that such practical reasoning would have to view all determining grounds of the will as empirically knowable, and that it would lead to a plethora of conditional principles – hypothetical imperatives – that would be relevant to agents when they had the one or another desire. However, it could not provide any practical laws – categorical imperatives – that are relevant for all agents. In Section 3 he sets out his view that all practical principles that are conditional on agents' desires and aims can be classified as falling under a general principle of self-love, or of pursuit of one's own happiness.[2] In the two "Remarks" on this Section he blocks a well-known strategy for moralising conceptions of practical reasoning that are grounded in the pursuit of happiness, by arguing against the view that there are 'higher' forms of desire (or of pleasure), that could distinguish specifically moral reasoning. He also claims that, given the diversity and uncertainty of human desires, there can be no "laws of happiness".

Section 4 (27–8) moves on and sets out a contrasting picture of determinations of the will that are not contingent on the aims and desires of particular agents. Such determinations of the will – the only sort that could be adopted by all agents, so could be willed as universal laws – cannot determine the will by reference to particular aims or desires. By elimination they must be adopted by virtue of something that is invariant between agents, hence in virtue of their form. Only in this way can we find determinations of the will that are not subordinated to empirical aims and desires, so are fit to be genuinely practical laws and relevant to all agents regardless of their particular aims and desires.

> "Now, all that remains of a law if one separates it from everything material, that is, every object of the will (as its determining ground), is the mere *form* of giving universal law." (27)

With these words Kant emphasises his well-known view that universalisation is fundamental to practical reason. Yet in the early sections of the *Kritik der praktischen Vernunft* he also suggests that autonomy, that is independence from other presuppositions, is fundamental to practical reason. These claims cannot both be true unless the principles of autonomy and universalisation are equivalent, and this is what Kant suggests when he writes:

> "… it is requisite to reason's lawgiving that it should need to presuppose only *itself*, because a rule is objectively and universally valid only when it holds without the contingent, subjective conditions that distinguish one rational being from another." (20 f.)

---

[2] Initially he appears to set aside the category of *technical imperatives* or *rules of skill* that are mentioned in *Grundlegung*, but they are mentioned at 25–6.

A principle that "presupposes only itself" is an autonomous principle, and will, Kant here claims, be one that can be adopted by all; a principle that can be adopted by all equally cannot be conditional on variable factors, so "presupposes only itself".

From the perspective of individualist views of autonomy the claim that universalisation and autonomy amount to the same thing can seem puzzling. Universalisation is a matter of acting only on principles that *can be laws for all*; autonomy of acting only on principles that *can be self-legislated*. It has become common to assume that the reference to *self* in the Kantian idea of *self-legislation* (*Selbstgesetzgebung*, *Autonomie*) is to the human agent,[3] but on this reading self-legislation is an agent's own legislation. There is no reason why agents' own legislation has to be legislation that can be adopted by all: rather the contrary.

This interpretive impasse is good evidence that Kant sees the connection between universalisability and autonomy in a different way, and that Kantianly autonomous principles are not ones that agents can arbitrarily invent for themselves. A better reading of Kant's conception of autonomy, in my view, is to see the *self* in *self-legislation* simply as a reflexive term. Self-legislation is legislation that does not refer to or derive from anything else; it is non-derivative legislation. This is what Kant suggests elliptically, but not imprecisely, when he writes "reason's law-giving presupposes only itself". On this reading Kant does not, indeed cannot, endorse or accept the conceptions of autonomy favoured in contemporary individualistic, self-expressive and rights-based conceptions of ethics. He can and does insist on the equivalence of the universalisation and autonomy, and it is on this assumption that he embarks on a vindication of practical reason.

5.3 Section 7: Practical Reason and the Moral Law (30–1)

In the passages leading up to Section 7 Kant has contrasted principles of action that can be principles for all, so meet the requirements of the Formula of Universal Law (FUL), with practical principles that are contingent on agents' aims and desires, so do not meet those requirements. The underlying theme has been the differences between principles that do and do not conform to the moral law.

---

3 This assumption assimilates Kant's to contemporary conceptions of individual or personal autonomy.

In Section 7 Kant's attention shifts to the conception of practical reason that links the formulations of the moral law. He titles Section 7 "*Fundamental Law of Pure Practical Reason*", and then announces that FUL is or expresses that law: "So act that the maxim of your will could always hold at the same time as a principle in a giving of universal law" (30). This is a startling claim. Why should we view FUL not merely as a formulation of the moral law, but as basic to practical reason? Why should we think of the other (supposedly equivalent) formulations of the Categorical Imperative as basic to practical reason? In particular why should we think that the principle of autonomy is basic to practical reason?

Kant begins Section 7 by contrasting FUL with the practical propositions or postulates of geometry. The postulates of geometry formulate necessary presuppositions about what can be done: we take it that a given line can be extended, that it can be dissected, that a circle with a given radius can be constructed.[4] Geometric postulates state "that one *could* do something if it were required that one should do it" hence are "under a problematic condition of the will" (31). By contrast, FUL commands unconditionally and categorically: it demands that we "ought absolutely to proceed in a certain way" (31). But if this is possible we have a case where "pure reason, *practical of itself*, is here immediately lawgiving" (31), where the will is "determined *by the mere form of law*" (31). Kant admits: "The thing is strange enough, and has nothing like it in all the rest of our practical cognition." (31).

This idea of the will as determinable by the mere form of law is central to understanding why Kant claims that the Categorical Imperative (variously formulated) is basic not only (as he has argued up to Section 7) to morality, but also to practical reason. In Section 7 Kant makes this claim but says little to support it. Nor does he use the terms 'autonomous' and 'heteronomous' for another two pages. However he plainly links principles that are fit to be willed as universal laws (so universalisable) and principles that are autonomous (so do not draw their authority from any other source). The theme is approached in more detail in Section 8.

However, in the following paragraphs of Section 7 Kant breaks off his discussion of the relations between practical reason and the moral law in order to introduce his sparse, much discussed and controversial thoughts on the so-called Fact of Reason, claiming that

---

4 Cf. KrV A 712/B 740 ff.

"Consciousness of this fundamental law may be called a fact of reason because one cannot reason it out from antecedent data of reason, for example, from consciousness of freedom ... and because it forces itself on us ..." (31).[5]

In the view of many distinguished commentators, including Dieter Henrich, Karl Ameriks and numerous others, the introduction of the notion of the Fact of Reason marks the moment at which Kant gives up on the idea that he can justify any Fundamental Law of Pure Practical Reason, or show that the Formula of Universal Law (or any other formulation of the Categorical Imperative) is that Fundamental Law.[6] When he concludes the initial *Remark* by stating that

"It [this law] is not an empirical fact but the sole fact of pure reason by which it announces itself as originally lawgiving" (31).

This, it is said, is a confession that all moral reasoning derives from some mere (if allegedly special) fact. Many of these commentators do not mince their words.[7] In contrast to his aims in *Grundlegung* III, these commentators contend, Kant does not even *try* to ground the moral law in practical reason in the second Critique, with the effect that his use of notions such as 'deduction' and 'fundamental law' misleads. Instead he falls back on the suspect notion of a 'fact of reason' that can only be regarded as an oxymoron, if not a contradiction.

5.4 Section 7, The Fact of Reason in Context (31–3)

I believe that Kant's comments on the Fact of Reason in 31–3, do not fail in this way, because Kant does not intend the Fact of Reason as a justification

---

5 See also 6, 42–3, 47, 55, 91, 104.
6 See Henrich 1975 and 1960; see also Ameriks 1981 and 2000, esp. 70–75. See also Wood 1999 who dismisses the doctrine with the claim that: "Thus in the second Critique, Kant appears to hold that the moral law ... must be accepted as a self-evident 'fact of reason'" (171), then immediately turns back to the supposedly more ambitious arguments of *Grundlegung* III.
7 Dieter Henrich (1960) writes "The concept of a 'fact of reason' is apparently contradictory. If reason is defined as a faculty of cognitions a priori, then it is difficult to see how it can contain anything factual." (69). Rüdiger Bittner (1989) comments bluntly that the Fact of Reason is "an ad hoc solution, one that seemingly secures an indispensable premise by means of a doctrine introduced only to this end" (89).

of practical reason. He indeed makes the negative claim that the Formula of Universal Law, which he has identified as (a formulation of) the supreme principle of practical reason, cannot be reasoned out from antecedent 'data of reason' (whatever these might be), or from consciousness of freedom, or from any pure or empirical intuitions. His positive claim is not, however, that the fundamental law of pure practical reason is, or is justified as, a Fact of Reason, or that practical reason has no justification, but the far more circumspect claim that "*consciousness* of this fundamental law *may be called* a Fact of Reason" (italics added).[8] It is indeed difficult to see how a claim about our *consciousness* of a fundamental law could have been intended as a justification of that law, or how a claim that this consciousness "forces itself on us" could be understood as abandoning the possibility of any justification of the Fundamental Law itself. On the surface, all that we have is a claim about the role of our awareness of the Fundamental Law in ordinary moral consciousness as an awareness that "announces itself as originally lawgiving" (31).[9] Any question of justification is seemingly set aside, at least provisionally, rather than undertaken or rejected.

In the second part of Section 7 Kant states a corollary of the Fundamental Law: "Pure reason is practical of itself alone and gives (to the human being) a universal law which we call the *moral law*" (31).

In the "Remark" on this corollary he describes the Fact of Reason not as *self-evident*, but as *undeniable* [unleugbar] (32), and then adduces *as evidence* for it the ways in which agents actually judge their own action morally. He claims that both human agents and other rational agents judge their own action by the standards of the Categorical Imperative. Evidently this type of claim could do little to support any thought that the moral law is or is not justified or grounded in reason, or that there is or is not anything that deserves to be called "pure practical reason". But it is not irrelevant as evidence about *consciousness* of the moral law or about its role in the moral life; and such evidence will not be redundant if (as Kant believes) we cannot expect the ordinary person to work from first principles or to deploy the justification of the principle of practical reason in daily reasoning about action.

---

8 Nor is this mere stylistic variant. Kant later writes, for example, that "the moral law is given, as it were, as a fact of pure reason of which we are a priori conscious" (47). He repeatedly emphasises that this Fact is what is available to us in daily life.
9 I am indebted to Paweł Łuków for his systematic account of the Fact of Reason passages that interprets them as referring to a feature of moral consciousness (closely related to the discussions of Reverence for the Law in the *Grundlegung*), rather than as an inadequate justification of practical reason or of the moral law (see Łuków 1993).

By introducing this account of agents' consciousness of the moral law at this stage Kant can then set in context familiar contrasts between human and other finite agents who experience the moral law as constraining and so as a source of imperatives, and ideal (holy) wills who would not experience the moral law as constraining, and to point out that the idealised case can provide a model or target for moral progress for finite rational beings (32).

5.5 Section 8: "Theorem IV" (33)

Section 8 resumes the discussion of autonomy adumbrated at 31. This section offers no evidence for thinking that Kant thinks that he has just ditched, or that he will subsequently ditch, the enterprise of vindicating an account of practical reason, or his claims that the various formulations of the Categorical Imperative are formulations of the principle of pure practical reason.

Section 8 resumes the discussion of autonomy begun in Section 7. It begins:

> "*Autonomy* of the will is the sole principle of all moral laws and of duties in keeping with them; *heteronomy* of choice, on the other hand, not only does not ground any obligation at all but is instead opposed to the principle of obligation and to the morality of the will. That is to say, the sole principle of morality consists in independence from all matter of the law (namely, from a desired object) and at the same time in the determination of choice through the mere form of giving universal law that a maxim must be capable of." (33)[10]

Here Kant contrasts autonomous and heteronomous principles of action, or determinations of the will. Autonomy is the underlying principle – 'the sole principle' – of moral laws and obligations; heteronomy is the underlying principle of other principles of action. Adoption both of autonomous and of heteronomous principles presupposes a will that can be freely determined. The difference is therefore not that heteronomous principles somehow overwhelm agents, or that they do not presuppose agents who choose freely which principles of action to adopt. Those who use their

---

10 Cf. "that the above principle of autonomy is the sole principle of morals can well be shown" (GMS IV 440).

negative freedom to act heteronomously freely adopt "the precept for rationally following pathological law" (33). We choose to act heteronomously when we freely adopt principles of satisfying our desires for food and drink, for wealth or for honour; action on these heteronomous principles often conforms to, but sometimes violates the moral law.

For Kant autonomy links two requirements: independence and law-like form. Independence by itself is evidence only of "freedom in the *negative* sense" (33). Autonomy also requires "*lawgiving of its own* on the part of pure and, as such, practical reason [which] is freedom in the *positive* sense" (33). The phrase "a lawgiving of its own [eigene Gesetzgebung]" is no mere awkwardness of locution, but rather a clear statement of the requirement that anything that can count as practical reason must be *non-derivative* (*eigen*) and also a *law-giving* (*gesetzgebend*).[11] It is central not merely to Kant's reasons for thinking that autonomy is equivalent to universalisation and that both are formulations of the moral law, but to his reasons for thinking that these are formulations of the fundamental law of practical reason.[12]

The basic contrast between heteronomous and autonomous principles is that the former take their principles *from elsewhere* (in this passage the example is of taking them from "pathologischen Gesetzen"), whereas autonomous principles take them *from nowhere else* (they constitute "eine eigene Gesetzgebung"). In taking principles from elsewhere, heteronomous principles are unavoidably conditional on whatever they take their principles from. Heteronomous principles may, for example, be conditional on the unvindicated 'authority' of desires or inclinations, of ideologies or Churches, of states or rulers, all of which can ground no more than conditional requirements.[13]

If Kant had claimed *only* that autonomous choosing cannot presuppose or defer to various sorts of unvindicated authorities, his position would perhaps not be radically different from some contemporary conceptions of

---

11 See the locution "a law-giving that presupposes only itself" (21) and also KrV A 711/B 739: "in pure reason ... a quite special and indeed negative law-giving seems to be required". A better translation might run: "in pure reason ... a non-derivative and indeed negative law-giving is needed".
12 "The power to judge autonomously – that is, freely (according to principles of thought in general) – is called reason" (*Der Streit der Fakultäten* VII 27).
13 For examples of heteronomous principles premised on political order, religious authority or sheer superstition, see in particular the twin essays of the mid 1780s *Beantwortung der Frage: Was ist Aufklärung?* (VIII 33–42) and *Was heißt: Sich im Denken orientieren?* (VIII 131–148).

autonomy as individual independence.[14] What makes his position utterly distinctive is that he combines the requirement that practical reason not derive its authority from elsewhere with the requirement that it be *a law-giving*, that is have the *form of law*. Kant views autonomy not as mere, sheer independence in choosing and acting, but specifically as *independence in law-giving*: "eine eigene Gesetzgebung". Mere, sheer independence in choosing and acting would amount to what Kant terms 'lawless' action, that is action which indeed is not derivative from something accepted as autoritative without reason, but is simply idiosyncratic and individualistic, so cannot in principle offer others reasons for action.

Practical reason, as Kant sees it, requires the adoption of principles that are both *non-derivative* and *law-like*. Reasoning must be *non-derivative* if it is to offer reasons to all: any derivative reasoning will lead only to conclusions that are conditional and ultimately arbitrary. Reasoning must be *law-like* if it is to offer reasons to all: mere independence of choice by itself can offer others no reasons for action. Kant's underlying thought is compressed but not particularly complex. It is simply that we do not offer others any but conditional reasons for action when we put forward principles or proposals that are ultimately arbitrary, and we do not offer them any sort of reasons for action when we put forward principles or proposals which they cannot adopt. Reasoning, including practical reasoning, is given and received, accepted or refused: reasons must be followable by those for whom they are reasons. The requirements of practical reason can be encapsulated equally well in the idea of *universalising*, in which the importance of law-giving is high-lighted, and the fact that no law-giving can reach all if it is derivative from arbitrary assumptions follows, or in the idea of *autonomy*, in which the importance of avoiding dependence on arbitrary assumptions is high-lighted, with the corollary that only non-derivative reasons will be fit for universal law-giving. The claim that universalisability and autonomy are equivalent formulations of the moral law gains its justification by the fact that each principle combines these two requirements for practical reasoning. Both formulations reject all attempts to derive authority from unvindicated sources; both insist that anything that can count as reasoned must be accessible to all, so must be a law-giving that does not derive from assumptions that hold for some but not for other agents: *eine eigene Gesetzgebung*.

---

14 The similarity would amount to a common rejection of action that expresses dependence as lacking autonomy; the difference would amount to the fact that Kant would not regard action that expresses desires or preferences as autonomous.

Kant is frequently scathing of the fantasy that mere independence in choosing and acting could be fundamental to morality or to practical reason; he would have been equally scathing about individualist fantasies that individual or personal autonomy is fundamental to morality, let alone about postmodernist fantasies that just anything can count as a reason.[15] In countless texts, including the *Kritik der praktischen Vernunft*, he depicts practical reason as combining two simple steps. The first step claims that the authority of practical reason *cannot be derivative*: if it were, it would have only the authority of whatever it was derived from. The second step claims that the authority of practical reason *must be law-like*, rather than presupposing matters that are true of some but not of other agents. A practical proposal that presupposes something that holds only for some agents cannot be followed by all, so cannot provide reasons for all, so cannot count as a form of practical reason.

It may seem that claims that the fundamental principle of practical reason consists only of these two requirements demands too little. Surely the fact that a principle is *non-derivative* and *law-like* will not be enough to show that it provides reasons for action for all and sundry? But of course Kant does not expect the basic principle of practical reasoning to provide *sufficient* reasons for all action, but rather to provide *necessary* constraints on any other reasons for action. He believes that these standards, meagre as they are, will obtain their grip on our lives by setting constraints which some, indeed many, tempting ways of determining the will fail to meet. Practical reason, understood merely as a matter of acting only on principles that are law-like and yet non-derivative, sets high demands.

The central claim of "Theorem IV", that "the moral law expresses nothing other than the *autonomy* of pure practical reason" (33) is therefore far from trivial. Although the Theorem offers only a short and slender argument, it reaches to the core of Kant's conception of practical reason as autonomy (or universalisability) in the adoption of principles of action. The passage does not, of course, engage with Kant's reasons for thinking that the will is free, or with his views on the compatibility of natural causation and human freedom. Nor therefore does the passage establish the possibility of Kantian practical reasoning. What it sets out is a distinction between two conceptions of determining the will, and reasons for

---

15 One of the most explicit texts in which he works this out is *Was heißt: Sich im Denken orientieren?* where he writes with rich sarcasm of those who imagine that mere self-expression or self assertion can orient either our thinking or our action (see O'Neill forthcoming a).

thinking that one of these – autonomy (or universalisability) – will, if it is possible at all, express the requirements of pure practical reason. However these are no mean achievements, since if there are arguments for negative freedom, then an account of the positive use of that freedom, and with it an account of the "sole principle of all moral laws" (33) is already to hand.

5.6 Section 8: The Remarks on Theorem IV (34–40)

The two subsequent "Remarks" on "Theorem IV" return to issues that have been partly dealt with in earlier sections. The first of these Remarks contrasts those practical principles that are fit to be practical laws, so cannot be contingent on the varying desires of individual agents, with practical principles that are contingent on desires, so are principles of self-love. In particular, Kant argues that a duty of beneficence cannot be derived from human sympathy – which is erratic in its direction – but only from "mere lawful form alone"(34).[16]

The second Remark has more that is novel. Here Kant once again links comments on the justification of practical reason to comments on the way in which practical reason becomes accessible to all of us in our daily practice. Here, without using the term 'Fact of Reason' again, Kant points out that a justification of practical reason as autonomy will not show how practical reason enters ordinary human lives, and yet that we need access to practical reason in daily life. And he believes that we have that access. This is fortunate, since he thinks that the rival claims of the principles of autonomy and heteronomy

> "would ruin morality altogether were not the voice of reason in reference to the will so distinct, so irrepressible, and so audible even to the most common human beings" (35).

Kant's claim here is not that *the justification of practical reason* is so distinct, so irrepressible and so audible: it is unlikely that anyone would claim this of the difficult considerations that lie behind any vindication of any of the formulae of the Categorical Imperative. His claim is simply that *practical reason itself* is distinct, irrepressible and evident to the ordinary person.

---

[16] The passage is excessively compressed: setting out a convincing argument from universal form to a duty of beneficence is a good deal more complex.

This is the sort of claim for which evidence must be found in daily life and practice, and Kant provides a slew of examples to constitute that evidence.

He points out that the ordinary person immediately grasps not indeed an abstract statement of the supreme principle of practical reason, let alone its justifcation, but the fact that the conditional reasons derived from the pursuit of happiness or advantage are not morally adequate reasons for action. One example he offers is that of the revulsion an ordinary person would feel if anyone tried to justify giving false testimony by pointing out how advantageous it could be; another is of an ordinary person's reaction to somebody who recommends an employee for his unswerving self-interest. Even if we cannot follow any justification of the basic principle of practical reason, we have a clear and immediate grasp of the moral inadequacy of reasons of these sorts:

> "So distinctly and sharply drawn are the boundaries of morality and self-love that even the most common eye cannot fail to distinguish whether something belongs to one or to the other." (36)

This distinction permeates daily lives. Although we are often unsure whether a particular act was done out of duty or out of self-love, everyone can grasp the difference. Indeed, Kant also thinks that in an uncertain world ordinary people can discern the clear commands of morality *more easily* than they can follow the intricacies of egoistic, prudential or even eudaimonistic reasoning. The principle of happiness, and even the principle of seeking the general happiness, yield only the general guidance of rules of thumb, and no universal rules of action; both require us to calculate outcomes of which we have no clear knowledge:

> "... what *duty* is, is plain of itself to everyone, but what brings true lasting advantage, if this is to extend to the whole of one's existence, is always veiled in impenetrable obscurity" (36).

The ordinary person may not understand *why* the supreme principle of practical reason is the principle of autonomy, but has no problem in understanding *what* this principle requires:

> "What is to be done in accordance with the principle of autonomy of choice is seen quite easily and without hesitation by the most common understanding" (36).

The rest of Remark II is used to draw out some corollaries of the thought that all of us can grasp the requirements of autonomy, and thereby of practical reason, and distinguish these from the counsels of self-love or prudence. A person can feel chagrined (irritated: "kann sich ... *ärgern*") when he has been imprudent, but will *despise himself* ("muß ... sich selbst *verachten*") when he has acted immorally (37). From the point of view of self-love or prudence, punishment is viewed simply as a (dis)incentive; from the point of view morality its moral purpose is clear. Moral sense theories fail by covertly presupposing an independent standard of morality, to which the moral sense responds, so cannot explain morality by appealing to the moral sense.

At the end of this *Remark* Kant contrasts

> "our *formal* supreme principle of pure practical reason (as that of an autonomy of the will) with all previous *material* principles of morality" (39).

Once again we can note how the use of the indefinite article in the phrase 'of an autonomy of the will' distances Kantian from contemporary understandings of autonomy. If autonomy were a property of persons or selves, it would be odd to speak on 'an autonomy'; if it is a property of non-derivative law-giving there is no oddity.

5.7 What tasks remain?

Sections 7 and 8 do not complete either Kant's vindication of practical reason, or his account of the Fact of Reason that is present to ordinary moral consciousness. The justification cannot be completed without showing that the will is indeed free, so capable of both heteronomy and autonomy. These arguments lie outside Sections 7 and 8, and are among the most difficult and central areas of Kant's entire philosophy.

In taking them up in the immediately following section "*On the Deduction of the Principles of Pure Practical Reason*" Kant asserts that:

> "Hence the objective reality of the moral law cannot be proved by any deduction, by any efforts of theoretical reason, speculative or empirically supported" (47).

This claim too might be (and has been) read as buttressing the view that Kant eventually concluded that practical reason, and with it the moral law, cannot be justified. It need not be read this way. Another reading would be that Kant (plausibly, in the context of his wider views) denies that theoretical reason has the resources to provide an objective proof or deduction of practical reason and the moral law.

It remains an open question whether wider philosophical considerations can support Kant's claims about human freedom. Sections 7 and 8 offer reasons for thinking that *if* those claims can be supported, *then* the conception of practical reason as autonomy (or as universalisation) can be grounded without relying on the Fact of Reason, which performs a distinct and indispensable task.

Bibliography

Ameriks, K. 1981: Kant's Deduction of Freedom and Morality, in: Journal of the History of Philosophy, 53–79.

Ameriks, K. 2000: Kant and The Fate of Autonomy, Cambridge.

Bittner, R. 1989: What Reason Demands, Cambridge.

Christman, J. (ed.) 1989: The Inner Citadel: Essays on Individual Autonomy, New York/Oxford.

Dworkin, G. 1988: The Theory and Practice of Autonomy, Cambridge.

Henrich, D. 1975: Die Deduktion des Sittengesetzes. Über die Gründe der Dunkelheit des letzten Abschnittes von Kants "Grundlegung zur Metaphysik der Sitten", in: A. Schwan (ed.), Denken im Schatten des Nihilismus, Darmstadt, 55–112.

Henrich, D. 1960: The Concept of Moral Insight and Kant's Doctrine of the Fact of Reason, in his: The unity of reason: essays on Kant's philosophy, Cambridge (Mass.) 1994, 55–87 [translation by M. Kuehn of his: "Der Begriff der sittlichen Einsicht und Kants Lehre vom Faktum der Vernunft" in: Die Gegenwart der Griechen im neueren Denken, Tübingen].

Łuków, P. 1993: The Fact of Reason: Kant's Passage to Ordinary Moral Knowledge, in: Kant-Studien 84, 204–221.

O'Neill, O. forthcoming a: Kant's Conception of Public Reason, in: Proceedings of the IX Kant Kongress, Berlin.

O'Neill, O. forthcoming b: Autonomy and Trust in Bioethics, Cambridge.

Wood, A. 1999: Kant's Ethical Thought, Cambridge.

6

Karl Ameriks

"Pure Reason of Itself Alone Suffices to Determine the Will" (42–57)

6.1 Context and Structure of the Text

The main problem of *KpV* is to determine whether "pure reason is really practical" (3), that is, "whether pure reason of itself alone suffices to determine the will" (16). This problem receives its best known treatment in an appeal to what Kant calls the "fact of reason", *das Faktum der Vernunft* (6, 31, 42, 43, 47, 55, 91, 104). I will refer to the discussion of this issue in Sections I (42–50) and II (50–57) of *KpV* as the "Faktum Text".

Whereas Section I focuses on the fundamental claim that pure reason really is practical, Section II plays the secondary but essential role of responding to the objection that such an assertion can appear to transcend the bounds of what is permissible to say within the Critical philosophy itself. More specifically, it is clear that for Kant the key problem for the very possibility of morality is the special kind of absolute or "transcendental freedom" (3, 99) that he believes is obviously required if the authority of pure practical reason is not to be challenged as a mere "chimera". In providing, with the "fact of reason", a way of "showing" that pure practical reason in fact, or in deed (*in der Tat*, 42; this "proto-Fichtean" expression is stressed in Schwemmer 1986 and Willaschek 1992), is real, and therefore possible, Kant takes himself to have "deduced" the actuality of absolute freedom, and this claim raises the problem of whether an improper "extension" has been made in our use of reason.

Since Kant characterizes the concept of freedom as the "keystone" (5) of the "whole structure" of reason, it is only fitting that the Faktum Text's discussion of the *possibility* of freedom and morality has a central position in the main part of *KpV*, right before Ch. II of the Analytic. Whereas the earlier part of Chapter I fills out the "principles" of morality, and thus gives its *content* an initial specification by arguing for various analytic relations between basic concepts of morality and freedom, Ch. II elaborates the "concept" of the "object" of freedom, namely good and evil, and Ch. III addresses the *motivational* issue of the "incentives" of pure practical reason.

Kant's ordering of these issues only a few years earlier in *GMS* (1785) is different. Section I *begins* with questions about the proper motive of moral action (acting "from" duty), Section II offers a formulation of morality's pure "principle", and then Section III concludes the book with an account of morality's key "concept", freedom (which is invoked to fill out a more detailed account of moral incentives). The argument of *GMS* thus goes in a direction that is precisely the reverse of the sequence of terms in its title – from "morals" to "metaphysics" and then to a "groundwork". The end of *GMS* provides the foundation for morality by presenting an argument for our freedom and autonomy from the mere notion of our having an "intelligible" will, and by grounding this "possibility" (IV 453) ultimately in the Critical doctrine of transcendental idealism.

In *KpV*, Kant does not comment on this shift in detail but instead notes that his new work borrows from only the first two sections of *GMS* ("the principle of duty and … a determinate formula," 8) – as if Section III had suddenly become irrelevant or superseded. Rather than dwelling directly on this surprising development, Kant prefers to explain how he has adopted an order for the presentation of his main issues that contrasts with that of *KrV* rather than *GMS*. Whereas *KrV* "ascends" from our specific kind of sensibility, to general concepts and principles, and then to dialectical questions emphasizing the inescapability of the metaphysics of transcendental idealism, *KpV* proceeds in a reverse "downward" order, for it "shall begin with principles [Ch. I] and proceed to concepts [Ch. II], and only then, where possible, from them to the senses [Ch. III]" (16). There is nothing inaccurate in this contrast, but, as we will see, it does draw attention away from the way in which *KpV* appears to have relocated – and perhaps fundamentally reconfigured – a key argument from a text that is much closer to it in time and topic than *KrV*, namely *GMS*.

6.2. The Argument of Section I

The main Section of the Faktum Text has sixteen paragraphs and can be divided into two main parts (paragraphs 2–12, and 12–15), and a preliminary and a concluding paragraph. After paragraph 1 gives a brief introduction of the fact of reason, paragraphs 2 through 12 lay out an extensive comparison of theoretical and practical reason. The turning point of the text is paragraph 12, which begins with the declaration that "the *exposition* of the supreme principle of practical reason is now finished", and moves on by elaborating the point that practical reason "cannot hope" to have a "*deduction*" like theoretical reason has of the "objective validity" of *its* basic principle (46). The second main part of the Section continues through paragraph 15 with an explanation of how, even though "the moral law cannot be proved by any deduction", it is given in a consciousness that is "a priori" and "apodictically certain", and such that, *given* this consciousness, a deduction of freedom can be given *from* practical reason (i. e., from the moral law) and can provide an "objective reality" for *this* concept, something which theoretical reason was not able to do (47, cf. 93).

To understand the first part of Section I in more detail, it is essential to keep in mind the initial contrast of theoretical and practical reason drawn in paragraphs 2 and 3. Whereas theoretical reason starts with sensible *intuition* and works toward speculative principles determining our cognition of all the possible *objects* of such intuition, it can do little more for the domain beyond sensible intuition than "preserve" a "negative" (i. e., not filled in) concept of absolute freedom (42). Practical reason, in contrast, begins with the *pure* moral "fact of reason" that "even determines" freedom "positively and lets us *cognize* something of it, namely a *law*" (43, my emphasis). This contrast is repeated in paragraphs 9 through 11. Whereas *KrV* shows how theoretical reason moves from "intuited" "objects" to determine a priori "cognition" of them as merely "sensible" (45), *KpV* exhibits how pure practical reason starts with "maxims", and considers them in an a priori way that applies "laws" and "concepts" (such as freedom) while abstracting from questions such as whether "the causality of the will is adequate for the reality of the objects" (45). This formulation is an elaboration of a distinction Kant makes in paragraph 8 between "two very different problems", how we "cognize" objects by theoretical reason and how we "determine" the will by practical reason (44–5; cf. below, 6.3). The remainder of the first part of this Section, paragraphs 4 through 7, is devoted to the theme of the autonomy of practical reason. In paragraph 5 Kant simply declares that "the most ordinary attention to oneself" discloses, through the moral law, a "pattern for the determinations of our will" (43). Fortunately, paragraph 6 adds some detail, with examples of how this "pattern" involves use of the notion of "universal law" to determine proper maxims (e. g., not to end one's life "at will") in accord with "the idea of a nature not given empirically and yet possible through freedom, hence a supersensible nature". Practical reason thus reveals (paragraph 7) a "nature which is subject to a [pure] will", in contrast to theoretical reason, which reveals "laws of a nature to which the [empirical] will is subject" (44).

6.3 Autonomy

The central topic throughout this Section is obviously autonomy. At the very beginning of the Faktum Text (paragraph 1), Kant equates the "fact" (*Faktum*) of reason with "autonomy in the principle of morality by which reason determines the will to deeds [*zur Tat*]" (42). This "determination" has at least *two* aspects – "formal" and "efficient" – that need to be kept distinct, even though they are closely related. To say that reason provides a *formal* determination of the will for morality is to say that the *content* of morality is basically determined by pure rational considerations, "form" not "matter" (39). To say that there is in this sense a *formal* determination of the will by reason is already to say that there is a kind of self-determination, or autonomy of reason, since for Kant the will is the faculty of practical reason. Hence, one sense in which Kantian autonomy is a principle "by which reason determines the will to deeds" is just that, insofar as reason provides a proper standard or content, it can be said that the rational will in general can will itself, that is, affirm its own form as the object of proper intentions. With respect to *this* kind of autonomy, the question of whether "pure reason can be practical" has already been settled prior to the Faktum Text: *pure* practical reason clearly *can* determine the will by determining *what* it should do. When Kant declares that practical reason gives us "laws that are independent of any empirical condition and thus [NB] belong to the *autonomy* of pure reason" (43), he is simply expressing this formal aspect of the contrast between autonomy and heteronomy, an aspect that is concerned not with the ultimate causes or actual effects of our intentions but solely with their content (43).

There is a further distinction, however, that can be made *within* the formal dimension of practical reason. If we distinguish reason in general, as an abstract domain of principles, from reason in particular, as a concrete cognitive faculty in individuals recognizing these principles, then we can contrast two moments within the "formal" aspect of practical reason: (a) the content of the principles themselves, which constitute reason's own ideal structures, and (b) the *discerning* of that content by rational beings who see what the right principles are and thus "determine" them in an additional sense, namely epistemically. Thus Kant's remark that morality "transfers us into an intelligible order" (42) is a reminder, among other things, of both the pure content that is cognized by our practical reason and the correlative pure act and faculty of cognition that we use in cognizing it. (A similar pure duality is found in Kant's notion of "pure intuition".)

Although Kant dwells on the formal aspects of autonomy (43), there is a second and much more concrete kind of autonomy, or self-determination, that is his ultimate concern. This kind of autonomy has to do with the rational will's truly determining itself by being an *efficient* cause, and, in particular, by being an absolutely free cause. Given Kant's libertarianism, it is clear that only if reason "determines the will to deeds" in this efficient sense is it reason in "fact". We might know what would be the right thing to do *according* to reason without our actually being able to do it *from* reason. And for Kant, in the context of morality, it is not enough for an action "from reason" that reason be the immediate cause of the action; it would have to be the ultimate cause as well. This requires that the individual agent not only operate "through" reason in some psychological or evaluative sense (that would be sufficient for a compatibilist), but also that, in its willing, it be literally an uncaused cause – hence Kant's frequent references (48–9, 54) back to the discussion of this general notion in the Third Antinomy of *KrV*.

Unfortunately, the full complexity of this fundamental double nature of the practical self-determination of reason as both formal and efficient is somewhat obscured in the way that Kant immediately applies the key passage noted earlier (paragraph 8), which distinguishes "how ... pure [speculative] reason can cognize objects a priori and how ... [as practical reason] it can be an immediate ground of the will" (44–5). The problem is that Kant goes on to discuss the "cognition" issue here as if it arises only with respect to *theoretical* reason, while he discusses the "determining ground" issue as if it has a single meaning with respect to *practical* reason. That is, Kant neglects to distinguish here two closely related and crucial points of this own theory, namely (a) that practical reason itself is capable of a kind of a priori "cognition" (46: "the moral law is not concerned with a cognition of the constitution of objects that may be given to reason from elsewhere but rather with a cognition that ..."), and (b) that this is so because even the "grounding" provided by practical reason alone has more than one meaning. Its "determination" of the will to deeds involves not only a special kind of efficient causation (namely, free intentionality) but also a kind of formal specification that requires cognitive activity on our part. As pure practical and self-determining beings we must be able both to do the right things and antecedently to know what these are.

That there is a kind of formal and cognitive self-determination within even practical reason is obvious enough from the story Kant has just given of the pure content of morality (35–41). He realizes, however, that on his view this content would not truly attach to anything unless there are agents who have the *free power* to will it from reason. Mere conceptual reflection can reveal the autonomy of morality's content, but, given Kant's libertarianism, it cannot by itself reveal that in fact this autonomy is anything more than a "chimera" in our lives. If we do the right things, even with the right reasons before our mind, but in such a way that our minds are made to operate as they do by something outside of (and unknown to) them, then in doing them we do not have a moral character at all. Similarly, wrong actions, even with the worst of thoughts before one's mind, do not count as acts of an immoral being if the being is not absolutely free in its choice, and thus capable of having done the moral thing fully on its own accord. The requirement of absolute freedom of choice adds a crucial and very strong dimension of meaning to the efficient aspect of our autonomy.

Given Kant's notion of our place in a sensible world that is in principle thoroughly law-governed, some ground seems needed for the strong claim that in fact we are fully autonomous in his strong efficient sense. Nothing in the mere formal independence of reason warrants this claim. Moreover, as Kant himself indicates, a mere exploitation of a distinction between "lower" and "higher" faculties (22–3), is not enough. Even if we construct a distinct "object" for our practical intentions that has a *form* that takes us beyond what our lower faculties could generate, this still shows only that there may be a faculty of reason that has an especially elevated *focus*, not that it has a genuinely pure *power*. The very fact that Kant can specify – as he does, before the Faktum Text – a fully rational set of maxim contents, and in *that* sense an autonomous style of life, without yet entering into issues of ultimate causation, can make one wonder why Kant thinks that he has to hold onto the insistence on our autonomy in a strong efficient sense.

Whatever advantages others might see in avoiding the whole issue of free causation, the fact is that Kant turned his back (after mid-career) on all non-libertarian theories and resolutely insisted on an autonomy of reason with a strong efficient as well as formal component. The argument of *GMS* recognizes the strong claims involved in this insistence, and it at least attempts to provide some kind of obviously inescapable warrant for this kind of strong autonomy. In *KpV*, however, Kant drops the suggestion of any argument *to* freedom (and then to morality *from* this kind of freedom) from the mere consideration of "intelligence" or willing in general. He declares: "this [moral] law [cannot be deduced from] consciousness of freedom, (since [NB] this is not antecedently given to us)" (31). After this shift to a reliance on a specific moral "fact of reason", it becomes unclear what the Faktum Text can do to provide any *support* for the claim of our strong autonomy with respect to its controversial efficient (i. e., absolutely free) component. Indeed, the question of support, or separate warrant, may not even seem appropriate anymore, once the term "fact" has been introduced. Kant himself asserts that the "moral law ... itself has no need of justifying grounds" (47). But if this is all that can be said, then his position can seem all too vulnerable to charges of dogmatism.

One alternative to sheer dogmatism would be to seek support in something that is given, if not antecedently, then at least *with* the "fact of reason". Some portions of the Faktum Text may suggest a kind of phenomenological approach along this line. When Kant speaks of the will being "conscious of its existence as determinable in an intelligible order of things" (42), his words could be taken to involve something more than the mere formal aspects of autonomy mentioned earlier. They could be taken to designate not a mere appreciation of an abstract rational standard, but a concrete, intense, and presumably effective belief that one is actually doing something aimed toward this "order".

The fact that such beliefs exist, and that they need not be taken to reflect the mere peculiarities of individual subjects, is certainly worth noting. Moreover, such beliefs have an interesting double role that combines formal and efficient aspects. Proper moral beliefs need to have the right form, and this very form also has to be central to the immediate causal nature of the agent's choice. Nonetheless, for non-Kantians, it remains unclear whether, in addition to all this, agents need to have an absolutely free causality. It also remains unclear whether agents even "have" to *believe* this *while* they are acting – and what difference it would make if they do not. (Perhaps all they need to believe is that they really can act rationally, and not also that their acts have an uncaused cause.) This is a problem, because Kant's notion of the fact of reason as "identical" with "consciousness of freedom of the will" (42), cannot mean simply that there is a *later* philosophical reflection that eventually comes down on the side of libertarianism against its traditional philosophical opponents. Kant is claiming the general and already accepted "fact" of an *immediate* belief in the "presence" of the moral law, and in a kind of absolute freedom revealing itself through that law. The difficulty here is not only that, even in moral contexts, such a belief may not be as common as Kant supposes; a deeper problem arises from a point that Kant himself emphasizes, namely that many common beliefs with a source in reason itself can turn out to be highly unwarranted and improper, even if they are not dialectical and definitely false. Why shouldn't we worry about our belief in absolute freedom being similarly dispensable (see Owens 2000, Smilansky 2000)?

It might seem that Kant is not worried about the problem of our free power because when he mentions the "causality of the will" here, he says "its power in execution may be as it may" (45). But all he means is that proper moral intentions can fail to be *successful* in their effect on the world. However, if the "causality of the will" is unable even freely to *choose* the proper maxims that it tries to implement, then this kind of "inefficiency" of reason would make its formal self-determination an idle point, and leave us without what Kant regards as full autonomy. This is clear from the beginning of the Faktum Text, since as soon as Kant introduces the notion of our being "transferred" to an "intelligible order", he makes the crucial qualification that this happens "*if*" [and presumably only if] freedom is "attributed to us" (42). In sum, the problem is that *responsibly* asserting what Kant means by the pure practicality of reason still seems to require not only an appreciation of formal autonomy and a "common" belief in strong autonomy but also some reason for this belief, some reason to hold onto a rigorous morality and the thought that we actually do have the remarkable power of absolute freedom – especially in a context where it is conceded that all the causings we can know we know as caused causings (cf. Rehberg 1788).

6.4 The Faktum Text as a "Reversal"

The deep systematic problems arising from the evaluation of Kant's position can raise questions about whether Kant's intentions have been properly interpreted. This is a controversial matter, but most recent readings (Ameriks 1982; Reath 1997; Rawls 2000; for background, see Henrich 1975) accept that the Faktum Text is not a slip on Kant's part but represents, for better or worse, a carefully thought out "reversal" in his methodology, a retreat from the more "foundational" approach that appears to be taken at the end of *GMS*. Whereas *GMS* proposes an argument to freedom and morality starting from the absolutely inescapable idea of a rational will as an "intelligence" (IV 452), *KpV* stresses from the start (4 n.) – and reiterates in the Faktum Text – that freedom (of the relevant absolute kind) can be *known only* on the presupposition of morality (in Kant's strict sense), rather than being derivable from any neutral common ground, such as the mere notion of oneself as a thinking, willing being (46, 93).

This interpretation is still consistent with talk "of" a "deduction" within *KpV* because an important kind of deduction remains possible in the move *from* morality "to" freedom, even if an argument without substantive practical presuppositions is no longer to be encouraged *to* morality itself. Hence the title of the Section, "On the Deduction of the Principles of Pure Practical Reason", which is two steps short of a direct assertion that there is a deduction of morality itself. First, the title states merely that it will comment "on" a deduction, rather than saying that there literally is a deduction. Secondly, the deduction it speaks of here concerns specifically the "principles" of pure practical reason. This is consistent with the thought that even if an absolute foundation cannot be given for morality itself (e. g., involving a strict and "independent", i. e., non-moral, proof that we have absolute freedom), a deduction could still be given of the *various* "principles" or contents alone appropriate for morality *once* one posits the idea of a possible pure practical reason that determines necessary structures for the proper relations of wills. It is true that for this kind of account Kant usually uses the term "exposition", (46) in contrast to a "deduction", but these terms can overlap, since sometimes he calls his metaphysical expositions "deductions" as well (e.g., in the Transcendental Aesthetic), and sometimes he uses the word "deduction" in a context where it may seem he has a transcendental argument in mind when in fact he seems primarily to have a metaphysical exposition in view, as when he says that the "concept of a cause … having arisen wholly from the pure understanding, also has … objective reality in respect to objects in general assured by the deduction inasmuch as, being in its origin independent of all sensibility …" (55; other aspects of this passage are discussed below). There is nothing wrong with this terminological overlap, since we can understand that a metaphysical "exposition" is itself a kind of deduction insofar as, in showing that a particular representation has a meaning that requires an a priori origin, it also discloses the only possible source of the representation – although this is not yet to justify or explain the actual reference of the terms in question.

Such an exposition, or metaphysical deduction, is still something short of a standard transcendental deduction, which would show that the pure concepts in question do have determinate objective reference. This is not to say that a Kantian transcendental deduction ever has to be understood as an "absolute" justification that would work against all kinds of skeptics (Ameriks 1978). Rather, it is an argument that shows how, *given* various premises, that is, steps that are not themselves deduced (viz., the general notion of "experience" at the base of the transcendental deduction of the categories in *KrV*; cf. the summary of this procedure at 47: "only experience can justify ..."), the pure representations are justified. Such an argument is still "transcendental" when the premises it relies on are ones that appear inescapable for experience "at all".

The argument of *GMS* exhibits a transcendental structure of this type, but *KpV* rejects its kind of neutral starting point as a ground for the moral law. The Faktum Text claims right from beginning to "show that pure reason can be practical ... *by* a fact ["Faktum"] in which pure reason proves itself actually practical, namely autonomy in the *principle* of morality by which reason determines the will to deeds" (42, my emphasis). That is, *given* the actual autonomy of a moral being that determines acts formally and efficiently, it then can be "shown" that the faculty of reason in that being is practical in a genuinely pure sense – and therefore free (presumably because, in Kant's view, no other position seems compatible with the unconditional meaning of moral imperatives). Kant immediately goes on to indicate that his reference to a "fact" here signifies not an abstract possibility but an actual "deed" (*zur Tat*) of a moral being – or at least the immediately and universally presumed capacity to carry out such a deed. Hence, our freedom, and the simultaneous truth that "pure reason" truly is practical, can be said to be "shown" in a double sense: it is *deducible* from the presupposed "fact" of accepted moral claims, and it is *exhibited* in the very presence of such claims, in the "consciousness" of them and the acts they generate.

At one point Kant says that this all amounts to a "credential" for the moral law (48), and in one English version, the next sentence is translated as saying that this is "fully sufficient in place of any a priori justification" (Wood 1996, 178). This should not be understood as saying that a justifying deduction for the truth of morality itself is being presented. The German makes clear that Kant's point is merely that the Faktum is "sufficient" for *freedom's* deduction *from* morality, and to fill the "need" of speculative reason for *some* positive specification or "supplementation" – *zur Ergänzung* – of its concept of unconditioned causality (a "need" that does not have to be met in one specific way). The assertion of freedom on the basis of practical reason adds something that *fits in* with speculative reason's framework here, just as the assertion of pure spatio-temporal intuitions adds something that fits in and "fills a space" for specifying our general speculative concepts (the categories), but these *specific* assertions do not derive from anything deducible from reason in general.

The feature of non-deducibility is central to Kant's notion of a "fact" of reason. Kant introduces the term "fact" not for the positive reason of indicating anything that is literally the object of a "special intuition" (42), but rather for the negative reason of indicating a contrast with anything that is itself *derived*. This is why, *as soon as* Kant makes the famous statement that, "the moral law is given, as it were, as a fact of pure reason", he adds, "the moral law cannot be proven by any deduction" (47); and elsewhere he says it "may be called a fact because [NB] one cannot reason it out from antecedent data of reason" (31).

This point implies that if there are those who claim not to recognize such a fact, then there is no Archimedean lever, no "neutral" ground, from which such skeptics can be defeated. Kant did not seem to think one would have to worry too much about running into sincere skeptics of this kind, but he was not oblivious to the limitations of his position here. This is one reason why Kant insists that the fact he is invoking here is "of reason", that is, it comes from and reveals a distinct higher faculty that is supposedly inescapable for all normal persons. In this way it is meant to contrast with all incidental needs (5), and even the systematic interests of theoretical reason, which involve a drive to unification that is strong but does not have unconditional force. Indirect evidence for an awareness of the limitations in any argument that relies on something like a mere "fact" of reason can be found in the existence of Section III of *GMS*, which shows that Kant certainly knew how to attempt an argument starting from a general faculty of "intelligence" that does not require a prior acknowledgment of any particular practical doctrine. He must have realized that *if* he could hold on to such an argument, then the step down to reliance on a "fact" involving specifically moral considerations could be avoided, and so, it might seem, the systematic difficulties noted earlier could be escaped. However, the structure of such an argument is not only too ambitious to remain convincing upon reflection (see above, 6.3); it also involves special dangers for the Critical system, difficulties that it appears Kant came to appreciate right at the time he was drafting *KpV*.

The main difficulty is that if absolute freedom is taken to be demonstrable from general theoretical considerations, then the firewall claimed to be built in the Transcendental Dialectic (*KrV*) against all speculative metaphysics would seem to be directly endangered. There is considerable evidence now that Kant became very sensitive to this problem in the 1780s (Ameriks 2000), although this development is sometimes still neglected. For example, an introduction to a recent English edition remarks, "In April 1787 [just before beginning *KpV*] Kant had completed his revisions [for the second edition of *KrV*], and his only [NB] extensive rewriting beyond the Transcendental Analytic was in the Dialectic's chapter on 'The Paralogisms of Pure Reason', a part having no direct bearing on moral philosophy" (Wood 1996, 135). This observation passes over the fact that, even if in some narrow sense the Paralogisms may not have a "direct" bearing on "moral philosophy", Kant's massive revisions of them and his new treatment of many closely related topics (e. g., the Refutation of Idealism and the clarification of apperception in the rewriting of the Deduction) in *KrV* B are clearly crucial for understanding the ultimate structure of his entire philosophy and especially the background of the Faktum Text. The detailed changes in the Paralogisms are an indication of Kant's deep preoccupation with refining his whole treatment of the self and the central property of freedom, the concept that he had called the "key" to "the explanation of the autonomy of the will" (GMS IV 446), which is obviously the ultimate basis for his entire moral theory. Given the fact that Kant faced severe objections to his theory of the self in *KrV* A, and that he chose, in page after page of revisions in *KrV* B, to adopt the new tactic of stressing difficulties with any suggestion that the subject could gain knowledge of itself independent of spatial determinations, it is very hard to believe that he did not realize what he was doing here – that he was systematically blocking the door, once and for all, to even the suggestion of any kind of argument to absolute freedom starting merely from a consideration of the self's general capacity for "intelligence". What the Faktum Text shows, on this account, is not only that in 1788 Kant was turning to the concept of freedom to "flesh out" the "positive" meaning that the idea has in moral contexts. More fundamentally, it shows Kant's preoccupation with making as clear as he could what he now took to be the sole context for our saying that we truly do have a faculty of absolute freedom: not theoretical considerations, and not just any kind of "practical" considerations, but moral ("pure practical") considerations alone are the *ratio cognoscendi* (4n.) from which our freedom can be asserted.

6.5 "On the Warrant of Pure Reason in its Practical Use to an Extension which is not possible in its Speculative Use" (50)

Section II of the Faktum Text concerns what can seem to be a relatively secondary problem, an explanation of how the commitment to freedom asserted in morality can "extend" reason in a non-dogmatic way. But the

Section is essential, and the title alone is a significant achievement. In introducing the term "warrant", which has recently gained popularity in analytic epistemology as a basic term preferable to "justification" (Plantinga 1993), Kant signals his belief that claims about the actuality of freedom can have something less than an empirical or transcendental deduction behind them and yet still be quite proper for us (i. e., "warranted"). Earlier I criticized the reliance on the "fact of reason" for not being able to provide a basis for what it asserts, either from some prior transcendental ground for morality or from some feature that incontrovertibly comes along "with" the belief in it. But even if we question the "apodictically certain" (47) status of "moral experience" that Kant seems to assume, the mere fact that many readers have responded so positively to his characterization of it implies that there is "something to be said for" the fact of reason. It reflects a standpoint that certainly appears widespread and highly significant in its implications, and even if it cannot be "deduced", it is not thereby much worse off than most of what is asserted by philosophers – as long as the doctrine is at least consistent with the other main points of Kant's work.

Section II is aimed primarily at showing how the fact of reason is fully consistent with the Critical philosophy. After a brief introductory paragraph, paragraphs 2–6 and 9 lay out a contrast with Hume (50–53, 56) that consists in a recapitulation of the main claims of *KrV*. After characterizing Hume as a skeptic of reason, or "pure" substantive claims in general, Kant presents it as a reductio ad absurdum that strict Humean empiricism would force us to dismiss not only traditional philosophy but also all significant mathematics and science (51–2). Kant then reminds his readers of how *KrV* had addressed the Humean challenge to the concept of causality in general. Agreeing with Hume that the concept has a component of necessity in its very meaning, that such necessity cannot be warranted by particular experiences, and that any theoretical ground that we can have for the application of the concept must not entirely transcend experience, Kant repeats his argument that the concept can be transcendentally warranted as a pure condition for our experience in general ("as appearances they must necessarily be connected in one experience in a certain way": 53).

Whatever the merits of the Second Analogy argument to which Kant is alluding here, his main objective is to remind his readers of the even more fundamental doctrine of *KrV* that the very *origin* and *meaning* of a pure concept such as causality has a general character that "can be used even of noumena", since its "seat in the pure understanding was secured" (54). The underlying point here is simply the general claim of his metaphysical deduction that our pure concepts are based in the logical structure of judgment. Kant thus culminates his attack on empiricism by saying that not only could Hume not give a justification for the concept of cause, but even the pure and general meaning that Kant finds for it is something that "would not be the case if, as Hume maintained, this concept of causality contained something in it that is always impossible to *think*" (54; cf. 56: "Had I, with Hume, deprived the concept ... of all meaning ...").

Kant notes that there may still seem to be a problem because the *justification* of the *application* of the concept of causality in theoretical philosophy rests on the way the concept is needed in order to unify sensible appearances in one experience, and this kind of justification is evidently lacking for *practical* reason. This is a difficulty, however, only if Kant's defense of practical reason, in its use of causality, somehow had to involve trying to make a claim about its unifying sensible data or determining "the constitution" (56) of objects – but this is not what it is doing. Still, one can ask what *specific* meaning and warranted use practical reason can provide for the concept of causality if it does not employ that concept in the way theoretical reason does. Kant's answer is that even without a context of *theoretical application*, practical reason can still borrow and build on the *general meaning* of the concept of causality laid out in *KrV*, since this meaning was presented from the start as having a source in a context that is independent of any specific sensible considerations (55). Such a borrowing by practical reason is understandable and even inevitable, since "in the concept of a will, the concept of causality is already contained" (55). And to any objection that, outside of an empirical context, such a concept remains merely an empty logical form, Kant is well armed at this point to reply that his discussion of the moral law and the idea of freedom in that context has provided very specific and useful ways to determine a "positive" meaning of causality.

A more serious difficulty arises when Kant backs off, in a final point, to say that we are only "authorized" (56) to make a "practical use" of non-sensible concepts such as freedom, and this is "to be counted not as knowledge but only as a warrant to admit and presuppose them" (57). The motivation for this qualification is understandable but the options it leaves us with have to be thought through to the end. *If* by "knowledge" one means (as Kant often does) only claims that have a strong basis in *general theoretical* considerations, then *KpV*'s use of practical reason obviously does not constitute "knowledge", let alone transcendent knowledge, and so in that sense worries about being "given encouragement to fly into the transcendent" (57; the final words of the Section) can be dismissed. Nonetheless, a final and difficult dilemma remains. If one uses a looser and much more common conception of "knowledge", as including whatever it is assumed that any rational being should properly assert as such, then *KpV* implies that the moral law and what it entails is something that can be said to be known after all (thus it is no wonder that Kant often uses terms such as "cognize", *erkennen* if not *wissen*, in describing our relation to it). But if the claims of pure practical reason are meant that strongly, then there is all the more reason to ask again whether a "fact of reason" is truly an adequate ground for them. Without a genuine deduction of morality being even attempted any more, these claims can seem no longer well-founded at all, and can appear to be a mere "standpoint", albeit one that is in fact "taken" by many readers. But then, if one retreats, as many contemporary "Kantians" urge (Korsgaard 1996), to a position in which pure practical reason is presented as simply such *a* standpoint – one that we supposedly "have to" treat "as if" it is true but also as such that we can no longer directly assert that it and its implications about absolute freedom say anything about what there actually is – it becomes unclear why we still must call this the standpoint of *reason*, especially if so many rational beings continue to dispute it, and no deduction is offered to defend it.

Thus, just as it appears that *GMS* tries to prove too much, it can be argued that *KpV* proves too little – and that contemporary Kantians still need to seek some better way "in between", with an appreciation for both the appeal and the limitations of the Faktum Text.

Bibliography

Ameriks, K. 1978: Kant's Transcendental Deduction as a Regressive Argument, in: Kant-Studien 87, 273–87.
Ameriks, K. ²2000: Kant's Theory of Mind, Oxford (1ˢᵗ ed. 1982).
Henrich, D. 1975: Die Deduktion des Sittengesetzes. Über die Gründe der Dunkelheit des letzten Abschnittes von Kants "Grundlegung der Metaphysik der Sitten", in: A. Schwan (ed.), Denken im Schatten des Nihilismus, Darmstadt, 55–112.
Korsgaard, C. 1996: Creating the Kingdom of Ends, Cambridge.
Owens, D. 2000: Reason Without Freedom: The Problem of Epistemic Normativity, London.
Plantinga, A. 1993: Warrant: The Current Debate, New York/Oxford.
Rawls, J. 2000: Lectures on the History of Moral Philosophy, Cambridge (Mass.).
Reath, A. 1997: Introduction, in: M. Gregor (ed.), Critique of Practical Reason/Immanuel Kant, Cambridge, vii–xxxi.
Rehberg, A. 1788: Rezension der "Kritik der praktischen Vernunft", in: R. Bittner/K. Cramer (eds.), Materialen zu Kants "Kritik der praktischen Vernunft", Frankfurt am Main 1975, 179–96.
Schwemmer, O. 1986: Das "Faktum der Vernunft", in: Philosophie der Praxis, Frankfurt, 271–302.

Smilansky, S. 2000: Free Will and Illusion, Oxford.
Willaschek, M. 1992: Praktische Vernunft. Handlungstheorie und Moralbegründung bei Kant, Stuttgart/Weimar.
Wood, A. 1996: Introduction, in: M. Gregor (ed.), Practical Philosophy/Immanuel Kant, Cambridge, 135–6.

7

Annemarie Pieper

Zweites Hauptstück (57–71)

Kant diskutiert im zweiten Hauptstück drei Fragen: 1. Was ist das Objekt der praktischen Vernunft? (57–65); 2. Durch welche Kategorien bestimmt sie dieses Objekt? (65–67); 3. Wie vermittelt die praktische Urteilskraft zwischen Sittengesetz und Handlung? (67–71). In seiner Antwort auf diese Fragen entwickelt Kant eine ethische Urteilslehre, die den in moralischen Urteilen erhobenen Geltungsanspruch hinsichtlich seiner unbedingten Verbindlichkeit daraufhin überprüft, inwiefern er einerseits zu Recht erhoben wird und andererseits empirisch durchsetzbar ist.

7.1 Das Objekt der praktischen Vernunft

Kant definiert den Gegenstand der praktischen Vernunft im Unterschied zum Erkenntnisobjekt der theoretischen Vernunft als vorgestelltes Resultat eines Freiheitsaktes. Dieses Objekt ist nicht wie Naturobjekte bereits vorhanden, sondern soll durch eine Handlung allererst zur Existenz gebracht werden. Insofern liegen seine Konstitutionsbedingungen in demjenigen Vermögen, das den Prozeß der Erzeugung solcher sittlich relevanter Objekte in Gang setzt: im Willen.

Da der Wille sich nicht automatisch an die Vorgaben der praktischen Vernunft hält, sondern in seinem Wollen auch durch außervernünftige Faktoren bestimmt ist (Gefühle der Lust und Unlust; das Angenehme und das Nützliche) und diese vorziehen kann, muß zwischen einem Objekt, das seine Existenz der Freiheit verdankt, und einem Objekt, das im Zuge einer Befriedigung naturaler Bedürfnisse verwirklicht wird, unterschieden werden. Um diese beiden Klassen von Objekten klar gegeneinander abzugrenzen, schlägt Kant vor, die durch das Freiheitsprinzip generierten Gegenstände unter den Kategorien des Guten und des Bösen zusammenzufassen, die in Verfolgung des Prinzips der Glückseligkeit realisierten Gegenstände hingegen den Kategorien des Wohls und des Übels/Wehs zuzuordnen. Der Gewinn dieser Abgrenzung liegt darin, daß die Analyse des Sittlichen völlig abgetrennt werden kann von empirischen Bestrebungen, deren Ursprung jederzeit faktisch und nicht normativ ist.

Kant möchte also Gut und Böse ausschließlich als „Modi" resp. als „Kategorien" der Freiheit verstanden wissen und nicht als empirische Prädikate. Da der menschliche Wille jedoch zwei Prinzipien unterstellt ist – nämlich dem Prinzip der Glückseligkeit und dem Prinzip der Freiheit –, ergehen zwei unterschiedliche Anforderungen an das Begehrungsvermögen: zum einen der Imperativ, das beste Mittel zur Erreichung eines Zieles einzusetzen, von welchem man sich eine Steigerung des Glücks (Wohlbefindens) verspricht; zum anderen der Imperativ, seine Pflicht um der Pflicht willen zu tun, unangesehen der damit verbundenen Lust- oder Unlustgefühle. Der menschliche Wille, der kein „heiliger", sich immer schon für die Sittlichkeit entschieden habender Wille ist, neigt aufgrund seiner Verflochtenheit mit den körperlichen Bedürfnissen dazu, diesen den Vorrang zu geben und entsprechend diejenigen „Objekte" als gut (böse) zu beurteilen, die entweder als Ziele gut (schlecht) sind, um das vorgegebene Glücksbedürfnis zu erfüllen, oder als Mittel gut (schlecht) sind, um jene Ziele zu erreichen. So verstanden wären Gut und Böse von vornherein empirische Begriffe, denen keine sittliche Bedeutung zukäme, weil sie Handlungen nicht kategorisch, sondern nur hypothetisch vorschreiben: unter der Voraussetzung, daß das Streben nach Glück allein maßgeblich ist für das, was zu tun ist.

Sollen die Begriffe Gut und Böse sittliche und damit normative Bedeutung bekommen, müssen sie nach Kant „als Folgen der Willensbestimmung a priori" (65, 5 f.) rekonstruiert werden, das heißt: Während in der empirischen Genese Gut und Böse Ausgangspunkt der Willensbestimmung sind – gut/böse ist, was mich glücklich/unglücklich macht (mir nutzt/ schadet) und mich demgemäß zu einer Handlung motiviert, die auf mein Wohlergehen zielt –, bildet in der sittlichen Genese die autonome praktische Vernunft den Anfang der Rekonstruktion. Sie ist im Modell der „Kausalität aus Freiheit" nicht wie das Glücksprinzip, das als *causa efficiens* naturnotwendig auf den Willen einwirkt, sondern als *causa finalis* wirksam, indem sie dem Willen ein normatives Gesetz (das Sittengesetz) als „*oberste Bedingung alles Guten*" (62, 18) vorhält.[1] Gut und Böse sind dann als „Objekte"

---

1 Im Nachlaß führt Kant hierzu aus: „Wir erklären begangene freie Handlungen nach Geset-

der praktischen Vernunft nichts anderes als die „Wirkung" oder „Folge" der Freiheit, die ihrerseits sich selbst als „Ursache" dieser normativen Kausalität begreift. Das Produkt dieser Tätigkeit wird von Kant entweder als Sittengesetz oder als das Gute bezeichnet, je nachdem ob der Akt vernünftiger Selbstbestimmung hinsichtlich seiner formalen Unbedingtheit (Sollen) oder hinsichtlich seines qualitativen Gehalts (Sittlichkeit) reflektiert wird.

Kant läßt also die empirische Handlung mit dem Gefühl der Lust und Unlust beginnen, das den Willen auf solche Ziele ausrichtet, die dem Verlangen nach Glück entgegenkommen. Die sittliche Handlung hingegen hat ihren Ursprung in der praktischen Vernunft, die den Willen kraft ihrer normativen Kausalität dazu auffordert, alle seine Begehrungen am Sittengesetz zu überprüfen und moralisch zu qualifizieren. Die Kategorien des Guten und Bösen sollen letztlich ausschließlich „Objekten" vorbehalten sein, die einer solchen moralischen Qualifikation unterzogen werden können.

„Das Gute oder Böse wird also eigentlich auf Handlungen, nicht auf den Empfindungszustand der Person bezogen, und sollte etwas schlechthin (und in aller Absicht und ohne weitere Bedingung) gut oder böse sein oder dafür gehalten werden, so würde es nur die Handlungsart, die Maxime des Willens und mithin die handelnde Person selbst als guter oder böser Mensch, nicht aber eine Sache sein, die so genannt werden könnte." (60, 19 ff.)

Mit seiner These, daß das Freiheitsprinzip qua Bedingung des Sittengesetzes *(ratio essendi)* das Apriori der Ethik ist, nicht aber das Begriffspaar des Guten und Bösen, kritisiert Kant ethische Theorien hedonistischen und utilitaristischen Typs einerseits, metaphysischen Typs andererseits, da sie die Ethik in einem Seinsprinzip verankern und damit jenen Irrtum begehen, den G. E. Moore als naturalistischen Fehlschluß bezeichnet hat. Insofern Hedonismus und Utilitarismus davon ausgehen, daß das Streben der Menschen nach Glück in sich selber sittlich ist, erheben sie durch die Identifizierung des Guten mit dem Glück ein Faktum zur Norm: Was alle tun, ist rechtens und damit gut. Eine metaphysische Begründung der Ethik, wie etwa Platon sie in der *Politeia* im Rekurs auf die Idee des Guten

---

zen der Natur des Menschen, aber wir erkennen sie nicht dadurch als bestimmt; sonst würden wir sie nicht als zufällig ansehen und verlangen, daß sie hätten anders geschehen sollen und müssen. In den freien Handlungen fließt die Vernunft nicht bloß als ein begreifendes, sondern wirkendes und treibendes principium ein. Wie sie ... die Stelle einer Naturursache vertrete, sehen wir nicht ein" (5612; zitiert nach *Materialien*, 41).

versucht hat, würde aus Kants Sicht zwar dem Vorwurf entgehen, das Sollen aus einem empirischen Sein abgeleitet zu haben, aber da mit der Idee des Guten ebenfalls ein – wenn auch überempirisches – Sein im Sinne einer ewigen Präsenz verknüpft wird, wird die Herkunft des Sollens ungerechtfertigterweise im Rückgang auf ein Seinsprinzip erklärt. Ganz davon abgesehen, daß es logisch unzulässig ist, dem Faktischen resp. dem Intelligiblen normative Kraft zu unterstellen, verletzt nach Kant die Gründung des Sittlichen auf ein Sein als Inbegriff des Guten (Glückseligkeit, Idee des Guten, Wille Gottes) das Freiheitsprinzip, so daß das Resultat Heteronomie wäre: Der Mensch bestimmt sich nicht selbst mittels der praktischen Vernunft in bezug auf das, was er gemäß seinem eigenen Gesetz wollen soll, sondern läßt sich (durch die Natur, ein metaphysisches Konstrukt, ein außermenschliches Wesen) bestimmen.

Wenn den Begriffen Gut und Böse normative Geltung zugeschrieben wird, muß die Ethik also auf ein Sollensprinzip als unhintergehbares Apriori Bezug nehmen, durch welches Gut und Böse ihre sittliche Qualifikation erhalten. Entsprechend rekonstruiert Kant die logische Genese der sittlichen Handlung in der Abfolge: Freiheit – Sittengesetz – Gut und Böse – Willensbildung – Handlung. „Hier ist nun der Ort, das Paradoxon der Methode in einer Kritik der praktischen Vernunft zu erklären: *daß nämlich der Begriff des Guten und Bösen nicht vor dem moralischen Gesetze ..., sondern nur ... nach demselben und durch dasselbe bestimmt werden müsse*" (62, 36 ff.). Der eigentliche Gegenstand der reinen praktischen Vernunft ist demnach der Wille als Adressat der Forderung des Sittengesetzes, nicht unreflektiert nach Glück zu streben, sondern seine Maximen unter der Perspektive des sittlich Guten und Bösen daraufhin zu überprüfen, ob sie dem Gesetz der Freiheit genügen oder nicht und damit normativ gerechtfertigt sind oder nicht.

7.2 Gut und Böse als Kategorien der Freiheit

Kant thematisiert die willensbildende Leistung der praktischen Vernunft in zweifacher Hinsicht: Zum einen verwendet er den Begriff der Kausalität, um die Beziehung zwischen Vernunft und Willen zu beschreiben: nicht als eine ontologische, sondern als eine normative Beziehung.[2] Zum anderen

---

2 „Die moralischen Gesetze haben an sich selbst keine vim obligatoriam, sondern enthalten nur die Norm." (Kant: Nachlaß, 7097; zitiert nach *Materialien*, 96).

stellt er auf den kategorialen Status des Begriffs der Kausalität ab und untersucht die Funktion einer Kausalität der reinen Vernunft in sittlich-praktischen Urteilen.

Wenn Kant im Zusammenhang mit der sittlichen Willensbestimmung von einer Kausalität aus Freiheit spricht, so weist der Zusatz „aus Freiheit" darauf hin, daß es sich nicht um eine Naturkausalität handelt, dergemäß eine Ursache mechanisch wirkt, also aufgrund eines von außen erfolgenden Anstoßes und gerade nicht aus Freiheit. Trotzdem hält Kant am Begriff der Kausalität fest, weil es ihm darauf ankommt zu zeigen, daß mit Freiheit nicht Beliebigkeit gemeint ist. Auch die praktische Vernunft generiert Gesetze, die allgemeine Gültigkeit haben und ein Objekt determinieren. Allerdings sind die Unterschiede zur Objektkonstitution der theoretischen Vernunft (des Verstandes) so gravierend, daß die beiden Kausalitätskonzepte sorgfältig auseinandergehalten werden müssen.³ Entscheidend ist bei der Kausalität aus Freiheit, daß die praktische Vernunft (als Ursache) den Willen (als Wirkung) nicht wie ein Naturgesetz determiniert – in dem Fall wäre die Freiheit aufgehoben –, sondern mittels eines normativen Zwangs.⁴ Dieser Zwang geht von dem Gesetz aus (Sittengesetz), das die praktische Vernunft als kategorischen Anspruch zum Ausdruck bringt: immer und überall Freiheit um der Freiheit willen willentlich zu bejahen. Dieses „Gesetz der Freiheit" (65, 14) ist das Resultat einer Vernunfthandlung. Die praktische Vernunft handelt nicht gesetzlos, sondern ihre „erste" Handlung, durch die sie sich selbst als praktische Vernunft allererst hervorbringt, besteht in der Produktion des Gesetzes der Freiheit. Wäre die praktische Vernunft eine außer- oder übermenschliche Instanz, bedürfte sie keines Gesetzes, denn sie wäre gleichursprünglich sittlicher Wille. Freiheit müßte also nicht geboten werden, weil der Wille *ab ovo* Freiheit bejahen würde. Beim Menschen hingegen klaffen Vernunft und Wille auseinander, da auch der Körper seine Ansprüche geltend macht und den

---

3 Vgl. Beck 1974: „Freiheit ist eine Art von Kausalität, bei der die Ursache der Handlung nicht eins der beiden phänomenalen Ereignisse ist. Diese Art von Kausalität können wir nicht begreifen; wir begreifen Ursache-Wirkung-Beziehungen nur, wenn beide Glieder der Verknüpfung Ereignisse in derselben Raum-Zeit-Reihe sind" (139). Man müßte noch hinzufügen, daß dieses Nichtbegreifen zweifach ist: *Theoretisch* läßt sich eine Wirkung nicht als Folge einer nichtphänomenalen Ursache begreifen, und *praktisch* bleibt es unbegreiflich, inwiefern eine nichtphänomenale Ursache eine phänomenale Wirkung haben kann.
4 „Man muß sich selbst zu klugen und sittlich guten Handlungen zwingen. Daher imperativi. Die Ursache ist, weil seine Willkür auch sinnlich ist, und die erste Bewegung ist von daher. Je mehr man sich selbst zwingen kann, selbst durch pragmatischen Zwang, desto freier ist man." (Kant: Nachlaß, 6998; zitiert nach *Materialien*, 107).

Willen empirisch – im Sinne der Naturkausalität – determiniert. Insofern sieht sich die praktische Vernunft genötigt, gegenüber dem Willen die Sprache des Körpers zu sprechen und ihm einen Zwang in Gestalt eines Sollens aufzuerlegen. Diesen normativen Zwang nimmt sie aber gleichzeitig wieder zurück, indem sie ihn als Ausdruck ursprünglicher Freiheit einsichtig macht. Der Wille soll, weil er sich durch das, was er soll, in Freiheit versetzt und damit als guter Wille erweist, der will, was er soll.

Betrachtet man die Urteilsstruktur sittlicher Urteile, so geschieht deren Synthesis durch Kategorien der Freiheit. Auch hier zieht Kant zum Vergleich wieder die in der *Kritik der reinen Vernunft* untersuchten, erkenntnisbegründenden Bedingungen heran, um die Leistungen von Verstand und praktischer Vernunft gegeneinander abzugrenzen. Wie im theoretischen Urteil das empirische Material (durch die Anschauung gegebene, sinnlich vermittelte Daten) durch die Verstandeskategorien geordnet und wahrheitsfähig gemacht wird, so wird im sittlichen Urteil das empirische Wollen (Neigungen, Interessen, Begehrungen, Triebe) mittels der Kategorien der Freiheit als gut oder böse qualifiziert und normativ aufgeladen. Kant betont jedoch, daß das sittliche Urteil trotz der formal übereinstimmenden Urteilsstruktur kein Erkenntnisurteil ist. Es geht ja nicht darum, etwas Seiendes (ein Naturobjekt) in bezug auf das, was es ist, zu bestimmen, sondern Willensmaximen hinsichtlich ihrer normativen Verbindlichkeit zu problematisieren. Dabei interessiert nicht die empirische Genese der Maximen – sie sind allesamt Privatregeln, die sich in individueller Verfolgung von Zielen herausgebildet haben, denen das naturwüchsige Streben nach Glück zugrunde liegt. Vielmehr geht es in bezug auf die Maximen um ihre Sittlichkeit, deren Genese allein Angelegenheit der praktischen Vernunft ist. Diese stellt sich „die *Form eines reinen Willens*" (66, 1 f.) vor, der das unbedingte Sollen des Freiheitspostulats repräsentiert und als Folie dient, auf welcher der empirische Wille einer sittlichen Beurteilung unterzogen wird.

Dieses Konstrukt eines reinen Willens, das in Analogie zum reinen Bewußtsein der theoretischen Vernunft qua transzendentale Apperzeption gebildet ist, beinhaltet das „ich will", das alle meine praktischen Überlegungen begleiten können muß und *a priori* auf das sittlich Gute ausrichtet.[5] Wie die wahrheitsbegründende Funktion des „ich denke" sich gemäß der Kantischen Urteilslogik in zwölffach modifizierter Form nieder-

---

5 „Die Apperzeption seiner selbst als eines intellektuellen Wesens, was tätig ist, ist Freiheit." (Kant: Nachlaß, 6860; zitiert nach *Materialien*, 40).

schlägt, so entfaltet auch das „ich will" der reinen praktischen Vernunft seine sittlichkeitsbegründende Kraft am Leitfaden zwölf praktischer Kategorien, von denen Kant behauptet, daß sie „in Beziehung auf das oberste Prinzip der Freiheit sogleich Erkenntnisse werden und nicht auf Anschauungen warten dürfen, um Bedeutung zu bekommen, und zwar aus diesem merkwürdigen Grunde, weil sie die Wirklichkeit dessen, worauf sie sich beziehen, (die Willensgesinnung) selbst hervorbringen, welches gar nicht die Sache theoretischer Begriffe ist" (66, 7 ff.). Das Auszeichnende der praktischen Kategorien besteht somit darin, daß sie keiner „Anwendung" auf die Empirie bedürfen, weil es für die Erkenntnis dessen, was sittlich gesollt ist, unerheblich ist, was faktisch gewollt wird. Zwar ist der empirische Wille der Adressat des Sittlichen, aber anders als die sinnliche Wahrnehmung, die garantiert, daß eine theoretische Erkenntnis nicht nur notwendig und allgemeingültig, sondern auch objektiv gehaltvoll ist, hat der empirische Wille keinen Anteil an der objektiven Verbindlichkeit sittlichpraktischer Urteile, da er unter Naturbedingungen steht und demzufolge weder für den Sollenscharakter solcher Urteile noch für die Qualität des Gesollten (Gut und Böse) eine Kompetenz besitzt. Daß etwas „wirklich" gesollt ist, wird allein durch die Kategorien der Freiheit bestimmt, die ihrerseits den empirischen Willen dazu nötigen, sich der Form des reinen Willens zu unterwerfen und dabei auf die faktischen Begehrungen keine Rücksicht zu nehmen. Nicht was ich wirklich will, sondern was ich wirklich wollen soll, ist maßgeblich für die Sittlichkeit des Urteils und der daraus resultierenden Handlung.

Die *„Tafel der Kategorien der Freiheit in Ansehung der Begriffe des Guten und Bösen"* (66) faßt die apriorischen Grund-Sätze zusammen, die die praktische Vernunft als an den empirischen Willen ergehende sittliche Forderungen generiert. Diese normativen Grundsätze sind keine synthetischen Urteile *a priori* wie die Grundsätze der reinen theoretischen Vernunft, die nur deshalb für Naturerkenntnisse konstitutiv sind, weil sie das Resultat einer apriorischen Anwendung der Verstandeskategorien auf die reine Anschauungsform der Zeit als Stellvertreter für sinnlich Erfaßbares schlechthin sind. Die Kategorien der praktischen Vernunft hingegen bedürfen einer solchen Anwendung nicht, so daß sie kraft der Autonomie der praktischen Vernunft direkt als Freiheitspostulate formuliert und unmittelbar als sittliche Grundsätze ausgedrückt werden können.[6]

---

6 Beck 1974 hält den Abschnitt über die Kategorien der Freiheit für das Schwierigste und Dunkelste der *KpV*, dessen „Unklarheit und Dürftigkeit der Konstruktion" (125) ihn in seinem Kommentar zu bloßen Vermutungen nötige. Es trifft in der Tat zu, daß Kants Ausführungen

Innerhalb der vier Kategoriengruppen spezifiziert Kant die Urteilstypen nach Maßgabe ihres sinnlich-naturalen Anteils, den der interessengeleitete empirische Wille beisteuert. Aber sowohl die „sinnlich-bedingten" als auch die „sinnlich-unbedingten" Grundsätze sind *a priori* – aus der Perspektive der Vernunftbegriffe Gut und Böse als den beiden Grundmodifikationen der Freiheit – formuliert. Was immer aus der Freiheit folgt, hat die formale Struktur des Sollens und die inhaltliche Fülle des Guten. Als praktische Kategorien der *Quantität* führt Kant Maximen, Vorschriften und Gesetze an, die sich als individuelle, kollektive und universale Grundsätze artikulieren lassen. Unter der Voraussetzung, daß der Mensch ein Vernunftwesen ist, dessen Willensbildungsprozesse unabhängig davon, ob sie allein oder in Gemeinschaft mit anderen erfolgen, zwar empirisch beginnen (mit bestimmten Neigungen und Interessen), aber aus der Perspektive von Gut und Böse jederzeit hinsichtlich ihrer Sittlichkeit beurteilbar sind, könnte man die quantitativen Kategorien der Freiheit folgendermaßen als normative Grundsätze lesen: 1. Lasse von deinen subjektiven Maximen nur diejenigen als für dich verbindliche Handlungsregeln gelten, die auf das Gute als Inbegriff der Freiheit zielen. 2. Lasse von den Normen und Werten, die in deiner Handlungsgemeinschaft als intersubjektiv verbindliche Prinzipien anerkannt sind, nur diejenigen als für dich verbindliche Handlungsregeln gelten, die auf das Gute als Inbegriff der Freiheit zielen. 3. Lasse dich jederzeit vom Sittengesetz als dem für alle Vernunftwesen verbindlichen Prinzip der Freiheit in bezug auf das, was du wollen sollst, bestimmen.

Als praktische Kategorien der *Qualität* nennt Kant Regeln des Begehens, des Unterlassens und der Ausnahme. Sie fordern kategorisch, 1. sich jederzeit an Prinzipien zu halten, die dem Sittengesetz konform sind, 2. jene Prinzipien zu verwerfen, die den Test des kategorischen Imperativs nicht bestehen, 3. Ausnahmen von Prinzipien, deren Sittlichkeit außer Frage steht, nur dann zuzulassen, wenn es dafür gute, d. h. ihrerseits sittlich zu rechtfertigende Gründe gibt.

Die Grundsätze, die Kant als praktische Kategorien der *Relation* aufzählt, beziehen sich auf die Person, deren Zustand sowie die Wechselwirkung zwischen Personen. Unter „Person" versteht Kant das natürliche,

---

außerordentlich kurz ausgefallen sind und sich keineswegs von selbst verstehen, wie er meinte. Dennoch habe ich den Eindruck, daß Beck bei seiner Interpretation (142–151), die von meiner vielfach abweicht, zu wenig berücksichtigt hat, daß die Kategorien der Freiheit „in Ansehung der Begriffe des Guten und Bösen" zu rekonstruieren sind, also aus der Perspektive des Sittlichen, und deshalb als moralische Postulate resp. Imperative zu lesen sind.

aber zur Freiheit aufgerufene menschliche Wesen, aus dessen Vernunft die Stimme der Sittlichkeit – in der ursprünglichen Bedeutung von „personare" – tönt. Insofern die Relationskategorien generell apriorische Beziehungen ausdrücken – Substanz-Akzidenz, Ursache-Wirkung, Wechselwirkung –, fordern die praktischen relationalen Grundsätze eine Persönlichkeitsbildung, die dem Sittlichen jederzeit den Vorrang vor dem Natürlichen einräumt: 1. Handle stets als ein freies Wesen, das nur zufällig auch körperliche Bedürfnisse hat. 2. Unterstelle deine Willensbildungen der im Sittengesetz sich manifestierenden Kausalität aus Freiheit. 3. Respektiere bei deinen Willensbildungen die Freiheit anderer Personen, die ihrerseits sittlich verpflichtet sind, deine Freiheit zu achten.

Die praktischen Kategorien der *Modalität* beziehen sich nach Kant auf das Erlaubte, die Pflicht und die vollkommene Pflicht bzw. deren jeweiliges Gegenteil. Es geht demnach um das sittlich Mögliche, Wirkliche und Notwendige, das seinen Niederschlag in folgenden normativen Grundsätzen findet: 1. Halte dich stets an das Sittengesetz, das bei praktischen Urteilen eine Grenzziehung zwischen sittlich zulässigen und unzulässigen Handlungen ermöglicht. 2. Gib den vom Sittengesetz vorgeschriebenen Pflichten den Vorrang vor der Bedürfnisbefriedigung und dem Streben nach Glück. 3. Handle stets aus Pflicht (moralisch) und nicht gemäß der Pflicht (legal).

Alle zwölf Kategorien der Freiheit sind keine Erkenntniskategorien, denn sie begründen kein theoretisches Wissen von empirischen Gegenständen. Die Kategorien der Freiheit sind vielmehr Handlungsanweisungen an den Willen, praktische Urteile unter Zugrundelegung der *a priori* rekonstruierbaren sittlichen Urteilsformen zu bilden und empirische Begehrungen nie ohne Bezug auf eine Freiheitskategorie für gerechtfertigt zu erklären. Die in den Freiheitskategorien impliziten normativen Grundsätze erweisen sich letztlich als Modifikationen des durch das Sittengesetz bestimmten Guten, das von Kant am Leitfaden der logischen Urteilstafel spezifiziert wird. In quantitativer Hinsicht stellt sich das Gute als sittlich legitimierter Bestimmungsgrund eines individuellen, eines kollektiven und eines Menschheitssubjektes dar. Aus qualitativer Perspektive wird die Verwirklichung des Guten als des schlechthin Gesollten mittels allgemein verbindlicher Handlungsregeln geboten. Wird das Gute relational aufgefaßt, so stellt es sich als das Beziehungsgefüge dar, in welchem sich das Subjekt als autonome Person im Verbund mit anderen autonomen Personen konstituiert. Modal betrachtet kommt das Gute schließlich als mögliche, wirkliche oder notwendige Ausführung einer Pflicht in den Blick. In allen Fällen einer vorgängigen sittlichen Selbstdetermination des Menschen durch praktische Vernunft fungiert das Gute als Platzhalter der Freiheit.

7.3 Die praktische Urteilskraft

Insofern die praktische Vernunft den Willen unmittelbar zu bestimmen vermag in bezug auf das, was er wollen soll, bedarf es eigentlich keiner praktischen Urteilskraft. Es gibt ja nichts anzuwenden, weil die Kategorien der Freiheit „rein", das heißt: unabhängig von empirischen Interessen normativ verbindlich sind. Praktische Urteilskraft ist nicht erforderlich, denn die praktische Vernunft braucht aus ihrem Konstrukt, dem Sittengesetz als dem Repräsentanten der Freiheit, nicht herauszugehen, um dessen „objektive" Gültigkeit zu erweisen. Indem sie zeigt, daß auch das Gute als (gesolltes) Objekt in seiner sittlichen Materialität durch die Vernunft generiert ist, wird die Urteilskraft als vermittelnde Instanz überflüssig, was bei den Erkenntnisurteilen gerade nicht der Fall ist: Die Verstandeskategorien können ihre objektive Gültigkeit nicht aus sich selbst heraus erzeugen, da sie zur Demonstration ihres Geltungsanspruchs auf materiale Gehalte angewiesen sind, die durch ein anderes Vermögen – die sinnliche Anschauung – beigebracht werden. Besondere Sinnesdaten und allgemeine Verstandesformen stehen sich unvermittelt gegenüber, und ohne Urteilskraft gäbe es keine objektive Erkenntnis: Die theoretische Urteilskraft muß durch schematisierendes Hin- und Hergehen zwischen Besonderem und Allgemeinem die für sich „blinden" Abschauungen sehend machen und die für sich „leeren" kategorialen Begriffe mit Inhalt füllen. Erst wenn ihr dies vermittels „Subsumtion" des Besonderen unter das Allgemeine oder vermittels „Anwendung" des Allgemeinen auf das Besondere gelungen ist, nachdem sie beides mit Hilfe bildgebender Verfahren der Einbildungskraft einander passend gemacht hat, kann von einer gehaltvollen (objektiven) und gültigen (kategorial begründeten), also wahren Erkenntnis die Rede sein.

Wenn Kant sich trotzdem genötigt sieht, ein dem Schematismus der theoretischen Urteilskraft analoges Verfahren der Typisierung zu entwickeln und damit doch eine praktische Urteilskraft zu installieren, obwohl es kein sittlich Besonderes gibt, das unter ein sittlich Allgemeines zu subsumieren ist, so deshalb, weil der menschliche Wille auch durch außervernünftige, empirische Faktoren bestimmt ist. Diese sind mit einem Seins- und nicht mit einem Sollenskoeffizienten verbunden, so daß sich das Problem der Sein-Sollens-Differenz stellt, für dessen Lösung weder der Verstand noch die praktische Vernunft zuständig ist. Praktische Urteilskraft tritt demnach dort auf den Plan, wo es darum geht, ein nicht schon sittlich qualifiziertes Besonderes (natürliche Willensäußerungen) auf ein sittlich Allgemeines (das Sittengesetz qua Repräsentant der zwölf Modifikationen der Freiheit) so zu beziehen, daß das Besondere versittlicht und damit subsumtionsfähig unter das Sittengesetz gemacht wird.

„Die Begriffe des Guten und Bösen bestimmen dem Willen zuerst ein Objekt. Sie stehen selbst aber unter einer praktischen Regel der Vernunft, welche, wenn sie reine Vernunft ist, den Willen a priori in Ansehung seines Gegenstandes bestimmt. Ob nun eine uns in der Sinnlichkeit mögliche Handlung der Fall sei, der unter der Regel stehe, oder nicht, dazu gehört praktische Urteilskraft, wodurch dasjenige, was in der Regel allgemein (in abstracto) gesagt wurde, auf eine Handlung in concreto angewandt wird." (67, 25 ff.)

Das Problem, durch welches die praktische Urteilskraft auf den Plan gerufen wurde,[7] besteht darin, daß zwei völlig unterschiedliche Regelsysteme einander gegenüberstehen und passend gemacht werden müssen. Doch wie kann eine unbedingte Sollensforderung (das Postulat der Freiheit) auf etwas angewendet werden, das zu den Begebenheiten in der Welt der Erscheinungen gehört, über die das Sittengesetz keine Macht hat, da sie der Notwendigkeit von Naturgesetzen unterstehen? Kausalität aus Freiheit und Naturkausalität regulieren Objektbereiche – das Gute auf der einen und die Natur auf der anderen Seite –, die sich nicht aufeinander zurückführen lassen. Aus dem Sollen kann kein Sein und aus dem Sein kann kein Sollen gefolgert werden. Wie vermag die praktische Urteilskraft dann durch eine vermittelnde Leistung das Besondere zu versittlichen und das Allgemeine zu empirisieren, ohne den „naturalistischen Fehlschluß" zu begehen?

Kant hat in der *Kritik der Urteilskraft* zwei Typen von Urteilskraft unterschieden: bestimmende und reflektierende Urteilskraft. Die theoretische

---

[7] Otfried Höffe sieht zwischen der Kantischen und der Aristotelischen Urteilslehre auf dem Gebiet der Ethik eine oft übersehene Nähe. Vor allem möchte er den Vorwurf entkräften, Kant habe die Individualität entwertet und die Erfahrung aus dem Bereich der Moral eliminiert. Zwar räumt Höffe ein, daß Kant die Erfahrung entmachtet habe, aber nur in bezug auf die moralische Selbstbestimmung, weil von Autonomie nur die Rede sein kann, wenn der Wille sich erfahrungsunabhängig (rein durch praktische Vernunft) in seinem Wollen zu bestimmen vermag. „Entmachtet wird die erfahrungsgeschärfte Urteilskraft zugunsten einer erfahrungsunabhängigen Form, der ‚Urteilskraft der reinen praktischen Vernunft', ... [w]eil über das genuin moralische Moment nur sie entscheidet" (Höffe 1990, 545). Die erfahrungsabhängige Urteilskraft hingegen (im Sinne der Aristotelischen *prohairesis*) bleibe für die richtige Einschätzung der Situation im Licht der praktischen Regel (also für die eigentliche konkrete Urteilsbildung) auch für Kant ein unverzichtbares Instrument der Handlungsbestimmung.

Urteilskraft fällt unter den bestimmenden Typus; sie subsumiert ein gegebenes Besonderes unter ein ebenfalls gegebenes Allgemeines, nachdem sie ein Schema entwickelt hat, das sowohl sinnlich-bildhaft als auch kognitiv ist und daher für das Anschauungsvermögen und den Verstand lesbar ist. Allen Erkenntnisurteilen liegen Schemata als synthesisstiftende Folien zugrunde. Sie ermöglichen eine kategoriale Zuordnung von Sinnesdaten und damit den Subsumtionsvorgang. Der Typus der reflektierenden Urteilskraft, den Kant im Zusammenhang mit ästhetischen und teleologischen Urteilen vorstellt, ist dadurch charakterisiert, daß nur das Besondere gegeben ist – nämlich als „schön" oder „erhaben" empfundene Gegenstände auf der einen Seite, als autopoietisch interpretierte organische Produkte auf der anderen Seite –, während das für eine Subsumtion erforderliche Allgemeine fehlt. Das Allgemeine des Verstandes versagt ebenso wie das Allgemeine der praktischen Vernunft, um Urteile über Kunstgegenstände und Organismen zu begründen, so daß die Urteilskraft sich gezwungen sieht, das Besondere anstatt durch Schematisieren durch Reflektieren urteilsfähig zu machen. Beim Reflektieren bedient sie sich eines eigenen Prinzips, das sie als Leitfaden für die Konstruktion eines ästhetisch oder teleologisch Allgemeinen benutzt: des Prinzips der Zweckmäßigkeit.

Zu welchem Typus von Urteilskraft gehört nun die praktische Urteilskraft? Es ist ersichtlich, daß sie weder dem einen noch dem anderen ohne weiteres zugeordnet werden kann. Um zu bestimmen, müßte sie das gegebene Besondere – die faktischen Willensbestimmungen – unter das ebenfalls gegebene Allgemeine – das Sittengesetz – subsumieren. Das ist aber gerade das Problem, weil das letztere kein der Seinsordnung angehörendes Allgemeines ist und daher auf Naturgegenstände nicht anwendbar ist. Um zu reflektieren, müßte die praktische Urteilskraft, gestützt auf das Prinzip der Zweckmäßigkeit, nach einem passenden Allgemeinen für das gegebene Besondere suchen. Aber auch das kann sie nicht, denn sie hat ja bereits ein Allgemeines, eben das Sittengesetz, nach dem sie nicht mehr suchen muß. Damit ist das Dilemma benannt, vor das die praktische Urteilskraft gestellt ist: Versucht sie zu schematisieren, gelingt dies nicht, weil das Besondere der Seinsordnung und das Allgemeine der Sollensordnung angehört, was bedingt, daß letzterem in der Natur nichts kongruiert und in Ermangelung der sinnlichen Komponente kein Schema entwickelt werden kann. Versucht sie zu reflektieren, gelingt ihr dies ebenfalls nicht, weil ihr bereits ein praktisch Allgemeines gegeben ist, das sich allerdings weder anwenden noch durch ein anderes, mittels des Prinzips der Zweckmäßigkeit zu eruierendes Allgemeines ersetzen läßt. Die ästhetische und teleologische Urteilskraft kann von ihrem Prinzip nur einen regulativen, aber keinen konstitutiven Gebrauch machen, was der praktischen Urteilskraft nicht genügt.

Kant schlägt zur Lösung des Problems ein eigenes Verfahren der praktischen Urteilskraft jenseits von Schematismus und Reflexion vor, das sich aber gleichwohl am bestimmenden und reflektierenden Prozedere der Urteilskraft orientiert: die Typisierung. Auch die Typisierung wird von Kant als eine Art Schematismus beschrieben, was insofern berechtigt ist, als methodisch ein Muster umrissen werden soll, das zwei heterogene Bestandteile in einen gemeinsamen Kontext bringt und sie so aufeinander beziehbar macht. Da jedoch das Sittengesetz und seine Modifikationen: die Kategorien der Freiheit, prinzipiell keine anschaulichen Objekte sind, hält Kant nach einem Schema Ausschau, das als Typus des Sittengesetzes fungieren kann, und der einzige Kandidat, der als ein solcher Typus in Frage kommt, ist das Kausalgesetz als Repräsentant für Naturgesetzlichkeit überhaupt. Die Naturkausalität ist aus dem Grund ein geeignetes Schema für die Kausalität aus Freiheit, weil sie eben jene zwei Bedingungen erfüllt, die für eine Anwendung des Sittengesetzes auf eine empirische Willensbestimmung erforderlich sind: 1. Als Prinzip jeglicher Naturerkenntnis stellt sie die Verbindung zur Empirie her. 2. Als Gesetz garantiert sie eine notwendige Beziehung zwischen Ursache und Wirkung:

„Die physische Kausalität, oder die Bedingung, unter der sie stattfindet, gehört unter die Naturbegriffe, deren Schema transzendentale Einbildungskraft entwirft. Hier aber ist es nicht um das Schema eines Falles nach Gesetzen, sondern um das Schema (wenn dieses Wort hier schicklich ist) eines Gesetzes selbst zu tun, ... dem Gesetze der Freiheit (als einer gar nicht sinnlich bedingten Kausalität) mithin auch dem Begriffe des unbedingt Guten kann keine Anschauung, mithin kein Schema zum Behuf seiner Anwendung in concreto untergelegt werden. Folglich hat das Sittengesetz kein anderes die Anwendung desselben auf Gegenstände der Natur vermittelndes Erkenntnisvermögen, als den Verstand (nicht die Einbildungskraft), welcher einer Idee der Vernunft nicht ein *Schema* der Sinnlichkeit, sondern ein Gesetz, aber doch ein solches, das an Gegenständen der Sinne in concreto dargestellt werden kann, mithin ein Naturgesetz, aber nur seiner Form nach, als Gesetz zum Behuf der Urteilskraft unterlegen kann, und dieses können wir daher den *Typus* des Sittengesetzes nennen." (68, 33 f.)

Diese Schlüsselstelle macht deutlich, wie sehr Kant sich darum bemüht, den Unterschied zwischen Sollen und Sein, deren Bereiche er zuvor strikt auseinandergehalten wissen wollte, um sittlichen Geltungsansprüchen ihre Unabhängigkeit von der Empirie zu sichern, nicht wieder zu verwischen. Wenn er jetzt das Kausalgesetz zum Typus des Sittengesetzes erhebt und dieses der sittlichen Beurteilung empirischer Willensbildungsprozesse als Schema zugrunde legt, so ist der entscheidende Gesichtspunkt der, daß Verstand und praktische Vernunft darin vergleichbar sind, daß sie beide als gesetzgebende Instanzen autorisiert sind. Wie der Verstand das Gesetz der Naturkausalität, so generiert die praktische Vernunft das Gesetz der Kausalität aus Freiheit, und genau diese Erzeugung von Gesetzlichkeit ist die Folie, auf welcher Sollen und Wollen, normative und faktische Geltung zur Übereinstimmung gebracht werden können, ohne daß der Unterschied zwischen Sittlichkeit und Natur zum Verschwinden gebracht würde. Kant betont die „*Form der Gesetzmäßigkeit* überhaupt" (70, 13) als das Gemeinsame beider Kausalitäten, ohne zu behaupten, daß die eine auf die andere zurückführbar sei, indem er zugleich die radikale Verschiedenheit der sittlichen und der empirischen Willensbestimmung festhält. Damit vermeidet er den naturalistischen Fehlschluß, der nur dann vorläge, wenn der Kausalität aus Freiheit ein ontologischer Status unterstellt und damit empirische Bedeutung verliehen würde.

Die Typisierung ist, wie Kant verschiedentlich hervorhebt, ein Schematisieren ohne Einbildungskraft. Die *theoretische* Urteilskraft ist auf das bildgebende Verfahren der Einbildungskraft angewiesen, weil dem Schema sonst die ästhetisch-sinnliche Komponente fehlen würde, so daß es nicht als Muster für eine Synthese von Anschauungsmaterial und Kategorie dienen kann. Die *praktische* Urteilskraft hingegen muß diese für die Objektkonstitution unerläßliche Funktion der Einbildungskraft ausschalten, um einer Ontologisierung ihrer normativen Urteilssynthesis vorzubeugen. Wenn sie statt dessen den Verstand als Schema für sittliche Ansprüche benutzt, so bleibt der Bezug auf die Sinnenwelt erhalten, da der Verstand als Erkenntnisvermögen grundsätzlich auf die Sinne bezogen ist, ohne deren „Materiallieferungen" die Begriffe abstrakt blieben. Zugleich wird jedoch der *theoretische* Bezug auf die Sinnenwelt ausgeblendet, wenn die praktische Urteilskraft im Zuge ihrer quasi-schematisierenden Vermittlung zwischen normativem Anspruch und empirischem Wollen das reine Verstandesgesetz als Typus des Sittengesetzes heranzieht. Denn ihr geht es nur um die Geltungskraft dieses Kausalgesetzes, die der Verstand als dessen Konstrukteur beansprucht, nicht aber um den Anwendungsbereich dieses Gesetzes, also die dadurch determinierte Natur. Genau die gleiche Geltungskraft beansprucht auch die praktische Vernunft für ihr Gesetz der Kausalität aus Freiheit, und zwar ebenfalls unter Einklammerung des Anwendungsbereichs des Sittengesetzes: des empirischen Wollens qua Streben nach Glückseligkeit. Auf diese Weise bleiben die konkreten Sachverhalte, die unter das jeweilige Gesetz fallen, außer Betracht: Der ontologische und der normative Bereich (Wille und Sittlichkeit) sind voneinander getrennt, aber doch über die sie regierenden Gesetze aufeinander beziehbar.

Durch die Art und Weise, wie die praktische Urteilskraft vom Kausalgesetz als Typus des Sittengesetzes Gebrauch macht und sich dabei vom Schematismus der theoretischen Urteilskraft zugleich distanziert, rückt sie in die Nähe der reflektierenden Urteilskraft, insbesondere der teleologischen Urteilskraft.[8] Was sie mit dieser verbindet, ist die regulative Funktion, die das Sittengesetz in Ansehung des Willens mit dem Prinzip der Zweckmäßigkeit in Ansehung der Natur teilt. Kant verwendet in der *Kritik der Urteilskraft* den kritischen Begriff „als ob", um anzuzeigen, daß das Urteil zwar keine konstitutive (objektbegründende) Bedeutung hat, aber hinsichtlich der selbstreferentiellen Urteile der reflektierenden Urteilskraft dennoch die gleiche Gültigkeit beanspruchen darf wie ein Erkenntnisurteil. Wir sind befugt, einzelne Naturphänomene als einen Zweckzusammenhang zu verstehen: als ob die Natur nach Absichten handelte.

---

8 Die praktische Urteilskraft qua reflektierende läßt sich durchaus auch als ästhetische Urteilskraft interpretieren, vor allem wenn man die Bedeutung des Gemeinsinns für die Urteilsbildung und die Rolle der Einbildungskraft im Zusammenhang mit der Versinnlichung von Idealvorstellungen bedenkt. So hat Urs Thurnherr „das Herzstück der Moralphilosophie Kants ... im Bereich seiner Ästhetik gesucht" (Thurnherr 2001, 82) und zwischen dem Entwurf einerseits und der Anerkennung von Maximen andererseits unterschieden. „Während die Bestimmung bzw. der Entwurf der Maximen die Aufgabe des gesunden Verstandes als einer praktisch-ästhetischen Urteilskraft darstellt, bildet die Annahme der Maximen im Sinne eines Akts der *Anerkennung* den Gegenstand des Willens als praktischer Vernunft" (ebd., 90; vgl. auch Thurnherr 1994).
Peter Müller hingegen interpretiert die praktische Urteilskraft teleologisch und spricht von einer „moralischen Teleologie". Die Vernunft in praktischer Funktion ist eine „Autotelie", so daß Müller im Anschluß an Nicolai Hartmann die Teleologie des Menschen als „die kategoriale Form seiner Freiheit" bezeichnet (Müller 1983, 434).
Mir scheint, daß man sowohl eine ästhetische als auch eine teleologische Variante der praktischen Urteilskraft qua reflektierende Urteilskraft annehmen kann, je nachdem welche ihrer Aufgaben analysiert wird. Im Zusammenhang mit der Naturgesetzformel des kategorischen Imperativs liegt es näher, auf das teleologische Verfahren zu rekurrieren, um die Vergleichbarkeit von Naturkausalität und Kausalität aus Freiheit hinsichtlich der Form der Gesetzmäßigkeit herauszustellen. Aber man könnte auch den Vergleichspunkt bei der „Erhabenheit" ansetzen („bestirnter Himmel" – „moralisches Gesetz") und die ästhetische Variante der reflektierenden praktischen Urteilskraft heranziehen, wenn man nicht das Zwingende beider Kausalitäten, sondern ihre Wirkung auf das Gemüt im Auge hat.

Obwohl eine solche Unterstellung nur subjektiv – in bezug auf das Urteilsvermögen – zulässig ist, nicht aber objektiv – in bezug auf die Natur –, hat sich diese Hypothese bei organischen Naturprozessen bewährt, die sich kausalmechanisch nicht erklären lassen. Wo also die Kategorie der Kausalität versagt, bedient sich die teleologische Urteilskraft des Prinzips der Zweckmäßigkeit und formuliert finale Ursache-Wirkungs-Zusammenhänge: Ameisen und Bienen bilden Staaten („als ob" sie Konzepte einer solidarischen Gemeinschaft entwickelt hätten, die die Ursache ihrer arbeitsteiligen Tätigkeiten sind). Der Fluß setzt Sand ab („als ob" er wollte, daß dort eine bestimmte Baumart heimisch wird). Die Biber bauen Häuser („als ob" sie Architekten wären).

Dieses kritische „als ob" liegt auch den Urteilen der praktischen Urteilskraft zugrunde, insofern sie bei der Anwendung des Sittengesetzes auf den empirischen Willen hypothetisch unterstellt, die praktische Vernunft könne den Willen so bestimmen, wie der Verstand die Natur durch die Kategorie der Kausalität bestimmt. Es handelt sich um ein Gedankenexperiment, das man durchführen soll, um die Sittlichkeit einer Maxime festzustellen: Stell dir vor, die von dir bevorzugte Handlungsregel hätte den Status eines Naturgesetzes, das den menschlichen Willen unausweichlich determiniert; würdest du unter dieser Voraussetzung noch das wollen, was du *de facto* willst? Kant ist der Meinung, daß eine solche „Regel der Urteilskraft unter Gesetzen der reinen praktischen Vernunft" (69, 20 f.) in unserem Alltagsverhalten eine große Rolle spielt. „Frage dich selbst, ob die Handlung, die du vorhast, wenn sie nach einem Gesetze der Natur, von der du selbst ein Teil wärest, geschehen sollte, sie du wohl als durch deinen Willen möglich ansehen könntest. Nach dieser Regel beurteilt in der Tat jedermann Handlungen, ob sie sittlich gut oder böse sind" (Z. 21 ff.). Man kann zwar immer so handeln wollen, daß einem daraus ein Vorteil erwächst, und in diesem Zusammenhang Lüge und Betrug als Vorteile bringende Strategien gutheißen, aber vernünftigerweise kann man dies nicht mehr, wenn man sich vorstellt, alle Menschen wären aufgrund ihrer Natur dazu gezwungen, gemäß dem eigenen Vorteil zu handeln. Kant hatte dies schon in der *Grundlegung* in jener Formel des kategorischen Imperativs zum Ausdruck gebracht, die die Sittlichkeit der Handlung daran bemißt, ob ihre Maxime auch dann noch gewollt werden kann, wenn sie den Status eines allgemeinen Naturgesetzes hätte (vgl. GMS IV 421 und 437).

Die praktische Urteilskraft beurteilt also handlungsbegründende Regeln des empirischen Willens bezüglich ihrer Sittlichkeit, indem sie Maximen so reflektiert, als ob sie den Willen wie ein Naturgesetz determinierten. Kant findet dieses Vorgehen völlig überzeugend, weil „selbst der gemeinste

Verstand" (70, 2) sich daran orientiert und es somit erfahrungsgestützt ist. Das Naturgesetz als Typus eines Gesetzes der Freiheit zu benutzen ist legitim, solange man den Typus nicht mit dem Gesetz verwechselt, was immer dann der Fall ist, wenn die Typisierung über die Gesetzesform hinaus auch auf den Anwendungsbereich ausgedehnt wird, das „als ob" sich also in ein „so ist es" verwandelt (und man damit den naturalistischen Fehlschluß begeht).[9] Als Typus wird Naturkausalität nicht als ein Gesetz gedacht, das die Erkenntnis von Objekten begründet; vielmehr dient er der praktischen Urteilskraft lediglich als Muster, anhand dessen sie eine normative Bestimmung des Willens (Kausalität aus Freiheit) nach Analogie mit der zwingenden Kraft eines Naturgesetzes vorstellt. Dieses Muster ermöglicht es, in jeder besonderen handlungsrelevanten Situation ein Gedankenexperiment durchzuführen, das die Gesolltheit einer (bereits vollzogenen oder beabsichtigten) Handlung weder von deren Folgen noch von Eigeninteressen abhängig macht, sondern ausschließlich von den Konsequenzen, die sich ergäben, wenn die Ausführung der Handlung unter Bedingungen erfolgte, die sie als Fall eines Naturgesetzes auswiesen. Eine sittliche Handlung verlöre ihren Status als Platzhalter der Freiheit auch dann nicht, wenn sie in einer Welt vorgestellt würde, in welcher alle nach der gleichen Maxime handeln. Eine nicht- oder widersittliche Handlung dagegen würde in einer solchen Welt gerade Unfreiheit festschreiben und damit ihren eigenen Anspruch auf Freiheit aufheben.

Das Kapitel über die Typik hat gezeigt, daß Kant die praktische Urteilskraft zwischen der bestimmenden und der reflektierenden Urteilskraft ansiedelt: Sie „schematisiert" ohne Einbildungskraft, und sie „reflektiert" ohne das Prinzip der Zweckmäßigkeit; beides im Zuge einer Typisierung, mittels welcher die praktische Urteilskraft die Natur des menschlichen Willens durch das Sittengesetz zu bestimmen versucht. Dabei stellt sie

---

9 Vgl. Cramer 1996: „Im Guten wird derjenige *Wert* gedacht, der allen materialen Werten die Norm setzt. ... Nicht für jedes Wesen, welches das Gute versteht, ist das Gute etwas *Gesolltes*. Nicht für einen heiligen Willen, der nach einem Worte Kants stets das Urbild sein muß, an dem wir unsere Willensbildung zu orientieren haben. Auch der heilige Wille muß ein Bewußtsein davon haben, daß das, was er mühelos tut, das Gute ist, das heißt genau das, was Anspruch auf unbedingte Hochschätzung erhebt. Er tut das Gute nicht bewußtlos, sondern er *tut* das Gute, *weil* es das Gute ist. *Wir* hingegen *sollen* das Gute tun, weil es das Gute ist. ... Wenn wir dies verstehen, verstehen wir jedoch ohne weiteres die präskriptive Kraft, mit der das Sittengesetz *uns* gegenüber auftritt. Weil dieses normative Moment in Kants Exposition des propositionalen Gehalts des Sittengesetzes als Deskriptor des Guten unmittelbar und von vornherein eingelagert ist, kann bei der Einführung des kategorischen Imperativs ein naturalistischer Fehlschluß gar nicht entstehen" (324 f.).

einerseits grundsätzlich fest, daß Naturkausalität und Kausalität aus Freiheit hinsichtlich ihrer Gesetzmäßigkeit die gleiche zwingende Kraft haben, auch wenn diese Kraft sich aufgrund verschiedener Anwendungsbereiche in unterschiedlichen Geltungsansprüchen artikuliert: in einem objektiven und in einem normativen Geltungsanspruch. Zum anderen zeigt die praktische Urteilskraft, daß das Sittengesetz auf die Willensbildung wirklich Einfluß zu nehmen vermag, und bestätigt damit die im Alltagsverständnis als praktische Orientierungshilfe je schon wirksame ‚Goldene Regel'. Wenn Naturgesetz und Sittengesetz im Charakter des Zwingenden übereinkommen, dann kann ersteres als Typus des letzteren herangezogen werden, um mittels des Konstrukts einer durch und durch unsittlichen Welt darzulegen, welche Kosten eine Welt ohne Sittengesetz für den Menschen als sich Freiheit zuschreibendes Vernunftwesen hat.

Kant beschließt das Typik-Kapitel mit einer Kritik des Empirismus und des Mystizismus der praktischen Vernunft (70 f.), die zwei Modelle von Ethik begründen, deren Defizit Kant darin sieht, daß sie einseitig entweder das Besondere oder das Allgemeine verabsolutieren. In beiden Fällen fehlt es an praktischer Urteilskraft, die durch ihr typisierendes Verfahren zwischen Wollen und Sollen vermittelnd hin- und hergeht. Dabei vermeidet sie einerseits den Fehler, das normativ Verbindliche aus den faktischen Begehrungen (dem Streben nach Glückseligkeit) heraus zu destillieren, und andererseits den umgekehrten Fehler, dem Sittengesetz faktisch die Gültigkeit eines Naturgesetzes zuzuschreiben. Während der Empirist das Glück mit dem Guten identifiziert und dabei den Unterschied zwischen Empirie und Norm einzieht, erhebt der Mystiker den Typus des Sittengesetzes zum Schema, das er dazu benutzt, um mit übersinnlichen Anschauungen unterlegte Konstrukte eines unsichtbaren Reichs Gottes oder einer Gemeinschaft reiner Vernunftwesen als wirklich auszugeben. Empirist und Mystiker ontologisieren in unzulässiger Weise die Dimension des Normativen, der eine durch Dogmatisierung der Sinnenwelt, der andere durch Hypostasierung einer intelligiblen Welt. Kant hält den „*Empirism* der praktischen Vernunft" (71, 9 f.) für gefährlicher, weil er „die Sittlichkeit in Gesinnungen ... mit der Wurzel ausrottet" (Z. 15 ff.) und mit der Aufwertung empirischer Interessen „zur Würde eines obersten praktischen Prinzips" dazu beiträgt, „die Menschheit [zu] degradieren". (Z. 21 f.) Damit verglichen ist die „Schwärmerei" des „*Mystizism* der praktischen Vernunft" (70, 36 f.) sehr viel harmloser, da sie immerhin im überschwenglichen Hinausschweifen die „Reinigkeit und Erhabenheit des moralischen Gesetzes" (71, 11) nicht in Frage stellt, sondern im Gegenteil zu bewahren sucht.

Literatur

Beck, L.W. 1974: Kants „Kritik der praktischen Vernunft", München.
Cramer, K. 1996: Metaphysik und Erfahrung in Kants Grundlegung der Ethik, in: Kant in der Diskussion der Moderne, hrsg. v. G. Schönrich und Y. Kato, Frankfurt am Main, 280–325.
Höffe, O. 1990: Universalistische Ethik und Urteilskraft: ein aristotelischer Blick auf Kant, in: Zeitschrift für philosophische Forschung 44, 537–563.
Materialien zu Kants „Kritik der praktischen Vernunft", hrsg. v. R. Bittner und K. Cramer, Frankfurt am Main 1975.
Müller, P. 1983: Transzendentale Kritik und moralische Teleologie. Eine Auseinandersetzung mit den zeitgenössischen Transformationen der Transzendentalphilosophie im Hinblick auf Kant, Würzburg.
Thurnherr, U. 1994: Die Ästhetik der Existenz. Über den Begriff der Maxime und die Bildung von Maximen bei Kant, Tübingen/Basel.
Thurnherr, U. 2001: Urteilskraft und Anerkennung in der Ethik Immanuel Kants, in: Anerkennung. Eine philosophische Propädeutik, hrsg. v. M. Hofmann-Riedinger/U. Thurnherr, Freiburg/München, 76–92.

8

Nico Scarano

Moralisches Handeln

Zum dritten Hauptstück von Kants *Kritik der praktischen Vernunft* (71–89)

8.1 Die Funktion des Textstücks

Es ist nicht offensichtlich, welche Funktion das dritte Hauptstück von Kants *Kritik der praktischen Vernunft* innerhalb der Theorie zu erfüllen hat.[1] Dort, wo er auf die Parallelen zur Vorgehensweise in der *Kritik der reinen Vernunft* zu sprechen kommt, in der „Einleitung" und der „Kritischen Beleuchtung der Analytik", gibt Kant zwar einige Hinweise (vgl. 16 und 89 f.). Für das Verhältnis von spekulativer und praktischer Vernunft mögen diese auch ganz aufschlußreich sein. Wenn es jedoch darum geht, die systematische Funktion des dritten Hauptstücks zu bestimmen, sind sie nicht allzu hilfreich. Ein wesentlicher Unterschied liegt nach Kant darin, daß in der zweiten Kritik die in einer „Analytik" zu behandelnden Themen „Sinnlichkeit", „Begriffe" und „Grundsätze" in einer gegenüber der ersten Kritik veränderten Reihenfolge abgehandelt werden. Während die *Kritik der reinen Vernunft* mit der „transzendentalen Ästhetik", also der Sinnlichkeit, beginnt, um dann über die reinen Verstandesbegriffe zu den Grundsätzen zu gelangen, nimmt die *Kritik der praktischen Vernunft* im ersten Hauptstück ihren Ausgang bei den praktischen Grundsätzen, geht dann im zweiten Hauptstück weiter zu den Begriffen, insbesondere zu denen des „Guten" und „Bösen", und kommt schließlich im dritten Hauptstück zur Sinnlichkeit.

---

1 Für kritische Kommentare danke ich Philipp Brüllmann, Eckart Förster und Allen Wood.

Nun ist die Sinnlichkeit sicher das bestimmende Thema dieses Abschnitts. Insofern sind Kants Hinweise gewiß nicht unrichtig. Jedoch wurde dieses Thema von ihm schon in den beiden vorhergehenden Hauptstücken behandelt, und dies nicht nur nebenbei. Zu Beginn des ersten Hauptstücks hatte Kant gezeigt, daß ein Handeln aus Bestimmungsgründen der Sinnlichkeit zu Heteronomie führt, daß autonomes, das heißt moralisches Handeln unabhängig von den Sinnen bestimmbar sein muß. Daraufhin hatte er zu erläutern versucht, wie dieser Gedanke allein unter Bezugnahme auf die Form unserer Maximen verständlich zu machen ist. Schließlich hatte er mit Hilfe des „Faktums der Vernunft" dafür argumentiert, daß reine Vernunft für sich praktisch sein kann, ein von der Sinnlichkeit unabhängiges Handeln für uns also tatsächlich möglich ist. Wenn aber schon gegen Ende des ersten Hauptstücks feststeht, daß die Möglichkeit des moralischen Handelns besteht, wieso muß Kant dann überhaupt nochmals auf die Sinnlichkeit zu sprechen kommen? Die Frage, welche systematische Funktion der Schlußabschnitt der Analytik zu erfüllen hat, bleibt also weiterhin offen.

Ich denke, die eigentümliche Funktion dieser Passage wird erst sichtbar, wenn sie ganz gezielt unter handlungstheoretischen Gesichtspunkten gelesen wird. Die Aufgabe des Textstücks besteht im wesentlichen darin, zu zeigen, wie sich das schon im ersten Hauptstück bestimmte moralische Handeln in die von Kant vorausgesetzte Handlungstheorie einfügt. Es scheint ihm in erster Linie um die Kohärenz seiner zuvor entwickelten Theorie zu gehen. Um diese sicherzustellen, ist er gezwungen, ein neues Theoriestück einzuführen, das zugleich zwei unterschiedliche Anforderungen zu erfüllen hat. *Erstens* muß es zeigen, wie sich das moralische Handeln in den durchgängigen Kausalnexus der Natur einfügt. Und *zweitens* muß es sicherstellen, daß dadurch das Spezifikum einer moralischen Handlung, nämlich allein um des Gesetzes willen ausgeführt zu werden, nicht verlorengeht.

Die beiden Anforderungen lassen sich den im dritten Hauptstück behandelten Themenkomplexen zuordnen. Dies sind auf der einen Seite die mit den Ausdrücken „Triebfeder", „subjektive Bestimmungsgründe", „Gefühl" und „Achtung" angedeuteten Fragen der Handlungsmotivation. Hier geht es um spezifische Themen der Handlungstheorie, insbesondere darum, welche Motive beim moralischen Handeln wirksam sind. Auf der anderen Seite spielt aber auch die Unterscheidung von „Moralität" und „Legalität" eine wichtige Rolle. Das dritte Hauptstück leistet damit auch einen Beitrag zur Bestimmung dessen, was eine moralische Handlung als solche auszeichnet. Der Text beginnt damit, daß Kant die Bedingung für die Moralität einer Handlung benennt: „Das Wesentliche alles sittlichen Werts der Handlungen kommt darauf an, *daß das moralische Gesetz unmittelbar den Willen bestimme*" (71, 28–30). Wenn demgegenüber der gleiche Typ von Handlung nicht „*um des Gesetzes willen*", sondern aus anderen Gründen ausgeführt wird, „so wird die Handlung zwar *Legalität*, aber nicht *Moralität* enthalten" (Z. 33 f.). Nur eine Handlung, die um des Gesetzes willen ausgeführt wird, kann nach Kant als eine im eigentlichen Sinn moralische Handlung gelten. An sich ist dies kein ganz neuer Gedanke. Schon in den beiden vorhergehenden Hauptstücken wurde er von Kant entwickelt, dort allerdings noch nicht unter dem Begriffspaar „Moralität" und „Legalität", das erstmals im dritten Hauptstück eingeführt wird. Warum erst an dieser Stelle? Meine Vermutung ist, daß erst die handlungstheoretischen Überlegungen des dritten Hauptstücks es Kant erlauben, die begriffliche Unterscheidung zwischen Moralität und Legalität widerspruchsfrei denken zu können.

Im folgenden möchte ich auf diese beiden Themenkomplexe in der angedeuteten Reihenfolge eingehen. Dafür ist es angebracht, zunächst kurz die Grundzüge der von Kant vorausgesetzten, aber in keinem der Abschnitte zusammenhängend thematisierten Handlungstheorie in Erinnerung zu bringen (8.2). Im Anschluß daran läßt sich genauer nachvollziehen, welche besondere Art von Motivation nach Kant beim moralischen Handeln wirksam ist. Insbesondere lassen sich der etwas undeutliche Status des Gefühls der Achtung sowie dessen Entstehungsbedingungen genauer herausarbeiten (8.3). Die sich dabei herauskristallisierenden Einsichten zur moralischen Motivation lassen auch Rückschlüsse darauf zu, wie sich moralische von bloß legalen Handlungen unter handlungstheoretischen Gesichtspunkten unterscheiden lassen. Dafür ist es von Nutzen zu erkennen, wo Kants Theorie innerhalb der heute geführten Debatte um sogenannte „internalistische" oder „externalistische" Moraltheorien zu verorten ist (8.4).

8.2 Grundzüge der Kantischen Handlungstheorie

Die Handlungstheorie spielt für den Argumentationsgang der gesamten *Kritik der praktischen Vernunft* eine wichtige Rolle. Es ist wohl nicht unangemessen zu sagen, daß Kant mit dieser Schrift den Versuch einer Begründung der Moral aus der Handlungstheorie unternimmt. Immerhin ist der Ausgangspunkt seiner Überlegungen, der „Wille", ein handlungstheoretischer Grundbegriff. Dennoch gibt er selbst keine durchgängige Darstellung seiner handlungstheoretischen Prämissen. Vielmehr werden diese im Laufe der Argumentation sukzessive eingeführt, manchmal auch nur unter der Hand, ohne daß dabei ganz klar wird, wie sie miteinander zusammenhängen. Um zu erkennen, welche systematische Funktion das dritte Hauptstück innerhalb der Theorie zu erfüllen hat, ist es ratsam, sich einige Grundzüge der von ihm vor allem im ersten Hauptstück entfalteten Handlungstheorie in Erinnerung zu rufen. (Vgl. für eine Interpretation der Kantischen Handlungstheorie Willaschek 1992, Kap. II.)

Insbesondere ist es wichtig zu wissen, was sich Kant überhaupt unter Handlungsmotiven vorstellt. Erst dann läßt sich nach den spezifischen Motiven für moralisches Handeln fragen. Insgesamt muß sich natürlich ein einheitliches Bild ergeben. Das moralische Handeln darf nicht einfach aus der Theorie herausfallen. Es muß innerhalb der allgemeinen Handlungstheorie beschrieben werden können. Darin besteht die Hauptaufgabe der Textpassage. Innerhalb seines Textes verwendet Kant nicht die Ausdrücke „Motiv" oder „Motivation"; vielmehr spricht er im dritten Hauptstück von den „Triebfedern" einer Handlung. Wobei unter einer solchen Triebfeder „der subjektive Bestimmungsgrund des Willens eines Wesens verstanden wird, dessen Vernunft nicht schon vermöge seiner Natur dem objektiven Gesetze notwendig gemäß ist" (72, 1–3). Triebfedern kommen also erst dort ins Spiel, wo „subjektiver" und „objektiver" Bestimmungsgrund auseinanderfallen können, also beim Handeln endlicher Vernunftwesen. Das Problem der moralischen Motivation ergibt sich nur bei diesen. (In seinen Vorlesungen spricht Kant übrigens von „motiva" in einem etwas anderen Sinn. Er grenzt sie dort explizit von den „elateres animi", den Triebfedern, ab. Vgl. dazu Menzer 1924, 55. Ich werde jedoch den Ausdruck „Motiv" zum Zweck der Interpretation in dem heute gebräuchlichen Sinn verwenden, der in etwa dem entspricht, was Kant unter einem subjektiven Bestimmungsgrund, also einer Triebfeder, versteht.)

Der Handlungsbegriff, wie Kant ihn verwendet, ist relativ weit gefaßt. Von einem Handeln im engeren Sinn kann man mit Kant dann sprechen, wenn es dem „Begehrungsvermögen" eines Lebewesens entspringt. Wobei das Begehrungsvermögen als das Vermögen eines Wesens definiert wird, *„durch seine Vorstellungen Ursache von der Wirklichkeit der Gegenstände dieser Vorstellungen zu sein"* (9, 21 f.). Hier lassen sich drei Grundformen unterscheiden. Ein Begehrungsvermögen besitzen nämlich nicht nur endliche Vernunftwesen. Auch Lebewesen, die keine Vernunft haben, kommt ein solches Vermögen zu, auch sie handeln nach Vorstellungen von Gegenständen. Allerdings können sie nicht nach Vorstellungen von Gesetzen handeln. Dazu sind nur Vernunftwesen in der Lage. Diese besitzen nämlich einen Willen, das heißt das Vermögen, „ihre Kausalität durch die

Vorstellung von Regeln zu bestimmen" (32, 11 f.). Neben dem Handeln endlicher Vernunftwesen und dem vernunftloser Lebewesen ist noch eine dritte Form denkbar, das Handeln Gottes. Es zeichnet sich dadurch aus, daß es immer nach objektiven Gesetzen erfolgt.

Kant vertritt also eine kausale, keine rein intentionale Handlungstheorie. Vorstellungen von Gegenständen können kausal zu der Existenz dieser Gegenstände führen. Wenn die Handlung erfolgreich ist, dann wird der Gegenstand, das heißt der vorgestellte Sachverhalt, durch die Handlung zur Existenz gebracht. Hier stellt sich die Frage, was ein endliches Vernunftwesen in einem konkreten Fall dazu bringt zu handeln. Im Normalfall, das heißt, wenn es nicht um den besonderen Fall des moralischen Handelns geht, übernimmt nach Kant die Sinnlichkeit diese Aufgabe. Jedes Wollen hat einen Gegenstand, auf den es abzielt. Dies ist nach Kant „unleugbar" (34, 11). Den Gegenstand, „dessen Wirklichkeit begehrt wird" (21, 18), nennt er auch die „Materie des Begehrungsvermögens" (Z. 17). Die Vorstellung der Existenz des begehrten Gegenstands ist mit einem spezifischen Gefühl verbunden. Dieses ist die „Lust" bzw. genauer die „Lust aus der Vorstellung der Existenz einer Sache" (22, 9). Gefühle der Lust oder Unlust beschreibt Kant als „eine dem inneren Sinne angehörige Rezeptivität" (58, 19 f.). Sie unterliegen also den Kausalgesetzen der Sinnenwelt.

Eine der Möglichkeiten, damit ein Wesen überhaupt handelt, liegt in dem aktualen Vorliegen dieser Gefühle. In einem solchen Fall bestimmt die Empfindung das Begehrungsvermögen. Die Lust, die man bei der Vorstellung der Existenz einer Sache empfindet, ist dann der „Bestimmungsgrund des Begehrens dieser Sache" (22, 10). In ihr liegt in diesem Fall auch die Triebfeder, also das kausal wirksame Motiv für die Handlung. Kant ist jedoch in bezug auf das, was er „Lust" nennt, nicht ganz eindeutig. Er spricht im gleichen Zusammenhang auch von der „Empfindung der Annehmlichkeit, die das Subjekt von der Wirklichkeit des Gegenstands erwartet" (Z. 15 f.). Das heißt, daß sich das betreffende Lustgefühl erst dann einstellt, wenn die Handlung erfolgreich war. Wenn das so ist, kann die Annehmlichkeit aber nicht für die Handlung kausal verantwortlich sein. Im folgenden gehe ich deshalb davon aus, daß schon bei der Vorstellung des begehrten Gegentands, nicht erst bei der tatsächlich eintretenden Existenz ein Gefühl der Lust in dem von der Theorie geforderten Sinn vorhanden ist. Letztlich scheint dies vor allem ein terminologisches Problem zu sein, da innerhalb Kants Theorie beide Phänomene eine Rolle spielen. (Vgl. für unterschiedliche Deutungen zu dieser Frage Rainer 1974, 311–328 und Lee 1987, 202–208.)

Ein weiteres Interpretationsproblem zeigt sich in der Frage, warum Kant in bezug auf Lust und Unlust überhaupt von „Sinnlichkeit" spricht. Immerhin verweist dieser Ausdruck eher auf die Grundlagen unseres Erkennens als auf die des Handelns. Vermutlich gibt es hierfür zwei Gründe. Erstens handelt es sich bei Lust- und Unlustgefühlen ebenso um Empfindungsqualitäten wie bei den mit unseren Sinnen in Verbindung stehenden Empfindungen, beispielsweise den Farb- oder Geräuschwahrnehmungen. Sowohl die Lust-Unlust-Empfindungen als auch die Sinnesempfindungen zeichnen sich durch ihren spezifisch phänomenalen Charakter aus. Und zweitens spricht Kant bei beiden Empfindungsarten davon, daß sie sich einer „Affizierung" des Subjekts verdanken. Darin zeigt sich die Kontingenz des Vorliegens solcher Empfindungen. Auch hier sieht Kant eine wichtige Parallele der Lust- und Unlustgefühle zu unseren Sinnesempfindungen. Dieser zweite Punkt ist für Kant wohl der ausschlaggebende. (Bezeichnenderweise hatte Kant in der Frühphase der Entwicklung seiner Ethik, als er dem moralischen Gefühl nicht nur eine Motivations-, sondern auch eine Begründungsfunktion zugestand, die pauschale Identifikation von „Gefühl" und „Sinn" noch nicht vorgenommen. Der Umbruch erfolgte wohl erst in den Jahren 1769/70. Vgl. dazu die Reflexion R 651, XV 288. Zu den Wandlungen in Kants Konzeption des moralischen Gefühls s. Lee 1987.)

Im Normalfall bilden also Lustgefühle die Grundlage unseres Handelns. Natürlich führt nicht jedes vorliegende Lustgefühl automatisch zu einer Handlung. Gefühle sind bei Vernunftwesen nicht unmittelbar handlungswirksam. Vielmehr sind die Neigungen, die mit diesen Gefühlen in Verbindung stehen, über Interessen und Maximen mit dem Handeln vermittelt. Vernunftwesen handeln ja nicht nach der bloßen Vorstellung eines Gegenstands, vielmehr handeln sie nach vorgestellten Gesetzen. Wie die Zusammenhänge zwischen Gefühlen, Neigungen, Interessen und Maximen genau zu analysieren sind, ist nicht ganz einfach. Im dritten Hauptstück gibt Kant dazu nur wenige Hinweise. Ein Interesse wäre demgemäß eine „*Triebfeder* des Willens", „sofern sie durch *Vernunft vorgestellt* wird" (79, 21 f.). Auf solchen Interessen beruhen auch die Maximen einer Handlung (vgl. Z. 24 f.). Unabhängig davon, wie die Zusammenhänge im einzelnen aussehen, steht zumindest soviel fest, daß nach Kant beim Handeln aus Neigungen dem inneren Sinn zugehörige Empfindungen vorauszusetzen sind. Die Motivation bzw. die „Triebfeder" für ein solches von der Sinnlichkeit bestimmtes Handeln geht immer auf ein Gefühl der Lust zurück. Dieses muß als eine der Ursachen für das Stattfinden der Handlung angesehen werden.

Nun hat Kant aber schon im ersten Hauptstück gezeigt, daß beim moralischen Handeln der Wille nicht von der Sinnlichkeit bestimmt sein darf. Da ein Handeln aus Bestimmungsgründen der Sinnlichkeit unweigerlich zu Heteronomie führt, muß beim moralischen Handeln das moralische Gesetz selbst der Bestimmungsgrund sein. Dies ist möglich, weil Maximen nicht nur eine Materie besitzen, sondern auch eine allgemeine, gesetzgebende Form. Beim moralischen Handeln liegt in ihr der Bestimmungsgrund des Willens. Wenn aber für den Bestimmungsgrund moralischer Handlungen Gefühle nicht konstitutiv sind, worin liegt dann der subjektive Bestimmungsgrund, die Triebfeder? Was ist eine mögliche Motivation für moralisches Handeln?

Diese Frage kann noch etwas genauer formuliert werden. Die Triebfeder für moralisches Handeln muß das moralische Gesetz selbst sein. Soviel steht aus der Perspektive des ersten Hauptstücks fest und braucht zu Beginn des dritten Hauptstücks nur wiederholt zu werden. Kant sagt dann auch an dieser Stelle, daß „die Triebfeder des menschlichen Willens ... niemals etwas anderes als das moralische Gesetz sein könne" (72, 5–7), wobei das „Können" hier als ein normativer Modalausdruck zu verstehen ist. Diese Antwort ist jedoch noch nicht vollständig. Zwar ergibt sie sich aus den Argumentationen des ersten Hauptstücks. Aber es entsteht dadurch ein innerhalb der Kantischen Theorie noch nicht gelöstes Problem. Denn das Handeln endlicher Vernunftwesen findet immer auch in der Sinnenwelt statt. Und es gehört zu den Grundannahmen der Kantischen Philosophie, daß die Sinnenwelt als eine Welt von Erscheinungen in sich kausal geschlossen ist. Jedes Ereignis muß kausal erklärbar sein, also auch die menschlichen Handlungen als Erscheinungen in der Sinnenwelt. Wenn unsere Vorstellungen als Ursachen für das Stattfinden von Handlungen anzusehen sind, muß es auch für deren Vorliegen eine Kausalerklärung geben usw. Beim von der Sinnlichkeit bestimmten Handeln ergibt sich hier kein besonderes Problem. Gefühle der Lust und der Unlust gehören dem inneren Sinn an, fügen sich also in den Kausalnexus der Natur. Vom moralischen Gesetz kann dies jedoch nicht so ohne weiteres gesagt werden. Dennoch müssen auch moralische Handlungen kausal erklärbar sein, denn sie gehören „als Begebenheiten in der Sinnenwelt" auch „zu den Erscheinungen" (65, 18 f.). Welches sind also die kausal wirksamen Motive moralischer Handlungen innerhalb der Sinnenwelt?

Daß das moralische Gesetz Triebfeder der moralischen Handlung ist, reicht also als Erklärung noch nicht aus. Die Theorie muß plausibel machen können, daß auch beim moralischen Handeln ein in der Sinnenwelt kausal wirksames Motiv vorliegen kann. Kant fordert sogar noch mehr.

Welche Kausalursachen in der Sinnenwelt für moralisches Handeln wirksam sind, muß nach ihm *a priori* erkennbar sein: „Die Kausalität in Ansehung der Handlungen des Willens in der Sinnenwelt muß sie [die reine Vernunft] allerdings auf bestimmte Weise erkennen, denn sonst könnte praktische Vernunft wirklich keine Tat hervorbringen" (49, 34–37). Das dritte Hauptstück soll also nicht nur zeigen, daß in der Sinnenwelt Triebfedern für moralisches Handeln vorliegen können. Kant möchte auch zeigen, daß wir davon eine Apriori-Erkenntnis haben.

Bei der Erfüllung dieser Aufgabe macht Kant es sich nicht einfach. Die vielen Wiederholungen und teilweise auch Unklarheiten der Argumentation des dritten Hauptstücks zeugen davon. Erstaunlicherweise diskutiert er eine naheliegende Lösungsmöglichkeit überhaupt nicht. Wenn das moralische Gesetz nicht zu den Erscheinungen zu zählen ist, also auch nicht die Funktion eines Handlungsmotivs übernehmen kann, warum dann nicht einfach unsere begriffliche Vorstellung dieses Gesetzes? Innerhalb der heute vertretenen kausalen Handlungstheorien ließe sich einen solcher Weg ohne weiteres einschlagen. Warum sollte nicht die bloße Vorstellung eines moralischen Gesetzes, die selbst ein mentaler Zustand mit einem spezifischen propositionalen Gehalt ist, kausal wirksam sein und als zureichendes Motiv für moralisches Handeln dienen? (Vgl. für einen solchen Versuch Scarano 2001, Kap. 4.)

Kant scheint einen solchen Ausweg von vornherein abzulehnen. Als Indiz dafür mag eine Textpassage aus § 5 dienen. Dort schreibt er, daß „die bloße Form des Gesetzes lediglich von der Vernunft vorgestellt werden kann und mithin kein Gegenstand der Sinne ist, folglich auch nicht unter die Erscheinungen gehört" (28, 34–36). Nun betrifft diese Aussage zunächst nur das Gesetz selbst, noch nicht unsere Vorstellung davon. Aber auch diesen Schritt macht Kant an der angegebenen Stelle. Die „Vorstellung" der Form des Gesetzes sei „als Bestimmungsgrund des Willens von allen Bestimmungsgründen der Begebenheiten in der Natur nach dem Gesetze der Kausalität unterschieden, weil bei diesen die bestimmenden Gründe selbst Erscheinungen sein müssen" (Z. 36 ff.). Wenn die Vorstellung der Gesetzesartigkeit bzw. die Vorstellung des Gesetzes nicht zur Erscheinungswelt gehört, kann sie innerhalb dieser natürlich nicht kausal wirksam sein. Kant glaubt also, diesen naheliegenden Weg nicht einschlagen zu können. Er muß eine andere Lösung anbieten.

8.3 Wie ist moralisches Handeln möglich?

Die Annahme, die bloße Vorstellung des Gesetzes könne selbst die Rolle eines Motivs für moralisches Handeln übernehmen, wird also von Kant abgelehnt. Statt dessen will er im dritten Hauptstück die Wirkung des moralischen Gesetzes auf unser „Gemüt" untersuchen. Damit scheint die Sinnlichkeit auf eine ganz bestimmte Weise wieder ins Spiel gebracht zu werden. Wie dies geschieht, ist nicht ganz einfach zu durchschauen. Eine der interpretatorischen Schwierigkeiten ergibt sich gleich zu Beginn. Die eigentliche Triebfeder für moralisches Handeln kann nach Kant nur *das moralische Gesetz selbst* sein. Dies betont er im ersten Absatz (vgl. 72, 5–7) und wiederholt es im Verlauf der Argumentation mehrmals (z. B. 86, 2 f.; 88, 21 f.). Jedoch findet sich auch des öfteren die Formulierung, daß *das Gefühl der Achtung* die Triebfeder sei: „Achtung fürs moralische Gesetz ist also die einzige und zugleich unbezweifelte moralische Triebfeder ..." (78, 20 f.; vgl. auch 76, 4–6; 79, 13–19; 82, 11–13; 86, 4). Was ist nun die Triebfeder für moralisches Handeln, die Achtung oder das Gesetz? Lewis White Beck macht dazu in seinem Kommentar den folgenden Vorschlag: „Das Gesetz selbst ist, Kants Formulierungen zum Trotz, nicht die Triebfeder. Ein Gesetz gehört nicht in die Klasse der Gegenstände, die als Triebfeder in Betracht kommen. Das Bewußtsein eines Gesetzes kann höchstens Triebfeder sein" (Beck 1974, 208). Anderslautende Formulierungen von Kant müßten also uminterpretiert werden.

Dies ist sicher ein Weg in die richtige Richtung. Gelöst wird das Interpretationsproblem dadurch jedoch noch nicht. Auch „das Bewußtsein des moralischen Gesetzes" kann nach Kant innerhalb der Sinnenwelt nicht kausal wirksam werden. Denn die bloße Vorstellung der Form des Gesetzes gehört, wie das obige Zitat deutlich macht, nicht dem inneren Sinn an. Zu der begrifflichen Vorstellung des Gesetzes muß die Achtung als ein spezifisches, vom Bewußtsein des Gesetzes unterschiedenes Gefühl hinzukommen. Es gibt also zwei mentale Zustände, die hier eine Rolle spielen, das Bewußtsein des Gesetzes und die Achtung. Beide werden von Kant als „Triebfedern" bezeichnet. Darin liegt zwar eine terminologische Ungenauigkeit, aber keine Inkonsistenz. Sowohl das Gesetz als auch die Achtung können als „Triebfedern" bezeichnet werden, weil die beiden nach Kant in einem Kausalverhältnis zueinander stehen. Das Gesetz als die „eigentliche" Triebfeder bewirkt in uns die Achtung für das Gesetz, ein moralisches Gefühl, das dann innerhalb der Sinnenwelt die Rolle einer Triebfeder, also eines Motivs für moralisches Handeln übernehmen kann. Im letzten Absatz des dritten Hauptstücks findet sich ein Zitat, in dem der

Zusammenhang gut zum Ausdruck kommt. Die „echte Triebfeder", sagt Kant an dieser Stelle, sei „keine andere als das reine moralische Gesetz selber, sofern es ... subjektiv in Menschen ... Achtung ... wirkt" (88, 21–26). Die Transitivität der Kausalrelation ist der Grund dafür, daß sowohl das Gesetz als auch die Achtung als „Triebfedern" bezeichnet werden können.

Allerdings kann die Kausalbeziehung zwischen Gesetz und Achtung keine innerweltliche sein. Denn das Gesetz gehört im Gegensatz zum Gefühl der Achtung nicht zu den Erscheinungen. Die fragliche Kausalität muß als eine intelligible angesehen werden, sie läßt sich für Kausalerklärungen nicht heranziehen. Zwar können wir diese Art von Kausalität nach Kant widerspruchsfrei denken, jedoch haben wir davon prinzipiell keine Erkenntnis. „Denn wie ein Gesetz für sich und unmittelbar Bestimmungsgrund des Willens sein könne (welches doch das Wesentliche aller Moralität ist), das ist ein für die menschliche Vernunft unauflösliches Problem und mit dem einerlei: wie ein freier Wille möglich sei" (72, 21–24).

Schon aus der Argumentation des ersten Hauptstücks steht fest, daß beim moralischen Handeln das Gesetz selbst der Bestimmungsgrund der Handlung ist. Das muß Kant nicht noch einmal zeigen. Vielmehr bildet dies den Ausgangspunkt seiner Argumentation im dritten Hauptstück. Hier geht es ihm um eine etwas andere Frage. Er muß jetzt nachweisen, wie sich moralisches Handeln in der Sinnenwelt äußert, wie es sich also in den Kausalnexus der Natur einfügt. Wenn er dies nicht könnte, wäre die Kohärenz seiner Theorie ernsthaft gefährdet. Er selbst drückt sein Beweisziel im zweiten Absatz auf die folgende Weise aus: „... so bleibt nichts übrig, als bloß sorgfältig zu bestimmen, auf welche Art das moralische Gesetz Triebfeder werde, und was, indem sie es ist, mit dem menschlichen Begehrungsvermögen als Wirkung jenes Bestimmungsgrundes auf dasselbe vorgehe" (Z. 17–21). Diese Wirkung ist letztlich eine auf die Sinnlichkeit endlicher Vernunftwesen. Er möchte *a priori* aufzeigen, was das moralische Gesetz als Triebfeder „im Gemüte wirkt" (Z. 26).

Kant steht also vor der Aufgabe, die Rolle der Sinnlichkeit beim moralischen Handeln zu beschreiben. Dazu unternimmt er mehrere Anläufe. In den Absätzen 3, 4, 6, 10 und 12 finden sich die entscheidenden Argumentationsschritte. Sie werden von ihm teilweise mehrfach, zudem in jeweils unterschiedlichen Formulierungen vorgetragen. Der Text wirkt hier nicht sehr einheitlich (wobei die Argumentation im zehnten Absatz noch am klarsten ist). Systematisch gesehen beginnt Kant (a) mit der These, daß das moralische Gesetz den Willen tatsächlich bestimmen kann, wodurch die Neigungen in ihrer Funktion als Bestimmungsgründe eingeschränkt werden. Die Willensbestimmung geschieht „mit Abbruch aller Neigungen, sofern sie jenem Gesetze zuwider sein könnten" (72, 30 f.). Kant kann nicht zeigen, *wie* dies vor sich geht. Denn dieser Vorgang gehört in den Bereich des Intelligiblen. Jedoch steht für ihn fest, *daß* eine solche Willensbestimmung möglich ist. Mit Hilfe des Theoriestücks vom „Faktum der Vernunft" hatte er dafür im ersten Teil ausführlich argumentiert. Dies kann er jetzt als eine Prämisse voraussetzen.

Reine Vernunft kann für sich praktisch sein und sich über einen Teil der sinnlichen Neigungen hinwegsetzen. Wie entsteht dadurch ein Gefühl, das auch in der Sinnenwelt als Handlungsmotiv nachweisbar wäre? Der zweite Schritt (b) besteht darin, daß Kant die Wirkung der Vernunft auf unser „System" der Neigungen genauer beschreibt. Dieses System, das beim Handeln aus Bestimmungsgründen der Sinnlichkeit die Antriebsfunktion ausübt, wird nicht ganz außer Kraft gesetzt, sondern in seiner Wirkung lediglich „eingeschränkt". Die Grundlage dieses Systems bilden die sinnlichen Gefühle der Lust und Unlust. Jede Veränderung des Gesamtsystems bringt gleichzeitig auch eine Änderung in den Empfindungsqualitäten mit sich. Eine Einschränkung dieses Systems der Neigungen wird zunächst einmal als ein negatives Gefühl empfunden. Kant schreibt dazu: „… jeder sinnliche Antrieb ist auf Gefühl gegründet, und die negative Wirkung aufs Gefühl (durch den Abbruch, der den Neigungen geschieht) ist selbst Gefühl. Folglich können wir a priori einsehen, daß das moralische Gesetz als Bestimmungsgrund des Willens dadurch, daß es allen unseren Neigungen Eintrag tut, ein Gefühl bewirken müsse, welches Schmerz genannt werden kann" (72, 34–73, 5).

Der dritte und letzte Schritt (c) legt schließlich dar, inwiefern dieses negative Gefühl auch als etwas Positives verstanden werden kann, also als etwas, das sich als ein Handlungsmotiv im eigentlichen Sinn interpretieren läßt. Hierzu leistet wiederum die Vernunft den entscheidenden Beitrag. Denn „im Urteil der Vernunft" gewinnt das zunächst als rein negativ charakterisierte Gefühl eine positive Dimension. Weil die Vernunft durch die Einschränkung der Neigungen einen „Widerstand aus dem Wege schafft", wird sie „einer positiven Beförderung der Kausalität gleichgeschätzt" (75, 15 f.). Dieses „positive Gefühl" ist die „Achtung fürs moralische Gesetz" (73, 34).

Kants Angaben zufolge enthalten alle drei Schritte lediglich Elemente, die *a priori* erkennbar sind. Der erste Argumentationsschritt (a) macht von dem Apriori-Wissen Gebrauch, das uns über das „Faktum der Vernunft" zugänglich ist. Für den zweiten Schritt (b) bezieht sich Kant auf seine Begriffsbestimmungen von Lust und Unlust. Diese hatte er in einer Fußnote der Vorrede aus, wie er sagt, „lauter Merkmalen des reinen Verstandes" eingeführt, „die nichts Empirisches enthalten" (9, 32 f.). Und auch der dritte Schritt (c), die „Schätzung des [moralischen] Gesetzes" als eines positiven Gefühls (79, 6), beruht auf einem Urteil der reinen Vernunft. Kant stützt sich hier auf den analytischen Satz „[J]ede Verminderung der Hindernisse einer Tätigkeit ist die Beförderung dieser Tätigkeit selbst" (Z. 9 f.). Auch dieser ist uns als analytischer Satz *a priori* bekannt. Er folgert aus dem gesamten Argumentationsgang, daß auch das Gefühl selbst uns *a priori* bekannt sein muß: „Also ist Achtung fürs moralische Gesetz ein Gefühl, welches durch einen intellektuellen Grund gewirkt wird, und dieses Gefühl ist das einzige, welches wir völlig a priori erkennen, und dessen Notwendigkeit wir einsehen können" (73, 34–37).

Dieses *a priori* erkennbare Gefühl benennt Kant also mit dem Ausdruck „Achtung", und ein Großteil des dritten Hauptstücks dient dazu, diese Benennung zu rechtfertigen und die Identifikation nachvollziehbar zu machen. Mit den drei genannten Schritten, die von Kant zwar mehrfach angedeutet, aber weder genau ausgeführt noch problematisiert werden, ist seine systematische Argumentation im wesentlichen abgeschlossen. Das moralische Gesetz ist die Triebfeder einer moralischen Handlung, „indem es auf die Sinnlichkeit des Subjekts Einfluß hat und ein Gefühl bewirkt, welches dem Einflusse des Gesetzes auf den Willen beförderlich ist" (75, 24–26). Auch beim moralischen Handeln ist also die Sinnlichkeit notwendig beteiligt. Man kann sagen, daß nach Kant die Moral sich dieselben sinnlichen Antriebskräfte zunutze macht, die seiner Konzeption entsprechend auch beim außermoralischen Handeln wirksam sind. Unser System der Neigungen bildet letztlich also auch die motivationale Grundlage für das moralische Handeln (vgl. dazu auch die Interpretationen von McCarty 1993 und Herrera 2000; eine etwas andere Deutung vertritt Reath 1989).

Etwas anderes ist innerhalb der Kantischen Theorie auch nicht zu erwarten. Denn der durchgängige Kausalnexus der Natur darf durch die Moral nicht unterbrochen werden. Natürlich ergeben sich hier gewisse Schwierigkeiten, wie man sich das im einzelnen vorzustellen hat. Auf diese Bedenken geht Kant in der auf das dritte Hauptstück folgenden Textpassage ein, der „Kritischen Beleuchtung der Analytik". Dort versucht er unter anderem plausibel zu machen, warum Freiheit und Naturnotwendigkeit widerspruchsfrei zusammen bestehen können. Der Beitrag des dritten Hauptstücks zu dieser Frage besteht darin, die sinnliche Seite dieses Verhältnisses etwas einsichtiger zu machen.

Das Gefühl der Achtung gehört also zur sinnlichen Dimension endlicher Vernunftwesen. In ihm liegt nicht nur ein mögliches Motiv für moralisches

Handeln. Es ist vielmehr das einzig denkbare. Verständlicherweise legt Kant großen Wert darauf, daß dieses Gefühl nicht mit den von ihm so genannten „pathologischen Gefühlen" verwechselt wird. Er möchte vermeiden, dieses *a priori* erkennbare Gefühl auf eine Ebene mit den empirischen Gefühlen zu stellen. Dabei scheint es zu offensichtlichen Ungereimtheiten im Text zu kommen. So argumentiert er beispielsweise lange dafür, daß die Achtung weder ein Gefühl der Lust noch eines der Unlust sei (vgl. 77 f.), obwohl er zuvor den Abbruch der Neigungen auch als „Schmerz" benannt hatte und diesen später explizit als eine „Empfindung der Unlust" bezeichnet (78, 28). Wie passen diese Äußerungen zusammen? Unabhängig davon, wie Kant selbst den Status dieses Gefühls im einzelnen charakterisiert, scheint der Zusammenhang im großen und ganzen recht klar zu sein. Das Gefühl der Achtung kann deshalb nicht als ein Bestimmungsgrund des Handelns angesehen werden, weil es dann und nur dann auftritt, wenn der eigentliche Bestimmungsgrund das moralische Gesetz ist. Aus diesem Grund ist es auch kein „pathologisches" Gefühl, sondern muß nach Kant „*praktisch gewirkt* heißen" (75, 34). Dadurch, daß die Achtung ein echtes Gefühl ist, kann sie zwar einerseits eine kausale Rolle innerhalb der Sinnenwelt übernehmen. Sie kann also als das gesuchte Motiv für moralisches Handeln fungieren. Andererseits ist sie aber kein Gefühl, das jemals zur Heteronomie des Handelns führt.

Vermutlich sind die Wendungen, die Kant in diesen Abschnitten benutzt, um das besondere Gefühl der Achtung zu umschreiben, so kompliziert und erwecken leicht den Eindruck der Widersprüchlichkeit, weil er mit allen Mitteln vermeiden möchte, daß dieses Gefühl, das notwendig ist, um überhaupt moralisch handeln können, auch zu den Bestimmungsgründen des Handelns gezählt wird. Das Gefühl der Achtung besitzt zwar innerhalb der Kantischen Theorie eine unverzichtbare Funktion als Handlungsmotiv. Es darf aber unter keinen Umständen in den Verdacht geraten, auch für den objektiven Bestimmungsgrund der Handlung konstitutiv zu sein. Verantwortlich für diese Gefahr ist die (durchaus bestreitbare) Grundprämisse der Kantischen Handlungstheorie, daß nur die Sinnlichkeit Motive, das heißt innerweltliche Kausalursachen, für das menschliche Handeln bereitstellen kann (vgl. dazu auch Lauener 1981, 259–264). Ein solcher Ansatz kann innerhalb des Kantischen Theorierahmens schnell in ein Dilemma führen. Denn Gründe und Motive sind nicht so einfach voneinander zu trennen. Im folgenden Abschnitt soll noch etwas genauer betrachtet werden, auf welche Weise Kant dieses Dilemma zu umgehen versucht.

8.4 Gründe und Motive

Um die Tragweite des Kantischen Lösungsansatzes zu erkennen, ist es von Nutzen, ihn mit der heute in der Moraltheorie geführten Internalismus-Externalismus-Debatte in Beziehung zu setzen. Bei dieser Debatte geht es darum, wie der Zusammenhang zwischen Gründen und Motiven im Bereich der Moral zu denken ist. Sind moralische Gründe schon von sich aus motivierend, oder ist moralisches Handeln auf außermoralische Quellen der Motivation angewiesen? Während die sogenannten „Internalisten" annehmen, daß ein sehr enger Zusammenhang zwischen moralischen Gründen und den entsprechenden Motiven besteht, daß also mit den Gründen, wenn sie einem bewußt sind, auch ein Motiv zum Handeln notwendig gegeben ist, verneinen die sogenannten „Externalisten" diese enge Verbindung. (Die Ausdrücke „Internalismus" und „Externalismus" zur Bezeichnung dieser Positionen gehen auf Falk 1947/48 zurück; vgl. auch Frankena 1958. Seit Williams 1979 die Themenstellung auf allgemeine Fragen der Handlungsmotivation ausgeweitet hat, kommen diese Ausdrücke jedoch in sehr unterschiedlichen Kontexten mit jeweils unterschiedlichen Bedeutungen vor. Im folgenden werde ich mich auf die moraltheoretische Verwendung beschränken. Vgl. dazu auch Brink 1989, Kap. 3, Dancy 1993, Kap. 1–2 und Smith 1994, Kap. 3. Für eine Untersuchung der Kantischen Motivationstheorie vor dem Hintergrund dieser Debatte s. auch Timmons 1985.)

Der moraltheoretische Internalismus behauptet, daß ein *notwendiger* Zusammenhang besteht zwischen dem Bewußtsein der Existenz moralischer Gründe und der Existenz von Motiven für moralisches Handeln. Zwar ist nach Ansicht des Internalismus durch das Bewußtsein der Gründe ein hinreichendes Motiv für die Handlung notwendig mitgegeben. Ob die entsprechende Handlung auch tatsächlich ausgeführt wird, liegt jedoch immer noch in der Entscheidung des Handelnden. Es könnte beispielsweise sein, daß zum gleichen Zeitpunkt miteinander konkurrierende Motive existieren, von denen jedoch nur eines umgesetzt werden kann. Dennoch besteht ein notwendiger Zusammenhang zwischen Grund und Motiv. Der Externalist behauptet hingegen, daß dieser Zusammenhang nur *kontingent* ist. Es wäre dann durchaus vorstellbar, daß jemand, der davon überzeugt ist, eine bestimmte Handlung aus moralischen Gründen ausführen zu müssen, dennoch kein Motiv hat, entsprechend zu handeln. Mehr noch: Nach Ansicht des Externalismus muß in einem solchen Fall immer ein „externes" Motiv hinzukommen, andernfalls würde es niemals zur Ausführung einer moralischen Handlung kommen.

Welcher dieser beiden Auffassungen ist die Kantische Theorie zuzuordnen? Kant scheint eindeutig eine internalistische Position zu vertreten. Für ihn ist es wichtig, daß man auch allein „um des Gesetzes willen" bzw., was das gleiche besagt, allein „aus Pflicht" handeln kann. Wenn der Externalismus Recht hätte, dann wäre dies jedoch nicht möglich. Es bräuchte dann zusätzlich zu dem von der Vernunft gegebenen moralischen Grund noch ein externes Motiv, um die als richtig eingesehene Handlung auch auszuführen. Dies könnte beispielsweise der Wunsch sein, äußere oder innere Sanktionen zu vermeiden; es könnte aber auch in einem anthropologisch tief verwurzelten Bedürfnis nach Anerkennung bestehen. Solche Antworten sind innerhalb des Kantischen Theorierahmens auf keinen Fall akzeptabel. Ein Handeln allein *aus Pflicht* wäre sonst unmöglich. Die Unterscheidung zwischen Moralität und Legalität wäre nicht haltbar. Kant vertritt also einen moralischen Internalismus.

Nun gibt es jedoch verschiedene Arten, einen Internalismus zu vertreten. Es reicht ja nicht aus, einfach einen notwendigen Zusammenhang zwischen dem Bewußtsein moralischer Gründe und den entsprechenden Motiven zu postulieren. Es muß auch gezeigt werden, worauf die behauptete Notwendigkeit dieses Zusammenhangs beruht. Um zu sehen, wie die „internalistische Forderung" (vgl. zu dieser Formulierung Korsgaard 1986) durch Kant sichergestellt wird, ist es nötig, zunächst die terminologischen Differenzen zu verstehen. Das, was in der modernen Debatte als „moralische Gründe" bezeichnet wird, sind bei Kant die „objektiven Bestimmungsgründe" des Willens. Diese Gründe würde man nennen, wenn nach der *Rechtfertigung* der eigenen Handlung gefragt wird. „Motive" im modernen Sinn entsprechen jedoch dem, was Kant „subjektive Triebfedern" nennt. In ihnen liegen die subjektiven Kausalursachen für die Ausführung einer Handlung. Sie würde man anführen, wenn es um eine *Erklärung* für das Stattfinden der Handlung geht. Zwischen der Rechtfertigung und der Erklärung einer moralischen Handlung gibt es bei Kant einen engen Zusammenhang. Das moralische Gesetz ist in seiner Theorie sowohl objektiver Bestimmungsgrund als auch subjektive Triebfeder des Handelns. Es ist, um eine andere Wendung Kants anzuführen, „principium diiudicationis" und „principium executionis" zugleich.

Eine Möglichkeit, einen moralischen Internalismus zu vertreten, liegt darin, dem moralischen Urteil, bzw. der Überzeugung, daß die Handlung moralische Pflicht ist, selbst motivationale Kraft zuzusprechen. Grund und Motiv der Handlung wären identisch, und deshalb bestünde zwischen Grund und Motiv auch ein notwendiger Zusammenhang. Dies ist allerdings eine Auffassung, die nicht so ohne weiteres in den Kantischen Theorie-rahmen paßt. Denn nach seiner Handlungstheorie ist ein Handeln ohne Mitwirkung der Sinnlichkeit für uns Menschen nicht möglich (vgl. oben, 8.2). Mit dem Gefühl der Achtung benennt Kant deshalb ein spezifisches Gefühl, das die Verbindung zwischen moralischen Gründen und der entsprechenden Motivation leisten kann. Gründe und Motive sind nach Kant nicht identisch. Deshalb muß die Notwendigkeit der Verbindung zwischen beiden über einen anderen Weg sichergestellt werden.

Um zu sehen, wie er dies zu bewerkstelligen versucht, ist es von Nutzen, sich an eine durch die Schriften Kants sich durchziehende Annahme zu erinnern: Nach Kant fallen Notwendigkeit und Apriorität immer zusammen. Diese Gleichsetzung einer modalen mit einer epistemischen Eigenschaft ist durchaus bestreitbar (vgl. etwa Kripke 1980). Für das Kantische Denken ist sie jedoch konstitutiv. In dem Nachweis der Apriorität und dem Nachweis der Notwendigkeit eines Urteils liegen nach Kant keine zwei getrennten Aufgaben. Hier ist also der Grund zu suchen, warum er in der Kernargumentation des dritten Hauptstücks so viel Wert darauf legt, daß jeder der oben genannten Schritte (a) bis (c) *a priori* einsehbar ist (vgl. 8.3). Indem er die *Apriorität* der Verbindung zwischen moralischem Gesetz und dem Gefühl der Achtung einsichtig macht, zeigt er zugleich, worauf die *Notwendigkeit* der Verbindung zwischen moralischen Gründen und der entsprechenden Motivation beruht. Darin liegt also der von Kant gewählte Weg, den moralischen Internalismus sicherzustellen.

Es ist interessant zu sehen, daß Kant in der *Grundlegung zur Metaphysik der Sitten* noch nicht über das Instrumentarium verfügt, diesen Weg einzuschlagen. Die Bemerkungen, die er dort zur Achtung macht, sind zwar durchaus mit den entsprechenden Bemerkungen im dritten Hauptstück verträglich (vgl. insbesondere die Anmerkung in GMS IV 401). In der drei Jahre früheren Schrift fehlt jedoch der Nachweis, daß das Gefühl der Achtung auch in einem notwendigen Zusammenhang mit dem Bewußtsein des moralischen Gesetzes steht. Wenn man den Gang der Argumentation des dritten Hauptstücks der *Kritik der praktischen Vernunft* genauer betrachtet, ist das Fehlen dieses Nachweises nicht allzu verwunderlich. An einer der entscheidenden Stellen, nämlich in dem oben mit (a) bezeichneten Argumentationsschritt, macht Kant von dem Theoriestück des „Faktums der Vernunft" als einer Ausgangsprämisse Gebrauch. Da ihm dieses Theoriestück in der *Grundlegung* noch nicht in voller Klarheit zur Verfügung stand, konnte er es dort auch noch nicht zu diesem Zweck einsetzen. Erst durch die Lehre vom Faktum der Vernunft hat Kant einen Ansatzpunkt, um die Notwendigkeit des Zusammenhangs zwischen moralischen Gründen und der entsprechenden Motivation verständlich zu machen. Auf die Durchführbarkeit eines solchen Nachweises ist seine Theorie angewiesen. Denn die Unterscheidung zwischen Legalität und Moralität ist handlungstheoretisch nur unter dieser Bedingung aufrechtzuerhalten. Mit dem dritten Hauptstück möchte Kant also zwei Anforderungen zugleich erfüllen. Erstens möchte er zeigen, wie sich das moralische Handeln in den Kausalnexus der Sinnenwelt einfügt. Und zweitens will er verständlich machen, warum dadurch seine Unterscheidung zwischen Moralität und Legalität nicht eingeebnet wird. Mit Hilfe seiner Theorie der Achtung versucht er diese doppelte Aufgabe zu lösen. Einerseits ist dieses Gefühl ein genuiner Bestandteil der Sinnenwelt, kann dort also kausal wirksam werden. Und andererseits handelt es sich bei ihm um ein Handlungsmotiv, das in einem notwendigen Zusammenhang zum Bewußtsein des moralischen Gesetzes steht. Auf diese Weise soll also innerhalb des Kantischen Theorierahmens die Kohärenz sichergestellt werden. Und genau darin besteht die systematische Funktion des dritten Hauptstücks der *Kritik der praktischen Vernunft*.

Literatur

Beck, L. W. 1974: Kants „Kritik der praktischen Vernunft". Ein Kommentar, München; engl.: A Commentary on Kant's 'Critique of Practical Reason', Chicago 1960.
Brink, D. O. 1989: Moral Realism and the Foundations of Ethics, Cambridge.
Dancy, J. 1993: Moral Reasons, Oxford/Cambridge (Mass.).
Falk, W. D. 1947/48: 'Ought' and Motivation, in: Proceedings of the Aristotelian Society 48, 111–138.
Frankena, W. K. 1958: Obligation and Motivation in Recent Moral Philosophy, in: K. E. Goodpaster (Hrsg.), Perspectives on Morality. Essays by William K. Frankena, Notre Dame/London 1976, 49–73 u. 223–227.
Herrera, L. 2000: Kant on the Moral *Triebfeder*, in: Kant-Studien 91, 395–410.
Korsgaard, Ch. M. 1986: Skepticism about Practical Reason, in: The Journal of Philosophy 83, 5–25; dt. Skeptizismus bezüglich praktischer Vernunft, in: S. Gosepath (Hrsg.), Motive, Gründe, Zwecke. Theorien praktischer Rationalität, Frankfurt (Main) 1999, 121–145 u. 282–284.
Kripke, S. A. 1980: Naming and Necessity, Oxford; dt. Name und Notwendigkeit, Frankfurt (Main) 1981.
Lauener, H. 1981: Der systematische Stellenwert des Gefühls der Achtung in Kants Ethik, in: Dialectica 35, 243–264.
Lee, M.-H. 1987: Das Problem des moralischen Gefühls in der Entwicklung der Kantischen Ethik, Diss. Bonn.
McCarty, R. 1993: Kantian Moral Motivation and the Feeling of Respect, in: Journal of the History of Philosophy 31, 421–435.
Menzer, P. (Hrsg.) 1924: Eine Vorlesung Kants über Ethik, Berlin.
Rainer, H. 1974: Kants Beweis zur Widerlegung des Eudämonismus und das Apriori der Sittlichkeit, in: Die Grundlagen der Sittlichkeit, Meisenheim/Glan, 311–347.

Reath, A. 1989: Kant's Theory of Moral Sensibility. Respect for the Law and the Influence of Inclination, in: Kant-Studien 80, 284–302.
Scarano, N. 2001: Moralische Überzeugungen. Grundlinien einer antirealistischen Theorie der Moral, Paderborn.
Smith, M. 1994: The Moral Problem, Oxford.
Timmons, M. 1985: Kant and the Possibility of Moral Motivation, in: The Southern Journal of Philosophy 23, 377–398.
Willaschek, M. 1992: Praktische Vernunft. Handlungstheorie und Moralbegründung bei Kant, Stuttgart/Weimar.
Williams, B. 1979: Internal and External Reasons, in: Moral Luck, Cambridge 1981, 101–113; dt. Interne und externe Gründe, in: Moralischer Zufall, Frankfurt (Main) 1984, 112–124.

Reinhard Brandt

„Kritische Beleuchtung der Analytik der reinen praktischen Vernunft" (89–106)

Vorklärung

Unter dem Begriff einer „kritischen Beleuchtung", als die sich der Schluß der „Analytik" der *KpV* vorstellt, versteht Kant „die Untersuchung und Rechtfertigung, warum sie [sc. eine Wissenschaft oder ein Abschnitt derselben] gerade diese und keine andere systematische Form haben müsse, wenn man sie mit einem anderen System vergleicht, das ein ähnliches Erkenntnisvermögen zum Grunde hat" (89, 12–15). Eine derartige „Untersuchung und Rechtfertigung" gibt es im Kantischen Œuvre nur hier, wo die „Analytik" der *KpV* mit der „Analytik" der *KrV* verglichen wird. Es findet gemäß der zitierten Erläuterung also ein Systemvergleich in systemlegitimierender Absicht statt; aber unter das Thema des bloßen Systemvergleichs fallen zunächst nur die ersten vier Absätze, dann werden Glückseligkeitslehre und Sittenlehre miteinander konfrontiert (Abs. 5–6). Die Erinnerung daran, daß das Sittengesetz nicht deduzierbar und die Freiheit als solche nicht unmittelbar erkennbar war (Abs. 7), führt zur Konfrontation von Naturkausalität und moralischer Freiheit. Der Naturkausalität unterliegen sämtliche zeitlichen Begebenheiten des inneren Sinnes, sie sind lediglich „komparativ frei", wie Kant die psychologische Determiniertheit nennt; kausal determiniert sind wir in unserem empirischen, frei dagegen in unserem noumenalen oder intelligiblen Charakter (Abs. 8–12). Aber wie ist Freiheit möglich bei einem Geschöpf, also bei einem abhängigen Wesen, wie der Mensch es ist? Die Schöpfung unserer selbst als intelligibler Wesen widerspricht nicht der intelligiblen Freiheit (Abs. 13–17). Der durch drei Sterne abgesetzte Absatz 18 behandelt die Frage, wie es komme, daß wir zwar die Idee unserer selbst als freier Wesen objektiv real (sc. praktisch) erkennen, nicht jedoch die Idee des notwendigen Wesens, also Gottes, obwohl doch beide unter dem Titel einer dynamischen Kategorie stehen, einmal der Kausalität, zum anderen der Notwendigkeit. Die objektive Realität und Existenz der Freiheit in uns ist durch das Faktum des Sittengesetzes gesichert, dergleichen „Schritt aber konnten wir in Ansehung der zweiten dynamischen Idee, nämlich der eines *notwendigen Wesens*, nicht tun" (105, 22–24). Im letzten Absatz 19 wird das Thema der systemischen Affinität der beiden Kritiken wieder aufgenommen.

Die „Vorrede" der *KpV* hatte schon explizit auf die „Kritische Beleuchtung" verwiesen. „Um deswillen ersuche ich den Leser, das, was zum Schlusse der Analytik über diesen Begriff [sc. der Freiheit] gesagt wird, nicht mit flüchtigem Auge zu übersehen" (8, 1–3). Verfolgt man von hier aus den Text der „Vorrede" zurück, so entdeckt man, daß das Thema der „Kritischen Beleuchtung" schon zuvor angesprochen wird und sich weitere, etwas versteckte Vorverweise finden. Es ist vom „Übergange" von der reinen spekulativen zur reinen praktischen Vernunft die Rede (7, 11), und dann heißt es: „Ein solcher Übergang macht aber eine Vergleichung des älteren [sc. spekulativen] mit dem neuern [sc. praktischen] Gebrauche notwendig, um das neue Gleis von dem vorigen wohl zu unterscheiden und zugleich den Zusammenhang derselben bemerken zu lassen" (Z. 12–15). Das Stichwort des Vergleichs wird in der „Kritischen Beleuchtung", wie wir sahen, aufgenommen (89, 15). Und dann heißt es in der „Vorrede": „Diese Erinnerung geht vornehmlich den Begriff der Freiheit an, von dem man mit Befremdung bemerken muß, daß noch so viele ihn ganz wohl einzusehen und die Möglichkeit derselben erklären zu können sich rühmen, indem sie ihn bloß in psychologischer Beziehung betrachten" (7, 25–28). Die Aufnahme dieses Punktes in der „Kritischen Beleuchtung": „Weil es indessen noch viele gibt, welche diese Freiheit noch immer glauben nach empirischen Prinzipien wie jedes andere Naturvermögen erklären zu können und sie als *psychologische* Eigenschaft ... betrachten" (94, 7–14). Sowohl in der „Vorrede" wie auch in der „Kritischen Beleuchtung" wird die Interdependenz von Systemvergleich und Widerlegung des Empirismus betont, der innere Bezug also zwischen dem eher formalen Zusammenhang der „Analytik" der *KpV* und der *KrV* und dem für den Inhalt der Kantischen Moraltheorie wichtigen Abweis des Empirismus: Werde die Umkehrung der „Analytik" der theoretischen Kritik in der praktischen Kritik nicht vollzogen, bleibe die Moralphilosophie notwendig dem Empirismus verhaftet, d. h. sie vernichte sich selbst. „Kritische Beleuchtung" – warum „kritisch"? Die „Analytik" kann nicht noch einmal einer Kritik im Sinn der theoretischen oder praktischen Vernunftkritik unterzogen werden; sie kann auch nicht kritisch in dem Sinn beleuchtet werden, daß ihr Ergebnis noch zur Disposition steht und hier allererst bestätigt wird. Vielleicht wird die Beleuchtung als „kritisch" bezeichnet, weil die Grundlage die kritische Philosophie mit ihrer fundamentalen Unterscheidung von Ding an sich und Erscheinung ist.

Nach dieser Vorklärung sollen die folgenden zentralen Themen der „Kritischen Beleuchtung" erörtert werden: 1. Die Umkehrung im Aufbau der „Analytik" von *KrV* und *KpV*; 2. Glückseligkeits- versus Pflichtprinzip; moralische und komparative Freiheit; 3. Der empirische Charakter und die intelligible Kausalität. Gemäß der Themenstellung einer Rückblende, wie sie die „Kritische Beleuchtung" vornimmt, sind wir zur Einbeziehung entscheidender Argumente der vorhergehenden Teile der „Analytik" genötigt, so daß wir durch unser Thema zur Grenzüberschreitung ebendieses Themas genötigt sind. Das führt auch notgedrungen dazu, daß unsere einführende Erörterung nicht ganz so einfach ist, wie man es sich wünschen möchte, dafür aber ist der Sachverhalt, den wir untersuchen, um so spannender. – In der Literatur zur Kantischen Moralphilosophie und zur *KpV* wird die „Kritische Beleuchtung" kaum beachtet, so daß eine Auseinandersetzung mit vorliegenden Interpretationen entfällt.

9.1 Die Umkehrung im Aufbau der „Analytik" von *KrV* und *KpV*

Die „Analytik" der *KpV* reproduziert die „Analytik" der *KrV*, aber „in umgekehrter Ordnung", wie es in der „Kritischen Beleuchtung" heißt (90, 11 f.). „Die Analytik der theoretischen reinen Vernunft wurde in transzendentale Ästhetik und transzendentale Logik eingeteilt, die der praktischen umgekehrt in Logik und Ästhetik der reinen praktischen Vernunft" (Z. 12–15). In der „Einleitung" machte Kant zum ersten Mal darauf aufmerksam, daß die zweite Kritik wie die erste in Elementar- und Methodenlehre zerfalle und die Elementarlehre wiederum in Analytik und Dialektik. „Allein die Ordnung in der Unterabteilung der Analytik wird wiederum das Umgewandte von der in der Kritik der reinen spekulativen Vernunft sein. Denn in der gegenwärtigen werden wir von *Grundsätzen* anfangend zu *Begriffen* und von diesen allererst, wo möglich, zu den Sinnen gehen; da wir hingegen bei der spekulativen Vernunft von den Sinnen anfingen und bei den Grundsätzen endigen mußten" (16, 20–26). In der Willenslehre müßten „die Grundsätze der empirisch unbedingten Kausalität den Anfang machen" (Z. 29 f.), von da müsse man zu den Begriffen gehen, die die Anwendung auf Gegenstände ermöglichten, und drittens folge die Anwendung auf das Subjekt und seine Sinnlichkeit.

Zunächst stellt die Übernahme der Struktur der „Analytik", wenn auch in umgekehrter Ordnung, einen klaren Zusammenhang (7, 14 f.) von Identität und Verschiedenheit der beiden Kritiken her. Die *KpV* dokumentiert in ihrem Aufbau somit die Abhängigkeit von der, aber auch die Ebenbürtigkeit mit der ersten Kritik. Zugleich stellt Kant klar, daß mit dieser Relation zwischen den beiden Kritiken der theoretischen und praktischen Vernunft die Einheit der Vernunft selbst noch nicht gegeben ist; daher der Ausblick in der „Kritischen Beleuchtung", „es vielleicht dereinst bis zur Einsicht der Einheit des ganzen reinen Vernunftvermögens (des theoretischen sowohl als praktischen) bringen und alles aus einem Prinzip ableiten zu können; welches das unvermeidliche Bedürfnis der menschlichen Vernunft ist, die nur in einer vollständig systematischen Einheit ihrer Erkenntnisse völlige Zufriedenheit findet" (91, 2–7; vgl. GMS IV 391, 24–28). Wir können hier schon festhalten, daß dieses Einheitsproblem 1781 noch nicht vorlag (trotz KrV A 840–842), denn als Kant die erste Kritik publizierte, hatte er nicht die Absicht und, so ergänzen wir, auch nicht die systematische Möglichkeit, eine zweite (oder gar dritte) Kritik folgen zu lassen. Der von Kant deklarativ herausgestellte Zusammenhang birgt also die noch nicht beantwortete Frage, in welcher übergeordneten Einheit denn *dieser* Zusammenhang sowohl notwendig wie auch möglich ist.

Die Umkehrung der „Analytik", so wie sie in der „Einleitung" und in der „Kritischen Beleuchtung" geschildert wird, fordert nun ein erhebliches Opfer, denn Kant modifiziert retrospektiv die Struktur der *KrV*. Dort setzt die Elementarlehre mit der „Transzendentalen Ästhetik" ein und geht dann zur „Transzendentalen Logik" über, die ihrerseits in „Analytik" und „Dialektik" zerfällt. Jetzt heißt es dagegen in der „Einleitung", die Elementarlehre der spekulativen Vernunft zerfalle in Analytik und Dialektik (16, 18–20); so auch in dem späteren Kapitel „Von der Deduktion der Grundsätze der reinen Vernunft": „Wenn wir nun damit den analytischen Teil der Kritik der reinen spekulativen Vernunft vergleichen, so zeigt sich ein merkwürdiger Kontrast beider gegen einander. Nicht Grundsätze, sondern reine sinnliche *Anschauung* (Raum und Zeit) war daselbst das erste Datum" (42, 20–23) – „daselbst", nämlich in der Analytik. Und ebenso in der „Kritischen Beleuchtung": „Die Analytik der theoretischen reinen Vernunft wurde in transzendentale Ästhetik und transzendentale Logik eingeteilt" (90, 12 f.). Die Eigenstellung der Ästhetik gegenüber der Logik wird also nicht aufgrund eines zufälligen Irrtums und einer nebulösen Erinnerung,[1] sondern planvoll und systematisch reduziert, indem sie zu einem Teilgebiet der Analytik, des ersten Teils der Logik, gemacht wird. Es kann hier nicht dargelegt werden, daß die Veränderung bestimmten Tendenzen in der Revision der *KrV* in der zweiten Auflage von 1787 entspricht; die Funktion dieser Änderung für die *KpV* soll jedoch gleich thematisiert werden. Zuvor betrachten wir noch einmal die Umkehrfigur als solche. Neben dem bisher benannten strukturellen Aspekt der Umkehrung gibt es einen inhaltlichen, der jetzt kurz zu erläutern ist; er muß etwas mit der schon angesprochenen Widerlegung des Empirismus zu tun haben. Die *KrV* stellte an den Anfang eine sinnliche Anschauung („Ästhetik"), die durch die Begriffe des Verstandes („Kategorien") zu erkennen ist, die ihrerseits die Grundsätze des reinen Verstandes fundieren, aufgrund deren eine einheitliche objektive Erfahrung möglich wird. Die *KpV* dagegen kann – so schon die Einsicht der *GMS* – nicht mit einem sinnlichen Inhalt beginnen, der durch die Begriffe und die Grundsätze des Verstandes näher bestimmt würde. Der Inhalt unserer Handlungsmaximen muß nicht näher bestimmt, sondern er muß getilgt werden, damit sich die Maxime zu einer moralischen Regel qualifizieren kann. Vergegenwärtigen wir uns kurz, wie diese Eliminierung des Inhalts in der *GMS* vorgenommen wird, auf die sich die *KpV* ja in der „Vorrede" zurückbezieht (8, 8–12).

Unter der hypothetischen Annahme der Geltung des Pflichtbegriffs wurde gezeigt, daß ein Wille unter der Idee der Pflicht weder vom materialen Gegenstand des Willens noch von der auf den Gegenstand gerichteten Neigung bestimmt sein kann. Damit fällt die Willensbestimmung fort, die sich in der Ordnung der Natur findet, und macht einer anderen Platz: An die Stelle des materialen Objekts oder des Inhalts des Wollens konnte nur die gesetzliche Form dieses Wollens treten und an die Stelle der subjektiven Neigung zum materialen Objekt die Achtung vor dem Gesetz. Somit konnte gesagt werden: „*Pflicht ist die Notwendigkeit einer Handlung aus Achtung fürs Gesetz*" (GMS IV 400, 18 f.).[2] An dieser Konzeption hat Kant seitdem immer festgehalten; das bedeutet aber, daß die „Analytik" der *KpV* nicht mit einem Inhalt (selbst dem Guten an sich oder der Vorstellung von

---

[1] Beck 1960 schreibt: „Kant incorrectly recalled the division of the first *Critique*" (55). Daß Kant hier einfach ein Fehler unterläuft, halte ich für ganz unwahrscheinlich. – Für die kritische Lektüre einer früheren Fassung danke ich Georg Geismann (Venedig), Heiner Klemme (Magdeburg), Konstantin Pollok (Marburg), Friedo Riecken (München), Thomas Sturm (jetzt Berlin) und Allen Wood (Stanford).
[2] Immer unter der Hypothese, daß es überhaupt so etwas gibt wie Pflicht.

ihm) beginnen konnte, sondern nur mit dem formalen Gesetz des autonomen Willens. Hier sieht man, wie die Umkehrfigur mit der Widerlegung des Empirismus zusammenhängt: Wird nicht mit dem formalen Gesetz begonnen, sondern ein vorgängiger Inhalt des Begehrens gesetzt und näher bestimmt, ist der Empirismus unvermeidlich.

Die Abfolge „Sinnlichkeit – Begriffe – Grundsätze" wird in der *KpV*, so zeigte sich, durch die umgekehrte Abfolge „Grundgesetz – Begriffe – Sinnlichkeit" ersetzt. Bei dieser Anlage der *KpV* muß es zum Problem werden, welchen Wissensstatus das uns als Faktum gegebene Vernunftgesetz hat. *Erkennen* wir das Gesetz in der Form einer diskursiven Proposition? Oder erkennt es nur der Philosoph? Oder *glauben* wir an das Gesetz? Können wir uns irren im Dechiffrieren dieser inneren, selbstverfaßten Gesetzestafel? Kants Ansicht ist ganz klar: Das Grundgesetz hat eine unmittelbare, unumstößliche Evidenz; er bezeichnet die unbegründbare, unhinterschreitbare Selbstevidenz mit „Bewußtsein": „Man kann das Bewußtsein dieses Grundgesetzes ein Faktum der Vernunft nennen" (31, 24). Negativ, gegen die theoretische Erkenntnis gewendet: Der kategorische Imperativ ist uns so wenig im Modus eines zufälligen Vorstellungsinhalts gegeben, wie wir an ihn *glauben*. Der theoretische Ort und Charakter des unmittelbaren, notwendigen sittlichen Bewußtseins läßt sich durch folgende Überlegung näher bestimmen.

Die *KrV* antwortet dem Leibniz-Wolffschen Rationalismus durch die Vorschaltung der Ästhetik vor die Logik; Erkenntnis sei nur, so lehrt die *KrV*, durch die Vereinigung von Anschauung und Denken im synthetischen Urteil apriori möglich (Analytik), lasse sich also nicht aus dem Denken allein gewinnen (Dialektik). Der Status nun von Raum und Zeit als den reinen Formen der Sinnlichkeit *vor* allem begrifflichen „Ich denke" ist der der Anschauung, die konkret erkennbar wird in formalen Anschauungen einzelner, von uns erzeugter Raum- oder Zeitbestimmungen (Figurenerzeugung, Zählakte, dazu besonders KrV B 161). Bei der systemischen Umkehrung der „Analytik" von *KrV* und *KpV* gerät die Lehre von der Freiheit und ihrem Grundgesetz an den Ort der Ästhetik in der *KrV*. Nun verfügen wir zwar über keine der sinnlichen Anschauung korrespondierende „intellektuelle Anschauung" (31, 30; 103, 31–33) der Freiheit, haben jedoch ein analoges Evidenzbewußtsein des Freiheitsgesetzes. Und so wie sich die Kategorien des Verstandes in der theoretischen Erkenntnis auf die sinnliche Anschauung beziehen, so beziehen sich die Kategorien der Freiheit auf das Bewußtseinsfaktum des Sittengesetzes (65, 27–66, 15).

Die „Kritische Beleuchtung der Analytik der reinen praktischen Vernunft" vergleicht das System der „Analytik" der *KrV* und der *KpV* im

Hinblick auf Identität (es handelt sich um „einerlei Erkenntnisvermögen ..., als beide *reine Vernunft* sind": 89, 16 f.) und „Unterschied der systematischen Form" (Z. 18). Die Identität liegt in der Gleichheit der drei Elemente der „Analytik", der Unterschied in der Umkehr ihrer Abfolge. Kant revidiert nun, so sahen wir, die Struktur der *KrV*, indem er die „Ästhetik" zu einem Teil der „Analytik" macht. Die Schritte zwei und drei der „Analytik" der *KpV*, der Begriff (des Guten und Bösen) und die Ästhetik (das Gefühl der Achtung), können aufgrund der vereinfachten Systematik als zwei Richtungen der „Anwendung" (16, 32) des allgemeinen Grundsatzes erscheinen, einmal in objektiver Richtung in bezug auf den Begriff des Gegenstandes,[3] sodann in subjektiver Richtung, „auf das Subjekt und dessen Sinnlichkeit" (Z. 32 f.). Durch die einheitliche Fassung der drei Teile unter dem Dach der „Analytik" ist es des weiteren möglich, die systematische Einheit als Prämissen und Schluß eines Syllogismus zu fassen: Es werde „die Einteilung der Analytik der reinen praktischen Vernunft der eines Vernunftschlusses ähnlich ausfallen müssen, nämlich vom Allgemeinen im *Obersatze* (dem moralischen Prinzip) durch eine im *Untersatze* vorgenommene Subsumtion möglicher Handlungen (als guter oder böser) unter jenen zu dem *Schlußsatze*, nämlich der subjektiven Willensbestimmung (einem Interesse an dem praktisch möglichen Guten und der darauf gegründeten Maxime), fortgehend" (90, 30–36). So erweist sich die „Analytik" der *KpV* als Einheit eines Vernunftschlusses und manifestiert dadurch ihre innere Kohärenz und Notwendigkeit (anders, als es in der *KrV* mutatis mutandis je möglich war).

Nach der Darlegung der formalen Analogie (91, 11) von *KpV* und *KrV* wird noch auf eine inhaltliche Differenz aufmerksam gemacht (91, 8–92, 17). „In Ansehung der theoretischen [Vernunft] konnte das *Vermögen eines reinen Vernunfterkenntnisses a priori* durch Beispiele aus Wissenschaften ... ganz leicht und evident bewiesen werden" (91, 12–17). Man wird hier an die *Prolegomena* von 1783 denken müssen, in denen Kant in einem analytischen Beweisgang (u. a. IV 274, 27–275, 7) von dem unleugbaren „Faktum" (IV 274, 34 u. ö.) bestimmter Wissenschaften ausging und dann die Bedingungen ihrer Möglichkeit in der reinen theoretischen Vernunft untersuchte. In der *KpV* habe man nicht das Faktum einer Wissenschaft als Grundlage nehmen können, sondern man mußte es „aus dem *gemeinsten praktischen Vernunftgebrauche* dartun" (91, 19 f.); in dieser Berufung auf das

---

3 Es ist eine Konsequenz dieser Anlage, daß Kant den Initialbegriff der *GMS*, den des guten Willens, in der *KpV* gänzlich meidet.

Urteil der gemeinen Vernunft, „gleichsam als ein Faktum, das vor allem Vernünfteln über seine Möglichkeit und allen Folgerungen, die daraus zu ziehen sein möchten, vorhergeht" (Z. 27–29), lag zugleich die Rechtfertigung dieses Prinzips (92, 25 f.; 33; 94, 7: „eben dadurch auch berechtigt werden"). Wie innerhalb der „Transzendentalen Ästhetik" der KrV keine Deduktion oder gesonderte Rechtfertigung vorgenommen wurde, so ist in der KpV das an den Anfang gestellte unleugbare Faktum des Bewußtseins des Sittengesetzes zugleich seine Rechtfertigung, d. h., es ist keine weitere Deduktion nötig und möglich. In diesem Punkt war Kant in der GMS noch anderer Meinung, indem er im 3. Abschnitt im Rückgriff auf Ergebnisse der KrV das moralische Gesetz deduzierte.

Nun konnten die *Prolegomena* dem synthetischen Vorgehen der KrV eine analytische Darstellung desselben theoretischen Sachverhalts an die Seite stellen, ohne in eine Konkurrenz zur KrV zu treten. In der KpV hat sich die Lage jedoch verändert. In der Schrift von 1781 wird mit der „Transzendentalen Ästhetik" die Differenz von Ding an sich und Erscheinung eingeführt (KrV A 26 u. ö.); die „Transzendentale Analytik" erweist auf dieser Grundlage die Möglichkeit einer wahren Erkenntnis der Erscheinungen, die „Transzendentale Dialektik" dagegen zeigt komplementär, daß die Vernunft ohne die kritische Unterscheidung dialektisch werden muß; zur Auflösung dieser dem Menschen natürlichen Dialektik benutzt sie die ihr vorgegebene kritische Differenz, ohne sie jedoch selbst als ein gesichertes Faktum rechtfertigen zu können. Nur denkmöglich und denknotwendig blieb die Annahme von noumenaler oder, wie es heißt, transzendentaler Freiheit (A 533) neben der durchgängigen Gültigkeit des Kausalgrundsatzes im Bereich der Erscheinungen. 1788 heißt es dagegen, wie wir sahen, daß das Faktum des sittlichen Bewußtseins keiner weiteren Rechtfertigung bedarf; mit ihm sei die Freiheit als objektiv-praktische Realität erwiesen. Das bedeutet aber, daß mit diesem Bewußtsein die Wirklichkeit der kritischen Unterscheidung von Ding an sich und Erscheinung bewiesen ist – die KpV bedarf keiner weiteren Nachfrage bei der KrV, ob denn die Pflicht und die mit ihr gegebene Freiheit auch möglich sind! Mit dem „Machtspruch" (MS VI 280, 30) der reinen praktischen Vernunft ist entschieden, daß das Intelligible Realität hat. Noch in der GMS hieß es, es sei eine „unnachlaßliche Aufgabe der spekulativen Philosophie", den Menschen zugleich als frei wie auch naturgesetzlich bestimmt zu denken (IV 456, 16–27). „Diese Pflicht liegt aber bloß der spekulativen Philosophie ob, damit sie der praktischen freie Bahn schaffe" (Z. 27–29). Und 1787 in der „Vorrede" der Neuauflage der KrV: „Ich mußte also das *Wissen* aufheben, um zum *Glauben* Platz zu bekommen" (B xxx; s. a. B xxviii f.). Sind diese Aussagen kompatibel mit der *KpV*? Oder befreit sich die reine praktische Vernunft 1788 von dieser Abhängigkeit und bemächtigt sich des Ortes und der Funktion, die 1781 die Raum-Zeit-Lehre hatte? Führt sie mit dem Faktum des sittlichen Bewußtseins und dem Machtspruch seines Grundgesetzes selbst die Differenz von Ding an sich und Erscheinung ein, die sie braucht? Die praktische Vernunft erringt das Primat vor der theoretischen (119, 25–121, 31)[4] in einer komplizierten und dramatischen Auseinandersetzung – wie aber soll jetzt die Einheit der theoretischen und praktischen Vernunft genau aussehen, nach der Kant in der „Kritischen Beleuchtung" fragt?

9.2 Glückseligkeits- versus Pflichtprinzip; moralische und komparative Freiheit

Mit dem sittlichen Bewußtsein ist die Unterscheidung des Grundgesetzes des kategorischen Imperativs einerseits und des Eudaimonismus andererseits gegeben; der natürliche und unvermeidliche Glücksanspruch des Menschen wird hiermit zwar nicht aufgehoben, ihm wird jedoch der Erstanspruch in der Willensbestimmung genommen. In den Absätzen 5–7 (92, 18–94, 7 bzw. 21) erinnert Kant an dieses Lehrstück; der Moralphilosoph müsse bei der Unterscheidung des Sittengesetzes vom Glücksprinzip so pünktlich und peinlich verfahren, „als je der Geometer in seinem Geschäfte" (92, 23 f.). Die Unterscheidung der beiden Prinzipien sei jedem Menschen natürlich, heißt es weiter, er treffe sie mit völliger Sicherheit, sobald sich ihm eine geeignete Gelegenheit dazu biete (92, 27–93, 10). Einspruch gegen diese in der praktischen Vernunft jedes Menschen fundierte Theorie kommt von Philosophen, die die Prinzipien der *GMS* bestreiten und (mit den Mitteln von Leibniz und Wolff) für eine nur psychologische „Freiheit" des Menschen argumentieren: „Weil es indessen noch viele gibt" (94, 7 f.) – wir hatten uns hierauf schon in der „Vorklärung" bezogen. Die Gegner bestreiten die kritische Unterscheidung von Ding an sich und Erscheinung oder Noumena und Phaenomena und sind daher nach Kant nicht dazu in der Lage, Freiheit zu retten. Sie müssen alle Erscheinungen als Dinge an sich ansehen; damit aber ist die Freiheit der Determiniertheit nicht subkonträr (und durch den Doppelaspekt vereinbar: frei qua Ding an sich, determiniert qua Erscheinung), sondern

---

4 Kant betont auch in der *KpV*, daß die praktische Vernunft der Einsicht der spekulativen Vernunft „auch eben nicht widersprechen" dürfe; vgl. 120, 16 f. und 121, 8.

„kontradiktorisch entgegengesetzt" (Z. 29 f.). Werde also Naturnotwendigkeit für ihre Dinge an sich nachgewiesen, sei Freiheit unmöglich geworden. Der Versuch der Opponenten, sie in der Psyche des Menschen oder im inneren Sinn zu finden, müsse scheitern; denn ob es sich um Phänomene des äußeren oder des inneren Sinnes handele, sei für die Freiheitsfrage gänzlich belanglos – alle Erscheinungen des äußeren und inneren Sinnes würden schon aufgrund ihrer Zeitlichkeit der Naturnotwendigkeit unterliegen. Kant will dies in einem gesonderten Nachweis zeigen (94, 22–95, 9). Der entscheidende Text der „Kritischen Beleuchtung" hierzu lautet: „Denn aus der ersteren [der „Notwendigkeit im Kausalverhältnisse": 94, 28] folgt: daß eine jede Begebenheit, folglich auch jede Handlung, die in einem Zeitpunkte vorgeht, unter der Bedingung dessen, was in der vorhergehenden Zeit war, notwendig sei. Da nun die vergangene Zeit nicht mehr in meiner Gewalt ist, so muß jede Handlung, die ich ausübe, durch bestimmende Gründe, *die nicht in meiner Gewalt sind*, notwendig sein, d. i. ich bin in dem Zeitpunkte, darin ich handle, niemals frei" (Z. 30–36). Also, so fragen wir kritisch ergänzend, übe *ich* in der psychologischen Ebene keine Handlung aus? Denn es gibt hier nichts, was *ich* tun könnte, was im zeitliche Fluß in *meiner* Gewalt wäre. Was berechtigt hier noch die Rede von einem Subjekt? Es gibt im inneren Sinn nur Vorstellungssequenzen, wie David Hume es sagte.[5] Aber wie verhält sich das Verfließen der Vorstellungen zur Tätigkeit des transzendentalen Subjekts der *KrV*, das in der Apprehension synthetische Einheit im Zeitfluß stiftete und dadurch Erkenntnis ermöglichte (A 98–100)? Wie ist das Verhältnis der praktischen Vernunft zur vorausgesetzten theoretischen hier zu fassen? Es wird erkennbar, wie kompliziert das Projekt der Einheit der Vernunft ist, das Kant in Aussicht stellt.

Dazu eine weitere kritische Überlegung. Die Beweislast für die Annahme der Naturkausalität der Phänomene im inneren Sinn liegt offenbar auf der *KrV*; in ihr muß bewiesen sein, daß Zeitlichkeit immer mit der „Kausalität als *Naturnotwendigkeit*" (94, 22) verbunden ist. Aber die *KrV* scheint hier keine Hilfe zu leisten. Dies läßt sich in folgender Weise zeigen: In der *KrV* werden die „Analogien der Erfahrung" mit der dritten „Analogie", dem „Grundsatz des Zugleichseins, nach dem Gesetze der Wechselwirkung, oder Gemeinschaft" abgeschlossen und besiegelt. Dieser dritte Grundsatz lautet: „Alle Substanzen, sofern sie im Raume als zugleich wahrgenommen werden können, sind in durchgängiger Wechselwirkung"

---

5 Hume 1896, 251–263.

(B 256; vgl. B 292 f.). Die nichträumlichen psychischen Ereignisse sind also nicht an der kosmischen Wechselwirkung beteiligt; da nun alle Kausalität (zweite „Analogie") nur im System der Wechselwirkung möglich ist, kann sie nicht für Phänomene des inneren Sinns gelten. Das läßt sich auch der zweiten „Analogie der Erfahrung", dem „Grundsatz der Zeitfolge nach dem Gesetze der Kausalität" (B 232), für sich entnehmen, wenn auch weniger deutlich: „Alle Veränderungen geschehen nach dem Gesetze der Verknüpfung der Ursache und Wirkung" (ebd.). Nur für Veränderungen im Raum läßt sich die Zeitfolge mit Notwendigkeit gemäß der Zeitrichtung von Ursache und Wirkung sortieren, nicht aber für psychische Veränderungen, bei denen es keine Differenz zwischen subjektiver Wahrnehmungs- und objektiver Ereignisfolge gibt. Es ist also in der *KrV* nicht bewiesen, daß die Ereignis- und Wahrnehmungsfolge des inneren Sinnes dem Gesetz der Verknüpfung der Ursache und Wirkung unterliegt. Die bloße Zeitlichkeit reicht wenigstens zur Konstatierung der Determination nicht hin.

Mit dem „*komparativen* Begriffe von Freiheit" (96, 3), der Freiheit eines inneren Bratenwenders, einer durch Vorstellungen betriebenen Maschine, bezeichnet Kant die Illusion, Freiheit „nach empirischen Prinzipien wie jedes andere Naturvermögen erklären zu können und sie als *psychologische* Eigenschaft, deren Erklärung lediglich auf eine genauere Untersuchung der *Natur der Seele* und der Triebfeder des Willens ankäme, [zu] ... betrachten" (94, 8–14). Die *KrV* bestimmte die (notwendig denkbare, aber noch nicht wirkliche) transzendentale Freiheit als „das Vermögen, einen Zustand *von selbst* anzufangen, deren [Erdmann: dessen] Kausalität also nicht nach dem Naturgesetze wiederum unter einer anderen Ursache steht, welche sie der Zeit nach bestimmte" (A 533). Die *KpV* sagt: Dieses intelligible Vermögen, „einen Zustand *von selbst* anzufangen", kommt uns ausschließlich als sittlichen Wesen zu und in keiner anderen Hinsicht. Diese Position folgt aus dem Anfangsfaktum, und sie läßt sich im Text vielfach belegen (vgl. bes. 105, 35–106, 9). Subjekt ist der Mensch nur und ausschließlich durch das Sittengesetz und die von ihm vorausgesetzte Freiheit. Gegen die Fiktion einer komparativen, innerlich und psychologisch gedachten Freiheit steht das Entweder-Oder von Zeitlichkeit und moralischer Intelligibilität.

Hier ist nicht der Ort, diese Position mit der der *KrV* und der *GMS* zu vergleichen; wir können jedoch auf die Frage hinweisen, ob Kant nicht in den früheren Schriften eine Spontaneität auch anderer Art kannte und einen weiteren Freiheitsbegriff benutzte. Zum weiten Freiheitsbegriff würde man auch die dem Verstand attestierte Spontaneität rechnen (GMS

IV 452, 10–17). In diesem Sinn heißt es auch: „Nun kann man sich unmöglich eine Vernunft denken, die mit ihrem eigenen Bewußtsein in Ansehung ihrer Urteile anderwärts her eine Lenkung empfinge, denn alsdann würde das Subjekt nicht seiner Vernunft, sondern einem Antriebe die Bestimmung der Urteilskraft zuschreiben" (IV 448, 13–16). In der Rezension des *Versuchs einer Anleitung zur Sittenlehre* von Johann Heinrich Schulz aus dem Jahr 1783 wird in einem argumentum ad hominem von Kant geltend gemacht, Schulz habe vorausgesetzt, „daß der Verstand nach objektiven Gründen, die jederzeit gültig sind, sein Urteil zu bestimmen das Vermögen habe und nicht unter dem Mechanism der bloß subjektiv bestimmenden Ursachen, die sich in der Folge ändern können, stehe; mithin nahm er immer Freiheit zu denken an, ohne welche es keine Vernunft gibt. Ebenso muß er auch Freiheit des Willens im Handeln voraussetzen, ohne welche es keine Sitten gibt" (VIII 14, 9–14; vgl. fast wörtlich in der GMS IV 344, 22–345, 19!). Hier hat, so scheint es, die Moral nicht das Freiheitsmonopol, denn das Subjekt, das seiner Vernunft die Bestimmung seiner Urteilskraft zuschreibt, braucht nur ein, wie Kant später sagt, „vernünftiges Wesen" (MS VI 418, 8; auch Religion VI 26 und Frieden VIII 366, 17), aber kein der Moralität und der moralischen Zurechnung fähiges Vernunftwesen zu sein. Nach der Lehre von 1788 sind Wesen möglich, die zwar über eine theoretische Vernunfttätigkeit und über Selbstbewußtsein verfügen, die jedoch nicht frei sind, weil ihnen der Zugang zur Moralität fehlt. „Der Mensch wäre Marionette, oder ein Vaucansonsches Automat, gezimmert und aufgezogen von dem obersten Meister aller Kunstwerke, und das Selbstbewußtsein würde es zwar zu einem denkenden Automate machen, in welchem aber das Bewußtsein seiner Spontaneität ... bloße Täuschung wäre, indem sie nur komparativ so genannt zu werden verdient" (101, 8–13). Nur das sittliche Bewußtsein ist im Hinblick auf seine Freiheit täuschungsimmun! Die Vernunft eines „bloß vernünftigen Wesens" könnte auch die natürliche Qualität eines lebenden körperlichen Wesens sein, heißt es in der *Metaphysik der Sitten* (VI 418, 8–10; vgl. auch die Konsequenz: Fakultäten VII 73, 24 f.) angesehen werden, niemals aber der moralische Wille.

Wir bewegen uns hier auf einem für die Kantische praktische Philosophie überhaupt brisanten Terrain. Man denke nur an die Rechtslehre innerhalb der *MS* (1797). Für das Staatsrecht soll, wie es im *Ewigen Frieden* (1795) heißt, gelten: „Eine Menge von vernünftigen Wesen, die insgesamt allgemeine Gesetze für ihre Erhaltung verlangen, deren jedes aber insgeheim sich davon auszunehmen geneigt ist, so zu ordnen und ihre Verfassung einzurichten, daß, obgleich sie in ihren Privatgesinnungen einander entgegen streben, diese einander doch so aufhalten, daß in ihrem öffentlichen Verhalten der Erfolg eben derselbe ist, als ob sie keine solche böse Gesinnungen hätten" (VIII 366, 17–23). Hiermit wird jedoch nur *eine notwendige* Bedingung öffentlich-rechtlicher Gesetze angegeben; eine andere Bedingung, die die Gesetzgebung restringiert, liegt darin, daß der Mensch nicht nur ein vernünftiges, sondern ein Vernunftwesen ist; entsprechend greift die philosophische Legitimation des Privatrechts (und mit ihm notwendig auch des öffentlichen Rechts) auf das Intelligible zurück und findet seinen Grund im „praktischen Gesetze der Vernunft (dem kategorischen Imperativ), als einem Faktum derselben" (MS VI 252, 28–30), ohne hiermit Rechts- und Tugendlehre zu vermischen. Nur als Vernunftwesen genießt er im Strafrecht den Schutz der „angeborne[n] Persönlichkeit" (VI 331, 27 f.); nur für den Menschen als Vernunftwesen ist die Grundlegung des Rechts in der *reinen* praktischen Vernunft möglich und nötig (vgl. VI 268, 11 und 273, 23–25).

Die *KpV* lehrt eine strikte Dichotomie von einerseits Naturnotwendigkeit aller Begebenheiten in der Zeit und andererseits intelligibler Freiheit als Voraussetzung des als Faktum gesicherten Sittengesetzes (96, 19–24). Kant verschärft mit dieser nunmehr vertrauten Lehre seine Position gegen alle Philosophen, die nicht die Unterscheidung von Ding an sich und Erscheinung kennen. In den Ausführungen vor der „Kritischen Beleuchtung" verfielen sie insgesamt dem Eudaimonismus, jetzt dem weitergehenden Determinismus. Zum Eudaimonismus-Verdikt: Im „Zweiten Hauptstück", „Von dem Begriffe eines Gegenstandes der reinen praktischen Vernunft", heißt es: „Hier ist nun der Ort, das Paradoxon der Methode in einer Kritik der praktischen Vernunft zu erklären: *daß nämlich der Begriff des Guten und Bösen nicht vor dem moralischen Gesetze (dem er dem Anschein nach sogar zum Grunde gelegt werden müßte), sondern nur (wie hier auch geschieht) nach demselben und durch dasselbe bestimmt werden müsse*" (62, 36 ff.). Dieses Prinzip „erklärt auf einmal den veranlassenden Grund aller [!] Verirrungen der Philosophen in Ansehung des obersten Prinzips der Moral" (64, 7–9). Alle meinten, in der Domäne der praktischen Vernunft gelte dieselbe Logik wie in der der spekulativen Vernunft, und stellten entsprechend den Begriff des Guten und Bösen bzw. des Gegenstandes an den Anfang, um aus ihm eine Willensregel, also den Grundsatz oder das Urteil, zu gewinnen. Sie bedachten nicht, daß dann nur das Gefühl der Lust und Unlust zwischen gut und böse zu unterscheiden (63, 14–21) und den Willen entsprechend zu bestimmen vermag. So verfällt auch der hehreste Begriff des Guten dem Eudaimonismus und folglich der bloßen Erfahrung, denn auf die

Frage, wie etwas das Gefühl anrührt, läßt sich nur im Rekurs auf die Erfahrung antworten. Damit aber machen wir uns in der Willensbestimmung von den Zufällen der verschiedenen natürlichen Befindlichkeiten abhängig – die Möglichkeit der Moralphilosophie ist damit ebenso liquidiert wie die der Moral selbst. Entsprechend muß die Naturordnung umgekehrt werden, damit die Sittenordnung sichtbar wird (vgl. zu dieser Umkehrung auch Religion VI 36, 25 und 34). Der kritische Moralphilosoph findet sich also auch hier, in der Domäne der reinen praktischen Vernunft, in der Rolle des Kopernikus. Für die Theorie bedeutete dies: Die subjektiven Gesetze der Möglichkeit unserer Erfahrung müssen die Gesetze der Gegenstände der Erfahrung sein, nur unter dieser Bedingung ist Notwendigkeitserkenntnis der Natur überhaupt möglich. So lautete die kopernikanische Grundidee der „Analytik" der *KrV*;[6] das Gegenstück in der *KpV* lautet, daß das eigene Gesetz des Willens vermittelst der Kategorien der Freiheit den Gegenstand des Willens bestimmt und autonom über gut und böse befindet (2. Abschnitt). Jede Voranstellung von Begriffen des Verstandes oder auch der Vernunft (23, 11 f. und 24, 32) gemäß der Natur- statt der Sittenordnung ist Heteronomie und führt unausweichlich zum niederen oder höheren Eudaimonismus (22, 32–25, 10). Die „Kritische Beleuchtung" lehrt entsprechend, daß selbst alle „mit Vernunft gedachte[n] Bestimmungsgründe" (96, 24 f.) der Naturnotwendigkeit verfallen; auch Platon also ist nicht nur Eudaimonist, sondern bewegt sich mit der vorgestellten und vorangestellten Idee des Guten nicht außerhalb des durch Vorstellungen betriebenen Maschinenwesens.

9.3 Der empirische Charakter und die intelligible Kausalität

Kant wendet die strikte Dichotomie von innerer und äußerer Naturnotwendigkeit einerseits und intelligibler moralischer Freiheit andererseits auf die aus der *KrV* bekannte Lehre vom empirischen und intelligiblen Charakter an (ohne Übernahme genau dieses Begriffspaares) (97, 21 ff.). Bis hin zum Erscheinen der *KrV* gehörte der Begriff des Charakters einerseits in die empirische Individualpsychologie und in die Beschreibung der

---

6 Vgl. KrV A 111: „Die Bedingungen a priori einer möglichen Erfahrung überhaupt sind zugleich Bedingungen der Möglichkeit der Gegenstände der Erfahrung."

Nationen, andererseits in die Zeichenlehre.⁷ In der *KrV* wird überraschend ein gänzlich neuer Charakterbegriff eingeführt, der die Differenz von empirisch und intelligibel ermöglichen soll – jeder Mensch überhaupt verfüge über diese Doppelnatur: „Der Mensch ist eine von den Erscheinungen der Sinnenwelt, und insofern auch eine der Naturursachen, deren Kausalität unter empirischen Gesetzen stehen muß. Als eine solche muß er demnach auch einen empirischen Charakter haben ... Allein der Mensch, der die ganze Natur sonst lediglich durch Sinne kennt, erkennt sich selbst auch durch bloße Apperzeption, und zwar in Handlungen und inneren Bestimmungen, die er gar nicht zum Eindrucke der Sinne zählen kann, und ist sich selbst freilich einesteils Phänomen, anderenteils aber, nämlich in Ansehung gewisser Vermögen, ein bloß intelligibler Gegenstand, weil die Handlung desselben gar nicht zur Rezeptivität der Sinnlichkeit gezählt werden kann. Wir nennen diese Vermögen Verstand und Vernunft" (A 546 f.). Dieser intelligible Gegenstand wird nun als intelligibler Charakter bestimmt, wenn sich erweist, daß die Vernunft Kausalität hat und mit einem Sollen auf den empirischen Charakter einwirken kann. „Daß diese Vernunft nun Kausalität habe, wenigstens wir uns dergleichen an ihr vorstellen, ist aus den *Imperativen* klar, welche wir in allem Praktischen den ausübenden Kräften als Regeln aufgeben. Das *Sollen* drückt eine Art von Notwendigkeit und Verknüpfung mit Gründen aus, die in der ganzen Natur sonst nicht vorkommt" (A 547). Während der empirische Charakter in den Handlungen erscheint und gänzlich in der Naturordnung determiniert ist, ist der ihn in moralischer Hinsicht bestimmende, intelligible Charakter der Zeit enthoben und ist nichts anderes als das tatsächlich zurechnungsfähige Subjekt der Handlung. Dies letztere bleibt in der Theorie von 1788 erhalten; auch jetzt steht der intelligible Charakter gewissermaßen hinter dem empirischen Charakter[8] und verleiht ihm seine Eigentümlichkeit, obwohl die Empirie ein in sich geschlossenes Determinationssystem bildet. Auch jetzt ist die Frage, wie denn eine intelligible Einwirkung in die Sphäre der determinierten Erscheinungen möglich sein soll, unbeantwortbar.

---

7 Man konsultiere ein griechisches Lexikon, dort findet man diese beiden Grundbedeutungen, und beim ersten Wortgebrauch wird gewöhnlich auf die *Ethikoi Charakteres* von Theophrast hingewiesen. Kant kennt in seinen Anthropologie-Notizen und -Vorlesungen und der *Anthropologie* von 1798 (VII 191, 11 ff.; 291, 23 ff.) beide Bedeutungen. Neben dem wertfreien psychologischen Charakterbegriff gibt es die Rede vom Charakter mit einem emphatisch positiven Zug beim „Mann von Charakter" (vgl. auch V 156, 18).
8 Kant benutzt diese Wörter nicht mehr, macht jedoch von dem doppelten Charakterbegriff Gebrauch, s. u. a. 97, 31; 98, 10; 99, 10.

Der intelligible Charakter muß, wenn die Freiheitstheorie von 1788 einen Sinn haben soll, der eigentliche Ort der freien Entscheidung und Verantwortung sein, deren temporale Entfaltung der empirische Charakter sichtbar macht. Diese zeitenthobene, auf keine für uns erkennbaren Gründe gestützte und unter keinen empirischen Pressionen und Schwächeanfällen leidende Entscheidung ist also eine individuelle freie Urtat, mit der jeder sich selbst (prä)destiniert, man könnte sagen: sich selbst moralisch programmiert; jeder entwirft als noumenales Ding an sich die moralische Rolle, die er auf Erden im Zeitverlauf spielt. Nicht den irdischen Schauspieler machen wir für seine Taten verantwortlich, sondern den zeitfreien intelligiblen Urheber der Rolle selbst. „Es gibt Fälle, wo Menschen von Kindheit auf, selbst unter einer Erziehung, die mit der ihrigen zugleich andern ersprießlich war, dennoch so frühe Bosheit zeigen und so bis in ihre Mannesjahre zu steigen fortfahren, daß man sie für geborne Bösewichter und gänzlich, was die Denkungsart betrifft, für unbesserlich hält, gleichwohl aber sie wegen ihres Tuns und Lassens eben so richtet, ihnen ihre Verbrechen eben so als Schuld verweiset, ja sie (die Kinder) selbst diese Verweise so ganz gegründet finden, als ob sie ungeachtet der ihnen beigemessenen hoffnungslosen Naturbeschaffenheit ihres Gemüts so verantwortlich blieben, als jeder andere Mensch" (99, 33 ff.; vgl. KrV A 554 f.).[9] Die Selbst(prä)destination ermöglicht ein für die empirischen Handlungen verantwortliches Subjekt, das nicht identisch ist mit dem empirischen, in Raum und Zeit erscheinenden und handelnden Menschen, das jedoch sein moralischer Grund ist. Diesem intelligiblen Grund, der sich der theoretischen Erkenntnis entzieht, rechnen wir das Tun und Lassen in sittlicher Hinsicht zu.

Die Lehre vom empirischen und intelligiblen Charakter läßt sich in die Tradition der Versuche einordnen, den Menschen als für sein Tun und Lassen verantwortlich zu erweisen und den Weg zu versperren, den irdischen Umständen oder Gott die Schuld am moralischen Zustand der Menschen zu geben. So heißt es im Schlußmythos der Platonischen *Politeia*: „Dies ist der Tochter der Notwendigkeit, der jungfräulichen Lachesis,

---

9 Kant führt hiermit ein Argument an, das schon Poseidonios gegen Chrysipp verwendet, vgl. Poseidonios 1982, 342 – Fragment 423, Zeile 7–19: Kinder, die unter gleichen Umständen geboren und erzogen werden, können in ihren moralischen Eigenschaften höchst unterschiedlich sein. Da es sich um einen griechischen Galentext handelt, gibt es sicher eine oder mehrere neuere Quellen, deren sich Kant bedient. – Die „intelligible Tat" der Religionsschrift (VI 31, 2 und 39, 26) bezieht sich generell auf die Verkehrung der Maximen und ist der Ursprung des radikalen Bösen überhaupt, kann also nicht für die moralischen Differenzen bei Kindern in Anspruch genommen werden.

Rede. Eintägige Seelen! Ein neuer todbringender Umlauf beginnt für das sterbliche Geschlecht. Nicht euch wird der Dämon erlosen, sondern ihr werdet den Dämon wählen. Wer aber zuerst gelost hat, wähle zuerst die Lebensbahn, in welcher er dann notwendig verharren wird. Die Tugend ist herrenlos, von welcher, je nachdem jeglicher sie ehrt oder geringschätzt, er auch mehr oder minder haben wird. Die Schuld ist die des Wählenden, Gott ist schuldlos."[10] Kant schreibt nicht wie Platon in mythischer Rede das Schicksal einem Los zu, sondern einer intelligiblen Tat, die über den individuellen moralischen Charakter befindet, also gerade auch Tugend und Bosheit, die Platon ausnehmen wollte. In einer anderen Theorieebene wird dasselbe im *Mutmaßlichen Anfang der Menschengeschichte* (1786) gesagt, daß nämlich der Mensch „der Vorsehung wegen der Übel, die ihn drücken, keine Schuld geben müsse; daß er seine eigene Vergehung auch nicht einem ursprünglichen Verbrechen seiner Stammeltern zuzuschreiben berechtigt sei ...; sondern daß er das von jenen Geschehene mit vollem Rechte als von ihm selbst getan anerkennen und sich also von allen Übeln, die aus dem Mißbrauche seiner Vernunft entspringen, die Schuld gänzlich selbst beizumessen habe" (VIII 123, 7–15). Die Unmündigkeit des Menschen ist selbstverschuldet.

Die intelligible Freiheit ist gegen jede Determination durch die zeitlich und damit naturgesetzlich verfaßte *Welt* gefeit; die kritische Differenz von Ding an sich und Erscheinung garantiert dies *a priori*. Aber wie steht es mit der Freiheitsbehauptung gegenüber dem *Schöpfer*, der neben der Seele und der Welt dritten Entität der traditionellen Metaphysik? Kant widmet dieser Frage eine detaillierte Untersuchung (100, 29–103, 20). Gott sei Schöpfer des Menschen als eines Dinges an sich; als bloß intelligible Ursache jedoch determiniere er nicht sein intelligibles Erzeugnis, denn Determination betreffe nur die zeitliche Erscheinung, die aber ihrerseits nur eine sinnliche Vorstellungsart des Menschen sei (102, 14–26). Qua Ding an sich sei der Mensch also die ihn nicht determinierende Schöpfung eines freien Wesens. Kant räumt ein, man werde sagen, diese Auflösung eines uralten Problems habe „doch viel Schweres in sich und [sei] einer hellen Darstellung kaum empfänglich" (103, 4 f.). „Allein", kontert Kant gegen diesen schon als Verteidigung vorgetragenen Einwand, „ist denn jede andere [Lösung], die man versucht hat oder versuchen mag, leichter und faßlicher?" (Z. 5 f.)

---

10 Platon 1958, III 307 – *Politeia* 617d–e. Vgl. auch neben vielen anderen Autoren Rousseau 1959 ff., IV 587 f. – *Emile* IV: „Le mal moral est incontestablement nôtre ouvrage, ... Homme, ne cherche plus l'auteur du mal, cet auteur c'est toi-même."

Die „Kritische Beleuchtung" behandelt die Gottesproblematik noch einmal unter einem anderen Gesichtspunkt (Abs. 18). Während es in der eben rekapitulierten Erörterung um die Frage ging, wie die Schöpfung, d. h. aber die Abhängigkeit eines gleichwohl freien Wesens, zu denken ist, tritt jetzt noch die Frage auf, wie es mit der Gotteserkenntnis selbst steht. Diese Frage wird in der folgenden Weise exponiert: Wir haben gesehen, daß Freiheit als objektiv-praktische Realität erkannt werden kann; die Grundlage dazu war das Bewußtsein des Sittengesetzes. Mit der Freiheit haben wir aber eine Erkenntnis des menschlichen Subjekts als eines noumenalen Wesens. Nun ist die Freiheit unter der dynamischen „Kategorie der *Kausalität*" (103, 30 f.) praktisch erkennbar; während die mathematischen Kategorien (Quantität und Qualität) bei dieser Frage nicht einschlägig sein sollen (der Leser muß das hier einfach akzeptieren), wird es doch zum Problem, warum die zweite dynamische Kategorie, die der Modalität, im Hinblick auf das notwendige Wesen, also Gott, nicht zu einer analogen Erkenntnis führt. Kant stellt einmal den systematischen Ort dieser beiden Gegenstände einer problematischen Erkenntnis in der „Dialektik" der *KrV* vor (103, 21–104, 31) und vergegenwärtigt noch einmal, wie die Freiheitserkenntnis möglich wurde, daß man nämlich „in einem wirklichen Falle gleichsam durch ein Faktum beweisen könne: daß gewisse Handlungen eine solche Kausalität (die intellektuelle, sinnlich unbedingte) voraussetzen, sie mögen nun wirklich, oder auch nur geboten, d. i. objektiv praktisch notwendig sein" (104, 33–36). Daraus konnte im Hinblick auf die Freiheit – unter der dynamischen Kategorie der Relation, näher: der Kausalität – gefolgert werden: „Also ist jene unbedingte Kausalität und das Vermögen derselben, die Freiheit, mit dieser aber ein Wesen (ich selber), welches zur Sinnenwelt gehört, doch zugleich als zur intelligibelen gehörig nicht bloß unbestimmt und problematisch *gedacht* (welches schon die spekulative Vernunft als tunlich ausmitteln konnte), sondern sogar in *Ansehung des Gesetzes* ihrer Kausalität bestimmt und assertorisch *erkannt* und uns so die Wirklichkeit der intelligibelen Welt, und zwar in praktischer Rücksicht *bestimmt*, gegeben worden, und diese Bestimmung, die in theoretischer Absicht *transzendent* (überschwenglich) sein würde, ist in praktischer *immanent*" (105, 13–22). Dieser Schritt lasse sich jedoch im Hinblick auf die zweite dynamische Kategorie bzw. Idee, die des notwendigen Wesens, nicht tun, denn dabei handle es sich um ein Wesen außer uns, das wir nicht in uns selbst entdecken (Z. 22–37). Ich, Welt, Gott lautet die Trias der speziellen Metaphysik, die auf die generelle Metaphysik, die Ontologie, folgt. Kant hat die praktische Erkenntnis meiner selbst als eines intelligiblen Wesens verteidigt und eine analoge Erkenntnis Gottes abgewiesen. Und der intelligible Weltbegriff? Er wird nicht eigens erörtert, erscheint jedoch im Kontext des Freiheitsgesetzes; man betrachte noch einmal den Schluß unseres letzten Zitats, wo von der „Wirklichkeit der intelligibelen Welt" (Z. 19) gesprochen wird. Selbstverständlich ist das Freiheitsgesetz ein Weltgesetz, ein Gesetz der gemeinsamen Welt der Menschen als Personen. Als freies Wesen ist der Mensch immer Weltbürger, und der kategorische Imperativ besagt nichts anderes, als seine inhaltlich private Maxime daraufhin zu prüfen, ob sie in formaler Hinsicht das Verfassungsgesetz einer Personenwelt sein könnte.

Kehren wir noch einmal zu der oben zitierten Passage der *KrV* zurück, in der die Differenz von empirischem und intelligiblem Charakter eingeführt wird. Dort rechnete Kant Akte der theoretischen Vernunft zu derjenigen Spontaneität, die der empirisch-psychologischen Determination entzogen ist. In der *KpV* lauten die einschlägigen Aussagen anders. Einige Zitate: „Denn das *Sinnenleben* hat in Ansehung des *intelligibelen* Bewußtseins seines Daseins (der Freiheit) absolute Einheit eines Phänomens, welches, so fern es bloß Erscheinungen von der Gesinnung, die das moralische Gesetz angeht, (von dem [sc. intelligiblen] Charakter) enthält, nicht nach der Naturnotwendigkeit, die ihm als Erscheinung zukommt, sondern nach der absoluten Spontaneität der Freiheit beurteilt werden muß" (99, 6–12). Die „Spontaneität des Subjekts als Dinges an sich" (Z. 24), das „intelligibele Substrat in uns" (Z. 29), „das intelligibele Subjekt" (100, 29 f.) – es ist hier immer nur von dem Subjekt der Moral die Rede. Vom Standpunkt der *KpV* tritt die notwendige Nichtdeterminiertheit des transzendentalen Subjekts theoretischer Erkenntnis nicht in den Blick. Die *KpV* baut zwar auf den Erkenntnissen der *KrV* auf, sie läßt sie jedoch nur partiell in Erscheinung treten; ausgeblendet wird durchgehend die Spontaneität des Subjekts in der einheitlichen Erkenntnisstiftung.

Vom Standpunkt der *KpV* wird die durchgängige Determination der Raum- und Zeitphänomene durch den reinen Verstand (53, 32 u. ö.) in der *KrV* ermöglicht; der Verstand verfügt über eben die Kategorien, die die reine praktische Vernunft jetzt nicht auf Anschauung anwendet, sondern auf das Grundgesetz der Freiheit. Der Verstand wird jedoch nicht als Spontaneität sichtbar, und es wird nicht auf die Handlung des „Ich denke" geblickt, es fehlt jeder Hinweis auf das einheitliche Selbstbewußtsein, das sich als solches in rein theoretischen Erkenntnisakten konstituiert. „Frei handeln kann nur ein Wesen, das allein in seiner Vernunft den zureichenden Grund zum Handeln findet. Eine Vernunft, die diesen Grund enthält, ist insofern ‚reine praktische Vernunft'. Sie übt für die Mannigfaltigkeit möglicher Handlungen die gleiche einigende Funktion aus, die der Apperzeption im theoretischen Denken zukommt ... ."[11] Aber wie verhält sich die eine Einheit zur anderen? Wie verhält sich das noumenale Subjekt, das als reine Spontaneität Erkenntnis ermöglicht und das dem inneren Sinn zugrunde liegt, zu dem noumenalen freien Subjekt der Moral? Auch die „Kritische Beleuchtung" bringt keine Lösung, sondern benennt nur die Absicht in dem oben schon zitierten Text, „es vielleicht dereinst bis zur Einsicht der Einheit des ganzen reinen Vernunftvermögens (des theoretischen sowohl als praktischen) bringen und alles aus einem Prinzip ableiten zu können" (91, 2–5).

Literatur

Beck, L. W. 1960: A Commentary on Kant's Critique of Practical Reason, Chicago/London.
Henrich, D. 1954/55: Das Prinzip der Kantischen Ethik, in: Philosophische Rundschau 2, 20–38.
Hume, David 1896: A Treatise of Human Nature, hrsg. von L. A. Selby-Bigge, Oxford.
Platon 1958: Sämtliche Werke, hrsg. von E. Grassi, Hamburg.
Poseidonios 1982: Die Fragmente, hrsg. Von W. Theiler, Berlin/New York.
Rousseau, Jean Jacques 1959 ff.: Oeuvres complètes, Paris.

---

11 Henrich 1954/55, 34. Das Problem der geistig-seelischen Einheit stellte sich schon in der empirischen Psychologie vor Kant. Christian Wolff bestimmt die Seele als „vis repraesentativa", zugleich aber soll es daneben die Grundkraft des Wollens geben: In welcher mentalen Einheit ist beides begriffen?

Eckart Förster

Die Dialektik der reinen praktischen Vernunft (107–121)

10.1 Erstes Hauptstück: „Von einer Dialektik der reinen praktischen Vernunft überhaupt."

Sogleich der erste Abschnitt des Zweiten Buchs der *Kritik der praktischen Vernunft* stellt den Leser, der mit Kants erster Kritik vertraut ist, vor erhebliche Verständnisschwierigkeiten. Denn die Behauptung, daß nicht nur die theoretische, sondern auch die praktische Vernunft „jederzeit ihre Dialektik" habe (107, 6), steht im Widerspruch zur *Kritik der reinen Vernunft* von 1781. Diese definierte ‚Dialektik' nämlich als eine „Logik des Scheins", die das ‚Blendwerk' bloß vermeintlich objektiver Aussagen erzeugt (KrV A 61). Zwar hatte Kant auch dort, ganz ähnlich wie jetzt in der zweiten Kritik, die Antinomien als segensreiche Verirrung bezeichnet, da sie die Vernunft nötigen, über ihre eigenen Grenzen zu reflektieren und zwischen Phaenomena und Noumena, zwischen Erscheinungen und Dingen an sich, zu unterscheiden. Mit dieser Unterscheidung sollte aber zugleich die grundsätzliche Möglichkeit genuiner Moral gesichert sein, da sich das Sittengesetz eben nicht auf die Sinnenwelt, sondern auf Freiheit und damit auf ein Noumenon bezieht. Daß auch die praktische Vernunft eine Dialektik habe, hatte Kant dort noch bestritten. Ihr wies er deshalb einen „Kanon der reinen Vernunft" (A 795 ff., vgl. auch A 12) zu, worunter er die Grundsätze *a priori* des richtigen Gebrauchs eines Erkenntnisvermögens verstanden wissen wollte: „wenn es überall einen richtigen Gebrauch der reinen Vernunft gibt, in welchem Fall es auch einen *Kanon* derselben geben muß, so wird dieser nicht den spekulativen, sondern den *praktischen Vernunftgebrauch* betreffen" (A 796 f.). Zu dieser Zeit glaubte

Kant nämlich noch mit Rousseau, daß die wahren Grundsätze der Moral selbst von der gemeinen Menschenvernunft eingesehen würden.

Das änderte sich mit der ersten Rezension der *Kritik der reinen Vernunft*, die 1782 in den *Göttingischen Anzeigen von gelehrten Sachen* erschienen war. Kant mußte nun einsehen, daß nicht nur das Kanonkapitel mißverstanden worden war, sondern daß vor allem auch über die Grundsätze der Moral keine Einhelligkeit bestand. Deshalb sah er sich genötigt, eine *Grundlegung zur Metaphysik der Sitten* (1785) zu schreiben, deren Ziel die „Aufsuchung und Festsetzung *des obersten Prinzips der Moralität*" (GMS IV 392, 3 f.) war. Hier ist auch erstmals von einer „natürlichen Dialektik" der gemeinen Menschenvernunft die Rede, die in dem Hang bestehen soll, gegen die Strenge der Pflichtgebote „zu vernünfteln", ihnen gelegentliche Ausnahmen und Einschränkungen zuzubilligen und sie somit unseren Wünschen und Neigungen angemessener zu machen (IV 405, 12 ff.). Damit werden die Pflichtgebote um ihre eigentliche „Würde" gebracht, die gerade in ihrer Reinheit und Strenge liegt. Eine Antinomie im Sinne der ersten Kritik – d. h. ein „Widerstreit der Gesetze ... der reinen Vernunft" (KrV A 407, vgl. *Metaphysik Dohna*: XXVIII 620) – ist damit aber noch nicht gegeben. Denn damit von einer Antinomie im eigentlichen Sinne die Rede sein kann, müssen sich zwei Sätze oder Urteile, deren Gültigkeit jeweils durch Vernunftprinzipien erwiesen ist, kontradiktorisch gegenüberstehen. Gerade darin sah Kant ja das Revolutionäre seiner Entdeckung der Antinomienproblematik, daß sie die Vernunft nötigt, nicht nur auf mögliche Fehler in ihren Schlußfolgerungen gefaßt zu sein, sondern auf einen Widerstreit in ihren eigenen Gesetzen.

In der *Kritik der praktischen Vernunft* bestimmt Kant die Dialektik deshalb auch nicht wie in der *Grundlegung* als den Antagonismus zwischen Vernunftgesetz und Maximen der Neigungen und Wünsche, sondern als Resultat des Vernunftverlangens nach der absoluten Totalität der Bedingungen zu einem gegebenen Bedingten. Damit ist in der Tat eine Annäherung an die Problematik der ersten Kritik gegeben, da auch die theoretische Vernunft ja durch ihr Streben nach dem unbedingten Erklärungsgrund alles Bedingten bestimmt war (vgl. KrV A 307 f.) und sich gerade wegen dieses Strebens in einer Dialektik verfing. Im Falle der praktischen Vernunft muß diese Totalität, dieses Unbedingte, allerdings verstanden werden als deren ultimativer Gegenstand oder letztes Ziel, da das Unbedingte als Bestimmungsgrund des Willens bereits im Sittengesetz vorliegt. Zu fragen bleibt jedoch, ob und in welchem Sinne mit diesem ultimativen Gegenstand auch der Widerstreit zweier notwendiger Vernunftbedingungen gegeben ist, der für eine Antinomie im Sinne der ersten Kritik konstitutiv ist. Schauen wir uns dazu zuerst den Begriff dieses Gegenstands der reinen praktischen Vernunft genauer an.

Diesen Gegenstand, der „das Ganze, das vollendete Gute" (110, 35 f.) sein soll, in welchem Sittlichkeit und eine ihr entsprechende Glückseligkeit gleichermaßen enthalten gedacht sind, nennt Kant in Anlehnung an die Antike das höchste Gut. Schon früh hatte er sich mit den entsprechenden Theorien der Epikureer, Stoiker, Kyniker und Platoniker auseinandergesetzt (vgl. Düsing 1971). Dabei interessierte ihn vorrangig die Frage nach den Bedingungen einer möglichen Realisierung des höchsten Guts. Denn sobald Kant zu der Einsicht gekommen war, daß nicht Gott, sondern nur die Vernunft Ursprung des Sittengesetzes sein kann, mußte sich ihm die Frage nach den subjektiven Gründen der Ausführung moralischer Handlungen oder den menschlichen Triebfedern in neuer Schärfe stellen. Wie kann aus der bloßen Einsicht in das sittlich Gute die entsprechende Tat folgen? Dies Problem zu lösen stellte sich Kant in der vorkritischen Phase als Stein der Weisen dar: „Wir können uns keinen Begriff machen, wie eine bloße [Vorstellung von der] Form der Handlung könne die Kraft einer Triebfeder haben. Indessen muß dieses doch sein, wenn Moralität stattfinden soll, und Erfahrung bestätigt es" (Reflexionen XIX 183). Deshalb interessierten Kant unter den antiken Theorien vom höchsten Gut besonders diejenigen, denen zufolge dieses Gut ein Ideal höchsten Menschseins darstellt, das sie durch besondere Anstrengungen und Vorkehrungen im Laufe des Lebens zu erreichen trachteten. Das ist der Fall vor allem bei den Epikureern und den Stoikern. Vereinfacht ausgedrückt behauptet der Epikureer Kant zufolge, daß die bewußte Befolgung der Maximen der Glückseligkeit zugleich die Tugend bewirke, der Stoiker dagegen, daß sich seiner Tugend bewußt zu sein notwendig Glückseligkeit zur Folge habe (vgl. 111). Kants Kritik dieser Positionen wird uns im folgenden noch beschäftigen; hier sei nur darauf hingewiesen, daß in dem Moment, wo erkannt wird, daß die Vernunft durch sich selbst praktisch sein kann und die bloße Vorstellung des moralischen Gesetzes den Willen zum Handeln zu bestimmen in der Lage ist, das Problem der Ausführbarkeit sittlicher Handlungen sich in dieser Form nicht mehr stellt. Wird das Problem des höchsten Guts in der *Kritik der praktischen Vernunft* also erneut virulent, so muß es in einem anderen Bedeutungszusammenhang sein.

Die Dialektik der reinen praktischen Vernunft soll nach Kant nun gerade in der genauen Bestimmung des Begriffs vom höchsten Gut zu finden sein. Um die entsprechenden Überlegungen richtig einzuschätzen, sei zuerst an den ‚Fehler der Alten' mit diesem Begriff erinnert, auf den Kant im zweiten Hauptstück der „Analytik" hingewiesen hatte und der seiner Meinung nach darin bestand, daß die Griechen das sittlich Gute in den Begriff des höchsten Guts, „mithin eines Gegenstandes setzten, welchen sie *nachher* zum Bestimmungsgrunde des Willens im moralischen Gesetze zu machen gedachten" (64, 28–30; Hervorhebung vom Verf.). Dagegen hatte er gezeigt, daß gar kein dem Gesetz äußerer Gegenstand, wie auch immer gefaßt, Bestimmungsgrund des reinen Willens sein kann, sondern lediglich das Sittengesetz selbst. Dieses ist folglich formal und abstrahiert von allen Gegenständen. Es abstrahiert aber nur von allen Gegenständen, sofern es um den Bestimmungsgrund des reinen Willens geht. Denn natürlich ist ein Wollen ohne Objekte (im weitesten Sinn) genausowenig denkbar, wie ein Gesetz ohne einen Gegenstandsbereich, den es regelt. Betrachtet man den gleichen Sachverhalt aus der Perspektive möglichen Handelns, so ist eine Abstraktion von den Gegenständen oder Zwecken des Wollens nicht mehr sinnvoll. In einer vollständigen Beschreibung des sittlichen Bewußtseins bilden Willensbestimmung und Objekt des Handelns immer eine Einheit. Entsprechend schreibt Kant auch, „das moralische Gesetz muß allein als der Grund angesehen werden, jenes [d. h. das höchste Gut als das System solcher Zwecke] und dessen Bewirkung oder Beförderung sich zum Objekte zu machen" (109, 23–25).

Damit ist lediglich noch einmal zusammengefaßt, was als Resultat der Analytik der reinen praktischen Vernunft gelten kann. Allerdings formuliert Kant dies Resultat im letzten Abschnitt unseres Kapitels in einer Weise, die über das Bisherige hinauszugehen scheint und die zu erheblichen Kontroversen unter seinen Interpreten geführt hat. Wenn im Begriff des höchsten Guts neben der Glückseligkeit das Sittengesetz als oberste Bedingung der Tugend „schon mit eingeschlossen ist" (109, 35 f.), dann ist das höchste Gut eben „nicht bloß *Objekt*, sondern auch sein Begriff und die Vorstellung der durch unsere praktische Vernunft möglichen Existenz desselben zugleich der *Bestimmungsgrund* des reinen Willens" (Z. 36 ff.). Damit scheint Kant der gerade aufgestellten Behauptung zu widersprechen, wonach das höchste Gut „nicht für den *Bestimmungsgrund* desselben zu halten" ist (Z. 23). Weiter insistiert Kant nun darüber hinaus, daß die menschliche Vernunft sich zu ihren Handlungen den möglichen Erfolg dieser Handlungen wenigstens muß denken können. Wäre das höchste Gut als letzter Zweck des Willens selbst unmöglich, so müßte das Sittengesetz, das seine Realisierung fordert und zugleich eines seiner Bestandteile sein soll, selbst falsch, weil unrealisierbar sein: „Ist also das höchste Gut nach praktischen Regeln unmöglich, so muß auch das moralische Gesetz, welches gebietet dasselbe zu befördern, phantastisch und auf leere eingebildete Zwecke gestellt, mithin an sich falsch sein" (114, 6–9).

Diese Formulierungen Kants haben den Widerspruch zahlreicher Interpreten hervorgerufen, die in der Aufwertung des höchsten Guts zu einem Bestimmungsgrund des Willens eine Preisgabe der Autonomie sehen (vgl. hierzu den Literaturüberblick in Albrecht 1978, 152–166). So schreibt etwa Lewis White Beck in seinem Kommentar zur zweiten Kritik: „[W]ir dürfen uns nicht der Täuschung hingeben, wie es m. E. Kant tat, die Möglichkeit des höchsten Gutes für eine notwendige Bedingung der Sittlichkeit zu halten oder zu glauben, es sei unsere sittliche Pflicht, es zu befördern, – unabhängig von der Pflicht, die durch die Form und nicht durch den Inhalt oder den Gegenstand des moralischen Gesetzes definiert wird" (Beck 1974, 228).

Offensichtlich hängt die Deutung dieser schwierigen Passagen der zweiten Kritik davon ab, in welchem Sinne (1) das höchste Gut (im Kantischen Sinn) „nicht bloß Objekt" ist und wie (2) seine Unmöglichkeit die Falschheit des Sittengesetzes implizieren könne.

(1) Obwohl die „Analytik" das Sittengesetz als bloß formal bestimmt, weist Kant doch auch dort schon darauf hin, daß es sich dabei nicht um ein Verbotsgesetz handelt, sondern daß es vielmehr ein Gesetz ist, das der Sinnenwelt „die Form einer Verstandeswelt ... verschaffen" soll, und daß sein „Gegenbild in der Sinnenwelt ... existieren soll", so daß sich beide wie *„natura archetypa"* zu *„natura ectypa"* verhalten. Damit versetzt uns das Sittengesetz der Idee nach in eine Natur, „in welcher reine Vernunft, wenn sie mit dem ihr angemessenen physischen Vermögen begleitet wäre, das höchste Gut hervorbringen würde" (43, 11 ff.). Das höchste Gut ist folglich kein dem Willen externes Objekt, von dem „nachher" eine Willensbestimmung ausgehen kann oder auch nicht. Es ist vielmehr die Realisierung des Sittengesetzes in dieser Welt. Damit ist das Gesetz (als die Bedingung eines ihrer Teile, nämlich Tugend) im Begriff des höchsten Guts etwa so mit „eingeschlossen", wie ein Grundriß in der Idee des fertigen Hauses enthalten ist (mit dem wichtigen Unterschied, daß das Gesetz, nicht der Grundriß, zugleich sein „Gegenbild" in der Sinnenwelt fordert). Nur in diesem Sinn kann die Vorstellung des höchsten Guts auch moralisch willensbestimmend sein.

Realisiert werden muß es aber (soweit dies möglich ist) von Menschen, d. h. von endlichen Vernunftwesen, die sich dadurch zum Handeln bestimmen, daß sie sich Zwecke setzen. Alle individuellen Zwecke müssen in letzter Instanz unter das Sittengesetz subsumiert werden, wodurch wiederum sittliche Zwecke entstehen, die mit den Zwecken aller anderen Vernunftwesen übereinstimmen. Ein praktisches Gesetz wie das Sittengesetz zeichnet sich nämlich dadurch aus, daß es „alles einstimmig macht" (28, 9) und allen vernünftigen Wesen ein gemeinsames Ziel oder „ein und dasselbe Objekt" gibt (Z. 13). Deshalb spricht Kant auch von praktischen Gesetzen als den Gesetzen eines „Reichs der Zwecke", worunter er ein Ganzes aller Zwecke – der sittlichen wie der individuellen – in systematischer Verknüpfung versteht (GMS IV 433). In diesem Sinne ist die Beförderung des höchsten Guts als eines Reichs der Zwecke also ein uns durch das Sittengesetz vorgeschriebenes Ziel.

(2) Nun gehört die eigene Glückseligkeit zu den Zwecken eines endlichen Vernunftwesens, die dieses unvermeidlich und aufgrund seiner endlichen Natur sich setzt. Die Realisierung der eigenen Glückseligkeit ist zwar keine Pflicht, denn, wie Kant in der *Metaphysik der Sitten* betont, was jeder schon von Natur aus will, kann nicht zur Pflicht gemacht werden (vgl. MS VI 386). Sie kann aber auch deshalb kein rein sittliches Ziel, kein gemeinsames Objekt sein, weil die Bedingungen des eigenen Glücks für jeden verschieden sind und von empirischen Umständen abhängen. Wohl ist sie das Ziel „jedes vernünftigen, aber endlichen Wesens und also ein unvermeidlicher Bestimmungsgrund seines Begehrungsvermögens" (25, 12–14). Aber sie ist kein Bestimmungsgrund des *reinen* Willens, denn dies kann nur ein praktisches Gesetz sein, das „für alle vernünftige Wesen *eben denselben Bestimmungsgrund* des Willens" enthalten muß (Z. 23 f.). Insofern ist also die Vorstellung der eigenen Glückseligkeit im Begriff des höchsten Guts nicht moralisch willensbestimmend. Allerdings können wir festhalten: Wenn es ein Reich der Zwecke geben können soll und das höchste Gut in dieser Welt realisierbar sein soll, dann müssen sittliche und natürliche Zwecke derjenigen Vernunftwesen, die diese Realisierung befördern sollen, zumindest im Prinzip systematisch verknüpft werden können. Wäre also die Natur, in der allein ich meine Zwecke realisieren kann und von der ich selbst ein Teil bin, dergestalt, daß sie eine der Tugend entsprechende Glückseligkeit systematisch ausschließen würde, so müßte dies einem Vernunftwiderspruch (d.h. einer Antinomie) gleichkommen, da es ja „immer nur eine und dieselbe Vernunft" (121, 4 f.) ist, die uns einerseits das Sittengesetz vorschreibt, andererseits einen „nicht abzulehnenden Auftrag von Seiten der Sinnlichkeit" (61, 26 f.) hat, sich um Glückseligkeit zu kümmern. Oder, wie Kant es auch ausdrückt: „[D]er Glückseligkeit bedürftig, ihrer auch würdig, dennoch aber derselben nicht teilhaftig zu sein, kann mit dem vollkommenen Wollen eines vernünftigen Wesens, welches zugleich alle Gewalt hätte, wenn wir uns auch nur ein solches zum Versuche denken, gar nicht zusammen bestehen" (110, 27–31).

10.2 Zweites Hauptstück: „Von der Dialektik der reinen Vernunft in Bestimmung des Begriffs vom höchsten Gut."

Mit der Unterscheidung des Obersten und des Vollendeten als der zwei Komponenten im Begriff des höchsten Guts greift Kant den genannten Unterschied noch einmal auf. Tugend ist die *oberste* Bedingung des höchsten Guts, weil sie selbst unbedingt, d. h. keiner anderen Bedingung untergeordnet ist. Zum *vollendeten* Gut gehört aber auch die Realisierung vom „Gegenstand des Begehrungsvermögens vernünftiger endlicher Wesen" (110, 23), d. h. Glückseligkeit, die selbst nicht unbedingt gut ist, sondern jederzeit Tugend als die Bedingung ihres Gutseins voraussetzt. Im höchsten Gut müssen aber beide, Tugend und eine ihr entsprechende Glückseligkeit, als systematisch vereinbar gedacht werden können, und die Frage ist nun, wie das möglich ist.

An dieser Stelle wird der tiefere Sinn von Kants Erörterung der epikureischen und der stoischen Positionen deutlich. Beide hatten nämlich, obwohl auf jeweils entgegengesetzte Weise, die Vereinbarkeit von Tugend und Glückseligkeit im höchsten Gut dadurch postuliert, daß sie eine grundsätzliche Gleichheit der zugrundeliegenden Prinzipien annahmen: die erste, indem sie Glückseligkeit mit Tugend identifizierte, die zweite, indem sie das Bewußtsein der eigenen Tugend mit Glückseligkeit gleichsetzte. Sie gingen also davon aus, daß es im Grunde „ganz identische Handlungen wären", die sowohl der Glückseligkeit als auch der Tugend zugrunde lägen. In den vorkritischen Reflexionen zu diesem Thema hatte Kant aber schon darauf hingewiesen, daß es die christliche Ethik war, die zuerst den grundsätzlichen Unterschied beider deutlich gemacht hatte, indem sie erstmalig das moralische Gesetz in einer solchen Strenge und Reinheit vorgestellt habe, daß das menschliche Verhalten ihm niemals völlig adäquat sein, die entsprechende Glückseligkeit durch den „Mangel der Heiligkeit" (Reflexionen XIX 120) in dieser Welt also auch nicht erreicht werden könne: „Der Lehrer des *evangelii* setzte mit recht zum Grunde, daß die zwei *principia* des Verhaltens, Tugend und Glückseligkeit, verschieden und ursprünglich wären. Er bewies, daß die Verknüpfung davon nicht in der Natur (dieser Welt) liege. Er sagte, man könne sie jedoch getrost glauben. Aber er setzte die Bedingung hoch an und nach dem heiligsten Gesetz" (Reflexionen XIX 238, vgl. 174 f.). Stoiker und Epikureer hatten demzufolge „Identität zu ergrübeln" versucht, wo „wesentliche und nie zu vereinigende Unterschiede in Prinzipien" vorliegen (111, 33 ff.). In der Analytik der

Kritik der praktischen Vernunft hat Kant nun selbst und ohne derartige historische Vorgaben den Begriff eines praktischen Gesetzes in einer solchen Reinheit aufgestellt und von allen Prinzipien der Selbstliebe unterschieden, daß die grundlegende Ungleichartigkeit der Maximen der Tugend von denen der eigenen Glückseligkeit aus rein begrifflichen Gründen einsichtig wird (25 f., vgl. Willaschek 1995).

10.3 „Die Antinomie der praktischen Vernunft."

Allerdings hatte Kant noch bis einschließlich der *Kritik der reinen Vernunft* von 1781 angenommen, daß wir selbst Urheber eines solchen höchsten Guts sein *könnten*, da die Ursache der wahren allgemeinen Glückseligkeit nichts anderes als „die durch sittliche Gesetze teils bewegte, teils restringierte Freiheit" sei (KrV A 809). Glückseligkeit würde also notwendig aus wechselseitiger Tugend folgen. Der Fehler der Stoa läge demnach also nur darin, daß sie annahm, das Bewußtsein der *eigenen* Tugend könne an sich schon Glückseligkeit bedeuten. Vielmehr würden wir ihrer nur dann teilhaftig werden können, wenn wir voraussetzen könnten, „daß jedermann tue, was er soll", was eben nicht der Fall ist. Darum wird ihre Realisierung, auf die wir als Tugendhafte trotzdem müssen hoffen können, in der *Kritik der reinen Vernunft* auch in ein jenseitiges Leben verlegt und dort Gottes Vermittlung zugeschrieben (A 811; 813). Ein Einwirken Gottes auf die physische Welt wird 1781 also noch nicht vorausgesetzt.

Diese Position hat Kant aus Gründen, auf die ich hier nicht eingehen kann (vgl. Förster 1998), bald nach Erscheinen der ersten Kritik aufgegeben. In der *Kritik der praktischen Vernunft* wird Glückseligkeit ausschließlich empirisch gefaßt, als „Übereinstimmung *der Natur* zu [meinem] ganzen Zwecke" (124, 23 f.; Hervorhebung vom Verf.). Da wir keinen durchgängigen Einfluß auf die Natur haben bzw. diese „sich nicht nach moralischen Gesinnungen des Willens ... richtet" (113, 31 ff.), können wir nun auch nicht einmal mehr im Prinzip wechselseitig Urheber unserer eigenen Glückseligkeit sein. Erst jetzt kann es also überhaupt eine *Antinomie* der reinen praktischen Vernunft geben.

10.4 „Kritische Aufhebung der Antinomie der praktischen Vernunft."

Daß es mit dieser Antinomie der reinen praktischen Vernunft „eben so bewandt" (114, 27) sei wie mit der Antinomie der reinen spekulativen Vernunft, ist aber zumindest auf den ersten Blick irreführend. Schließlich hatten die Antinomien der theoretischen Vernunft Kant überhaupt erst zur kritischen Philosophie genötigt, wie er in einem Brief an Christian Garve erklärte (*Briefwechsel*: XII 255). Der transzendentale Idealismus stellte die einzige Möglichkeit dar, die Antinomien aufzulösen; sie konnten deshalb auch als indirekter Beweis für die Richtigkeit dieses Idealismus gelten (vgl. KrV A 507 f., Prolegomena IV 292). Für die Antinomie der praktischen Vernunft gilt nichts Entsprechendes; vielmehr setzt sie den Idealismus der kritischen Philosophie bereits voraus. Aber auch formal bestehen erhebliche Unterschiede. Thesis und Antithesis von Kants praktischer Antinomie sind nicht wie ihre theoretischen Gegenstücke zwei einander kontradiktorisch entgegengesetzte Urteile. Auch gilt nicht, daß jede der beiden sich gegenüberstehenden Sätze „sogar in der Natur der Vernunft Bedingungen seiner Notwendigkeit antrifft" (KrV A 421). Wie Kant selbst anmerkt, ist der erste der beiden opponierten Sätze, demzufolge das Streben nach Glückseligkeit einen Grund tugendhafter Gesinnung hervorbringe, „*schlechterdings falsch*" (114, 29). Der zweite Satz, wonach Tugendgesinnung notwendig Glückseligkeit hervorbringe, ist nur dann ebenfalls schlechterdings falsch, wenn ich die Erfahrung zugrunde lege. Darum reicht es Kant zur Auflösung dieser ‚Antinomie', daß gezeigt wird, daß es „nicht unmöglich" ist, daß tugendhafte Gesinnung eine proportional entsprechende „Glückseligkeit als Wirkung in der Sinnenwelt habe" (115, 2 ff.).

Mit diesem „nicht unmöglich" ist nun in der Tat eine gewisse – wenn auch schwache – Verbindung zur dritten Antinomie der *Kritik der reinen Vernunft* hergestellt, mit der Kant die Antinomie der praktischen Vernunft parallelisiert. Zwar war dort keine der beiden kontradiktorisch opponierten Urteile schlechterdings falsch; vielmehr sollten beide möglicherweise wahr sein. Die Antithesis ist sogar tatsächlich wahr, sofern sie auf die Sinnenwelt beschränkt wird, da sie dann ein für empirische Erkenntnis konstitutives Prinzip formuliert, nämlich, daß in diesem Bereich alles nach Gesetzen der Naturkausalität geschieht. Die Thesis hingegen, wonach zur Erklärung der Erscheinungen in der Welt auch noch eine Kausalität durch Freiheit angenommen werden muß, könnte dann wahr sein, wenn wir neben der Welt der Erscheinungen eine übersinnliche Welt anzunehmen genötigt sind, die sich zur Erscheinungswelt wie Grund zu Folge verhielte.

Und gerade dies sollte ja das Resultat der gesamten Dialektik sein. Die Antinomie der theoretischen Vernunft löst sich auf, wenn Naturkausalität nur auf Erscheinungen, Freiheit nur auf Dinge an sich bezogen wird. Über diese grundsätzliche Unterscheidung kann die theoretische Vernunft aber auch nicht hinausgehen: sie kann weder die Wirklichkeit noch die Möglichkeit einer Kausalität aus Freiheit einsehen. Allerdings muß sie zugeben, daß sich Natur und Freiheit ‚nicht widerstreiten', die letzte also ‚nicht unmöglich' ist (KrV A 558).

Daß Kant auch in der *Kritik der praktischen Vernunft* eine entsprechende Strategie verfolgen kann, wird deutlicher, wenn man deren Antinomie so umformuliert, daß sich auch hier zwei Sätze kontradiktorisch gegenüberstehen, die beide durch Vernunftprinzipien gerechtfertigt sind (vgl. hierzu Beck 1974, 230):

Thesis: Das höchste Gut ist möglich.
Antithesis: Das höchste Gut ist nicht möglich.

Beweis der Thesis: Das Sittengesetz fordert seine Realisierung.
Beweis der Antithesis: Die Verbindung von Tugend und Glückseligkeit ist weder analytisch noch synthetisch *a priori*, noch synthetisch *a posteriori*, d.h. durch Erfahrung, gegeben.

Auflösung der Antinomie: Die Antithesis ist wahr in der Erscheinungswelt, dem ausschließlichen Geltungsbereich der Naturkausalität. Die Thesis kann wahr sein in der intelligiblen Welt, weil dann eine synthetische Verknüpfung von Tugend (als Grund) und Glückseligkeit (als Folge) nicht absolut unmöglich ist.

Auch zur Auflösung der praktischen Antinomie ist also die Unterscheidung von Sinnen- und Verstandeswelt hinreichend, welche die theoretische Vernunft selbst machen muß. Damit ist gewährleistet, daß es nicht unmöglich ist, daß eine andere als Naturkausalität den geforderten Zusammenhang zwischen meiner Tugend und der „Glückseligkeit als Wirkung in der Sinnenwelt" (115, 5 f.) herstellt, auch wenn die theoretische Vernunft einen solchen Zusammenhang nicht einsehen kann. Er ist denkmöglich geworden. Darüber hinaus könnte man noch anfügen: Nicht nur muß die theoretische Vernunft aufgrund ihrer eigenen Antinomien eine solche Unterscheidung zweier Welten treffen; sie muß sich auch selbst als ein Noumenon in einer Verstandeswelt denken, da sie notwendigerweise für alle ihre Urteile eine Nicht-Verursachung durch Naturgegenstände voraussetzen muß, wenn sie nicht einen performativen Selbstwiderspruch begehen will (vgl. GMS IV 448). Und die praktische Vernunft erkennt im Sittengesetz einen intelligiblen Bestimmungsgrund menschlicher Freiheit. Damit kann die ‚Antinomie' für aufgehoben erklärt werden: Es ist „nicht unmöglich, daß die Sittlichkeit der Gesinnung einen, wo nicht unmittelbaren, doch mittelbaren (vermittelst eines intelligibelen Urhebers der Natur) und zwar notwendigen Zusammenhang als Ursache mit der Glückseligkeit als Wirkung in der Sinnenwelt habe, welche Verbindung in einer Natur, die bloß Objekt der Sinne ist, niemals anders als zufällig stattfinden und zum höchsten Gut nicht zulangen kann" (115, 2–8).

Diese angebliche Antinomie ist also gar kein Widerstreit in den Gesetzen der praktischen Vernunft, sondern ein scheinbarer Widerstreit zwischen den Gesetzgebungen der theoretischen und der praktischen Vernunft. Sie ist deshalb so leicht zu beheben, weil die dazu benötigte Unterscheidung von Sinnenwelt und Verstandeswelt ja von der theoretischen Vernunft selbst gemacht und von der praktischen Vernunft sogar vorausgesetzt werden muß. Diese ‚Antinomie' ist also durchaus nicht so ernsthaft, wie Kant glauben machen möchte. Ob damit allerdings auch jegliche Dialektik im Begriff des höchsten Guts schon beseitigt ist, bleibt zu fragen. Hier sei zumindest darauf hingewiesen, daß Kant in späteren Schriften, beginnend mit der *Religion innerhalb der Grenzen der bloßen Vernunft* und dann besonders im *Opus postumum*, den Begriff des höchsten Guts und der damit verbundenen Postulatenlehre (vgl. dazu den Beitrag von Frido Ricken in diesem Band) noch einmal einer grundsätzlichen Revision unterzieht (vgl. Förster 1998).

Die verbleibenden Absätze des Abschnitts „Kritische Aufhebung der Antinomie der praktischen Vernunft" tragen zu dieser Aufhebung denn auch nichts mehr bei, sondern versuchen lediglich, den Fehler älterer wie neuerer Philosophen weiter zu beleuchten, die Möglichkeit des höchsten Guts auch ohne die Annahme einer intelligiblen Welt erklären zu wollen. Er besteht nach Kant darin, daß das Bewußtsein des Gefühls des Wohlgefallens oder der Selbstzufriedenheit, das aus der sittlichen Handlung *resultiert* und sinnlich erfahrbar ist, irrtümlich für etwas gehalten wird, das den Willen zur Moralität *bestimmen* kann. Daß aber kein der Vernunft zugrunde gelegtes, vorhergehendes Gefühl, sondern lediglich die Vorstellung des Sittengesetzes den Willen moralisch zu bestimmen in der Lage ist, hatte Kant in der Analytik bereits ausführlich dargelegt.

In diesem Sinne muß auch die Formulierung, daß der Fehler in dem Glauben bestehe, eine proportionale Entsprechung von Tugend und Glückseligkeit „schon *in diesem Leben* (in der Sinnenwelt)" (115, 23 f.) finden zu können, gelesen werden. Würde das nämlich bedeuten, daß das höchste Gut erst im Jenseits möglich ist, wie Kant auch noch selbst in der *Kritik der reinen Vernunft* behauptete (A 811), dann könnte sich die vom Sittengesetz geforderte Beförderung des höchsten Guts „in dieser Welt" nur auf die Tugend beziehen, und es bedürfte nicht der zur Aufhebung der Antinomie geforderten Möglichkeit eines „intelligibelen Urhebers der Natur", der „Glückseligkeit als Wirkung in der Sinnenwelt" (115, 4 ff.) unserer Sittlichkeit entsprechend bewirken könnte.

10.5 „Von dem Primat der reinen praktischen Vernunft"

„Die Gesetzgebung der menschlichen Vernunft (Philosophie) hat nun zwei Gegenstände, Natur und Freiheit, und enthält also sowohl das Naturgesetz, als auch das Sittengesetz, anfangs in zwei besonderen, zuletzt aber in einem einzigen philosophischen System", hatte Kant 1781 in der *Kritik der reinen Vernunft* geschrieben (A 840). Ein solches einheitliches System konnte er aber auch 1788 in der *Kritik der praktischen Vernunft* noch nicht vorlegen (das gelang ihm erst ansatzweise im sogenannten *Opus postumum*); hier konnte er nur der Hoffnung Ausdruck geben, daß es „dereinst" gelingen möge, die Einheit von theoretischer und praktischer Vernunft aus einem Prinzip abzuleiten (91, 2 ff.). Neben der Gesetzgebung haben beide Vernunftvermögen aber auch ein ihnen je eigenes Interesse, das Kant 1781 in die Fragen: ‚Was kann ich wissen?' und ‚Was soll ich tun?' gekleidet hatte, 1788 als Streben nach der Erkenntnis des Objekts bis zu den höchsten Prinzipien *a priori* bzw. als Bestimmung des Willens in Ansehung des letzten und vollständigen Zwecks bezeichnet hatte (vgl. KrV A 805 und V 120). Nachdem die Gesetzgebungen der theoretischen sowie der praktischen Vernunft in den Analytiken der beiden Kritiken vollständig vorlagen, mußte sich nun die Frage nach der Vereinbarkeit beider Vernunftinteressen stellen. Denn einerseits ist es „immer nur ein und dieselbe Vernunft" (121, 4 f.), die in theoretischer oder praktischer Absicht nach Prinzipien *a priori* urteilt; andererseits hatte diese Vernunft in theoretischer Absicht alle Erkenntnis auf mögliche Erfahrung einschränken müssen, sich in praktischer Absicht aber ebenso notwendig auf Begriffe einer übersinnlichen Welt verwiesen gefunden.

Trotzdem liegt, wie Kant in diesem letzten Abschnitt zeigen will, kein Konflikt der Vernunftinteressen vor. Vielmehr muß das theoretische Interesse dem praktischen „untergeordnet" werden, so daß der praktischen Vernunft ein Primat zukommt. Dafür lassen sich eine Reihe von Gründen ins Feld führen.

Dürfte die praktische Vernunft in ihrem Geschäft nur das annehmen und als gegeben betrachten, was durch die theoretische Vernunft ausgewiesen ist, so hätte die letztere das Primat. Sind mit dem praktischen Interesse aber zugleich und unausweichlich gewisse theoretische Urteile verbunden, welche die theoretische Vernunft zwar nicht bestätigen, aber auch nicht zurückweisen kann, so kommt der praktischen Vernunft das Primat zu. Nun haben wir am Sittengesetz ein tatsächliches Bewußtsein davon, daß die Vernunft praktisch sein kann. Dies Gesetz verlangt die Beförderung des höchsten Guts in der Welt. Ein solches Gut ist aber nur möglich, wie Kant im folgenden Kapitel zu zeigen versuchen wird, unter der Annahme der Existenz Gottes und der Unsterblichkeit der Seele. Gelingt dieser Nachweis, dann sind die Sätze ‚Gott existiert' und ‚die Seele ist unsterblich' zwei theoretische und als solche unerweisliche Sätze, die dennoch einem unbedingt geltenden praktischen Gesetz anhängen – weil, wie Kant argumentiert hatte, aus der Unmöglichkeit des höchsten Guts die Falschheit des Sittengesetzes selbst folgen müßte. Er nennt diese beiden theoretischen Sätze deshalb Postulate der reinen praktischen Vernunft. Als drittes Postulat kommt das der menschlichen Freiheit hinzu, das die notwendige Bedingung des Sittengesetzes selbst ausspricht. Diese Postulate wären damit durch die praktische Vernunft ausgewiesene bzw. geforderte theoretische Sätze. Was sagt die theoretische Vernunft dazu?

Zum einen ist es ihr eigenes Interesse an gerade diesen Ideen – Freiheit des Willens, Unsterblichkeit der Seele, Dasein Gottes –, das die theoretische Vernunft immer wieder in Versuchung führt, über die Grenzen möglicher Erfahrung hinauszugehen: „Sie tritt den Weg der bloßen Spekulation an, um sich ihnen zu nähern; aber diese fliehen vor sie [sic]" (KrV A 796, vgl. A 798). Deshalb mußte sie sich selbst einer Kritik ihres Erkenntnisvermögens, d. h. einer Grenzbestimmung, unterziehen. Das führte sie zu der Einsicht, daß sie allein nicht zwischen Thesis und Antithesis der dynamischen Antinomien entscheiden kann: hinsichtlich des Intelligiblen kann sie nur eine agnostische Position einnehmen und muß folglich zumindest mit dessen Möglichkeit rechnen, wenn sie diese auch nicht einsehen kann.

Zum anderen ist sie aufgrund ihrer eigenen Gesetzmäßigkeit fortwährend bestrebt, die sinnlichen Erfahrungsdaten zu immer größeren Einheiten zusammenzufassen und größtmögliche systematische Einheit unter ihren Erkenntnissen zu erzielen. Das könnte sie aber nicht, ohne Ideen vom Übersinnlichen zumindest als regulative Prinzipien zu benutzen, in deren transzendentaler Deduktion sie folglich „die Vollendung des kritischen Geschäftes" (KrV A 670) erblickt: Das „spekulative Interesse der

Vernunft macht es notwendig, alle Anordnung in der Welt so anzusehen, *als ob* sie aus der Absicht einer allerhöchsten Vernunft entsprossen wäre" (A 686; Hervorhebung vom Verf.).

Der theoretischen Vernunft kann es also nicht gleichgültig sein, was ihr die praktische Vernunft, die ja „immer nur ein und dieselbe Vernunft" ist, als auf deren Gebiet ausgewiesen anbietet. Vielmehr sieht sie sich genötigt, dies „mit allem, was sie als spekulative Vernunft in ihrer Macht hat, zu vergleichen und zu verknüpfen" (121, 12 f.). Das bedeutet aber die Anerkennung des Primats des praktischen Interesses vor dem theoretischen in der Verbindung beider. Eine solche Anerkennung setzt allerdings voraus, daß die Vernunft allein durch die Vorstellung des Sittengesetzes praktisch sein kann. Wäre die Willensbestimmung nur „pathologisch" möglich aufgrund eines vorhergehenden Gefühls, also eines dem theoretischen Bereich zugehörigen sinnlichen Prinzips, müßte die theoretische Vernunft eine solche Unterordnung als „Zumutung" (120, 34 f.) von sich weisen. Das unweigerliche Resultat wäre ein „Widerstreit der Vernunft mit ihr selbst" (121, 22 f.). Daß ein solcher Widerstreit aber nicht vorliegt, führen die Abschnitte VI bis IX dieses Kapitels noch weiter aus.

Literatur

Albrecht, M. 1978: Kants Antinomie der praktischen Vernunft, Hildesheim.
Beck, L. W. 1974: Kants „Kritik der praktischen Vernunft". Ein Kommentar, München.
Düsing, K. 1971: Das Problem des höchsten Gutes in Kants praktischer Philosophie, in: Kant-Studien 62.1, 5–42.
Förster, E. 1998: Die Wandlungen in Kants Gotteslehre, in: Zeitschrift für philosophische Forschung 52, 341–362.
Henrich, D. 1992: The Moral Image of the World, in: ders., Aesthetic Judgment and the Moral Image of the World, Stanford, 3–28.
Willaschek, M. 1995: Was sind praktische Gesetze?, in: Proceedings of the Eighth International Kant Kongreß, Memphis 1995, hrsg. von H. Robinson, Vol. II, Part 2, Milwaukee, 533–540.

11

Friedo Ricken

Die Postulate der reinen praktischen Vernunft (122–148)

Die „unvermeidlichen Aufgaben der reinen Vernunft selbst", so heißt es in der Einleitung zur zweiten Auflage der *Kritik der reinen Vernunft*, „sind *Gott, Freiheit* und *Unsterblichkeit*" (B 7). Trotz des Verlustes, „den die spekulative Vernunft an ihrem bisher eingebildeten Besitze erleiden muß, bleibt ... alles mit der allgemeinen menschlichen Angelegenheit, und dem Nutzen, den die Welt bisher aus den Lehren der reinen Vernunft zog, in demselben vorteilhaften Zustande, als es jemalen war, und der Verlust trifft nur das *Monopol der Schulen*, keineswegs aber das *Interesse der Menschen*" (B xxxi f.). Die dogmatischen Beweise der Schulen für die Unsterblichkeit der Seele, die Freiheit des Willens und das Dasein Gottes hätten „wegen der Untauglichkeit des gemeinen Menschenverstandes zu so subtiler Spekulation" (B xxxii) auf die Überzeugung des Publikums nicht den mindesten Einfluß haben können. Das „bloß spekulative Interesse der Vernunft" an diesen drei Gegenständen sei, so betont die Transzendentale Methodenlehre, „nur sehr gering". „Wenn demnach diese drei Kardinalsätze zum *Wissen* gar nicht nötig sind, und uns gleichwohl durch unsere Vernunft dringend empfohlen werden; so wird ihre Wichtigkeit wohl eigentlich nur das *Praktische* angehen müssen" (A 798–800/B 826–828).

Die Kritik der spekulativen Vernunft tastet die Überzeugung des gemeinen Menschenverstandes von Gott, Freiheit und Unsterblichkeit nicht nur nicht an; sie trägt vielmehr zu deren Ansehen bei, indem sie die Schulen belehrt, „sich keine höhere und ausgebreitetere Einsicht in einem Punkte anzumaßen, der die allgemeine menschliche Angelegenheit betrifft, als diejenige ist, zu der die große (für uns achtungswürdigste) Menge auch ebensoleicht gelangen kann" (B xxxiii). In dem, was Menschen ohne Unterschied angeht, ist die Natur „keiner parteiischen Austeilung ihrer Gaben zu beschuldigen", und die höchste Philosophie kann es „in Ansehung der wesentlichen Zwecke der menschlichen Natur" nicht weiter bringen „als die Leitung, welche sie auch dem gemeinsten Verstande hat angedeihen lassen" (A 831/B 859). Gott, Freiheit und Unsterblichkeit sind daher keine Wahrheiten, deren „alleinige[n] Kenner und Aufbewahrer" die Schulen sind, die dem Publikum nur den Gebrauch mitteilen. Vielmehr sollen die Schulen sich „auf die Kultur" der „allgemein faßlichen und in moralischer Absicht hinreichenden Beweisgründe allein" einschränken (B xxxiii).

Damit sind Ausgangspunkt und Aufgabe der Postulatenlehre genannt: Es geht um die „Kultur", d. h. um Klärung und Entfaltung allgemein menschlicher Einsichten. Deshalb „nähert" in der zweiten Kritik „die Erkenntnisart sich ... von selbst der Popularität" (10, 24 f.). „Sobald die Menschen", so faßt die dritte Kritik die zu kultivierende Einsicht zusammen, „über Recht und Unrecht zu reflektieren anfingen, in einer Zeit, wo sie über die Zweckmäßigkeit der Natur noch gleichgültig wegsahen ..., mußte sich das Urteil unvermeidlich einfinden: daß es im Ausgange nimmermehr einerlei sein könne, ob ein Mensch sich redlich oder falsch, billig oder gewalttätig verhalten habe" (V 458, 9–14).

11.1 Postulate und reiner praktischer Vernunftglaube

Der Gedankengang, der zu den Postulaten führt, sei zunächst in seinen Grundlinien umrissen. Ausgangspunkt oder *ratio cognoscendi* (4, 33) ist das Bewußtsein des Grundgesetzes der reinen praktischen Vernunft, „durch welches Vernunft unmittelbar den Willen bestimmt" (132, 10 f.). Diese Willensbestimmung ist an keine theoretischen Voraussetzungen gebunden; das für sich selbst apodiktisch gewisse moralische Gesetz ist „keiner anderweitigen Unterstützung durch theoretische Meinung von der innern Beschaffenheit der Dinge, der geheimen Abzweckung der Weltordnung, oder eines ihr vorstehenden Regierers bedürftig, um uns auf das vollkommenste zu unbedingt gesetzmäßigen Handlungen zu verbinden" (142, 27 ff.). Als vernünftiger Wille muß der durch das Sittengesetz bestimmte Wille jedoch davon ausgehen, daß die Befolgung des Sittengesetzes möglich ist. Er steht unter der unbedingten Forderung des Sittengesetzes, und er „fordert" seinerseits „diese notwendige Bedingungen der Befolgung seiner Vorschrift". Wenn es dann anschließend heißt, die „Postulate sind ... *Voraussetzungen* in notwendig praktischer Rücksicht" (132, 12–14), so ist von einer zweifachen Notwendigkeit die Rede: der unbedingten Verpflichtung durch das moralische Gesetz und den notwendigen Bedingungen seiner Befolgung. Die erste Kritik faßt den Gedankengang folgendermaßen zusammen: „Da es praktische Gesetze gibt, die schlechthin notwendig sind (die moralischen), so muß, wenn diese irgendein Dasein, als die Bedingung der Möglichkeit ihrer *verbindenden* Kraft, notwendig voraussetzen, dieses Dasein *postuliert* werden" (A 633 f./B 661 f.). ‚Postulieren' bedeutet also ‚fordern'. Was nach der zweiten Kritik gefordert werden muß, ist die Möglichkeit des höchsten Guts: „Ist also das höchste Gut nach praktischen Regeln unmöglich, so muß auch das moralische Gesetz, welches gebietet dasselbe zu befördern, ... an sich falsch sein" (114, 6–9).

Von der Bestimmung des Willens durch das moralische Gesetz ist das notwendige Objekt eines durch dieses Gesetz bestimmten Willens zu unterscheiden. Die Freiheit ist „die Bedingung des moralischen Gesetzes"; die „Ideen von *Gott* und *Unsterblichkeit* sind aber nicht Bedingungen des moralischen Gesetzes, sondern nur Bedingungen des notwendigen Objekts eines durch dieses Gesetz bestimmten Willens" (4, 9–12), d. h. des höchsten Guts. Die Postulate der Unsterblichkeit der Seele und des Daseins Gottes stehen und fallen danach mit Kants Lehre vom höchsten Gut. Sie sind nur schlüssig, wenn es Kant gelingt zu zeigen, daß die „Beförderung des höchsten Guts ... ein a priori notwendiges Objekt unseres Willens ist und mit dem moralischen Gesetze unzertrennlich zusammenhängt" (114, 2–4). Diese Frage muß zunächst offenbleiben; ich gehe auf sie bei der Interpretation des Postulats des Daseins Gottes ein. Bis dahin setze ich voraus, daß das moralische Gesetz verlangt, das höchste Gut zu befördern, und frage nach den Folgerungen, die Kant daraus zieht.

Der Wille kann der unbedingten Forderung, das höchste Gut zu verwirklichen, nur unter der Voraussetzung nachkommen, daß die Vernunft das höchste Gut für möglich hält. Daß das höchste Gut möglich ist, ist aber eine theoretische Proposition und damit Gegenstand der theoretischen Vernunft. Sie setzt drei andere Propositionen voraus: daß die theoretischen Begriffe Freiheit, Unsterblichkeit, Seele und Gott, die reine Vernunftbegriffe ohne entsprechende Anschauung sind und daher nicht zur „Erkenntnis *dieser Objekte*" (135, 9) dienen können, dennoch „*Objekte haben*" (Z. 7 f.). Die praktische Vernunft zwingt also die theoretische, die „objektive Realität" (Z. 6 f.) von Freiheit, Unsterblichkeit und Gott anzunehmen, „weil praktische Vernunft die Existenz derselben zur Möglichkeit ihres und zwar praktisch notwendigen Objekts, des höchsten Guts, unvermeidlich bedarf, und die theoretische dadurch berechtigt wird, sie vorauszusetzen" (134, 24–27). Wenige Zeilen vorher spricht Kant statt von der „Existenz" nur von der „Möglichkeit jener Objekte der reinen spekulativen Vernunft" (Z. 19). Nach der Religionsschrift muß zu dem, was jedem Menschen zur

Pflicht gemacht wird, „das *Minimum* der Erkenntnis (es ist möglich, daß ein Gott sei) subjektiv schon hinreichend sein" (VI 154, 16–18). Gemeint ist die reale, von der logischen, d. h. der Widerspruchsfreiheit unterschiedene Möglichkeit (vgl. KrV B xxvi, Anm.).

Die *Kritik der reinen Vernunft* bezeichnet die Idee als „die unentbehrliche Bedingung jedes praktischen Gebrauchs der Vernunft" (A 328/B 385). Die „Postulate", so ergänzt und interpretiert die zweite Kritik, geben „den Ideen der spekulativen Vernunft ... objektive Realität und berechtigten sie zu Begriffen, deren Möglichkeit auch nur zu behaupten sie sich sonst nicht anmaßen könnte" (132, 13–18). Was bedeutet hier der Begriff der objektiven Realität? Wir können der Forderung der reinen praktischen Vernunft, das höchste Gut zu befördern, nur unter der Voraussetzung nachkommen, daß wir das höchste Gut für möglich halten. Die Annahme, daß das höchste Gut möglich ist, und damit die Annahme der Existenz von Freiheit, Unsterblichkeit und Gott ist folglich notwendige Voraussetzung für unser Bemühen, das höchste Gut zu verwirklichen, und damit ein in die Welt der Erscheinung hineinwirkender kausaler Faktor. Die Ideen der spekulativen Vernunft werden „*immanent* und *konstitutiv*, indem sie Gründe der Möglichkeit sind, das *notwendige Objekt* der reinen praktischen Vernunft (das höchste Gut) *wirklich zu machen*" (135, 27–29).

Kant versteht unter einem „*Postulat* der reinen praktischen Vernunft ... einen *theoretischen*, als solchen aber nicht erweislichen Satz ..., sofern er einem a priori unbedingt geltenden *praktischen* Gesetze unzertrennlich anhängt" (122, 22–25; vgl. 11, 28–41). Bisher haben wir uns mit dem propositionalen Bestandteil dieses Satzes beschäftigt; wir haben gesehen, daß es sich um Existenzaussagen handelt: die Postulate nehmen an, „*daß es solche Gegenstände* [Freiheit, Unsterblichkeit, Gott] *gebe*" (135, 21). Wir wenden uns jetzt dem Akt des Fürwahrhaltens zu. Kant unterscheidet „drei Stufen: *Meinen*, *Glauben* und *Wissen*. *Meinen* ist ein mit Bewußtsein *sowohl* subjektiv, als objektiv unzureichendes Fürwahrhalten. Ist das letztere nur subjektiv zureichend und wird zugleich für objektiv unzureichend gehalten, so heißt es *Glauben*. Endlich heißt das sowohl subjektiv als objektiv zureichende Fürwahrhalten das *Wissen*" (KrV A 822/B 850). Das Fürwahrhalten der Postulate ist „*Glaube* und zwar reiner *Vernunftglaube* ..., weil bloß reine Vernunft (sowohl ihrem theoretischen als praktischen Gebrauch nach) die Quelle ist, daraus er entspringt" (126, 10–13).

Den Begriff des reinen Vernunftglaubens erläutert Kant, indem er die Postulate von Hypothesen unterscheidet. Beide entspringen einem Bedürfnis der reinen Vernunft. Die reine spekulative Vernunft hat das Bedürfnis, die Ordnung und Zweckmäßigkeit der Natur zu erklären, und sie nimmt deshalb eine Gottheit als Ursache an. Sie schließt damit auf eine hinreichende, aber nicht notwendige Bedingung. Die Erklärung der Zweckmäßigkeit der Natur durch eine Gottheit mag die beste unter den möglichen Hypothesen sein; wir können aber nicht wissen, ob sie die einzig mögliche Erklärung ist. Eine solche Hypothese kann daher „nicht weiter gebracht werden ... als zu dem Grade der für uns Menschen allervernünftigsten Meinung" (142, 17 f.). Der physikotheologische Gottesbeweis kann daher keinen Glauben begründen. Die spekulative Vernunft hält eine Hypothese für wahr, weil sie ein Bedürfnis nach einer Erklärung hat.

Das Fürwahrhalten eines Postulats kann kein Wissen sein, denn ein Postulat kann theoretisch nicht bewiesen werden; es handelt sich also um ein objektiv unzureichendes Fürwahrhalten. Wodurch wird es zu einem subjektiv zureichenden Fürwahrhalten, d. h. zu einem Glauben? Warum hat die reine Vernunft das Bedürfnis, die Postulate für wahr zu halten? Weil, so faßt die Definition die Antwort zusammen, ein Postulat „einem a priori unbedingt geltenden *praktischen* Gesetze unzertrennlich anhängt" (122, 24 f.). Der subjektive Grund des Fürwahrhaltens ergibt sich aus der Pflicht, mir das höchste Gut „zum Gegenstande meines Willens zu machen, um es nach allen ... Kräften zu befördern" (142, 20 f.). Ich kann dieser Pflicht nur entsprechen, wenn ich die Möglichkeit des höchsten Guts voraussetze. Daß ich mir das höchste Gut zum Zweck mache, setzt also voraus, daß ich die Postulate für wahr halte. Der subjektive Grund des Fürwahrhaltens ist folglich der Gehorsam gegenüber dem moralischen Gesetz, das gebietet, das höchste Gut zu befördern. Das Bedürfnis, die Postulate für wahr zu halten, ergibt sich aus dem Willen, dem moralischen Gesetz zu gehorchen. Der reine Vernunftglaube ist subjektiv zureichend, weil „der subjektive Effekt dieses Gesetzes, nämlich die ihm angemessene und durch dasselbe auch notwendige *Gesinnung*, das praktisch mögliche höchste Gut zu befördern", ihn voraussetzt (143, 4–6; vgl. 11, 37–39; 125, 25–32).

Das Fürwahrhalten der Postulate ist deshalb nur bei dem subjektiv zureichend, der sich das höchste Gut zum Zweck gemacht hat. In der zweiten Kritik ist diese Folgerung nur angedeutet: Es ist „der Rechtschaffene", der sagt: „ich *will*, daß ein Gott" usw. sei (143, 24 f.); der reine praktische Vernunftglaube ist „selbst aus der moralischen Gesinnung entsprungen" (146, 10). Dagegen hebt die erste Kritik ausdrücklich hervor, „daß sich dieser Vernunftglaube auf die Voraussetzung moralischer Gesinnungen gründet. Gehen wir davon ab, und nehmen einen, der in Ansehung sittlicher Gesetze gänzlich gleichgültig wäre, so wird die Frage, welche die Vernunft aufwirft, bloß eine Aufgabe für die Spekulation, und kann alsdann zwar noch mit starken Gründen aus der Analogie, aber nicht mit solchen, denen sich die hartnäckigste Zweifelsucht ergeben müßte, unterstützt werden." Es sei aber kein Mensch bei diesen Fragen frei von allem Interesse. Wem es an moralischer Gesinnung mangle, dem bleibe „genug übrig, um zu machen, daß er ein göttliches Dasein und eine Zukunft *fürchte*". Denn dazu sei letztlich nur gefordert, daß die Unmöglichkeit von beidem sich nicht apodiktisch beweisen lasse (A 829 f./B 857 f.).

11.2 Das Dasein Gottes

Die ‚Deduktion' (126, 14) des Postulats (124, 21–125, 30) geht aus vom Begriff der Glückseligkeit. Sie ist „der Zustand eines vernünftigen Wesens ..., dem es im Ganzen seiner Existenz *alles nach Wunsch und Willen geht*" (124, 21–23). Sie beruht also auf der Übereinstimmung der Natur mit dem Wünschen und Wollen des Menschen und erfordert daher auch deren Übereinstimmung mit dem durch das moralische Gesetz bestimmten Willen. Das Handeln nach dem moralischen Gesetz kann diese Übereinstimmung jedoch nicht bewirken. Zum einen bestimmt die Natur nicht das moralische Gesetz, denn dieses gebietet „durch Bestimmungsgründe, die von der Natur und der Übereinstimmung derselben zu unserem Begehrungsvermögen ... ganz unabhängig sein sollen" (Z. 26–28). Zum anderen bestimmt das moralische Gesetz nicht die Natur, denn das sittlich handelnde Wesen „ist doch nicht zugleich Ursache der Welt und der Natur selbst" (Z. 29). Dennoch wird in der praktischen Aufgabe der reinen Vernunft „ein solcher Zusammenhang als notwendig postuliert: wir *sollen* das höchste Gut (welches also doch möglich sein muß) zu befördern suchen. Also wird auch das Dasein einer von der Natur unterschiedenen Ursache der gesamten Natur, welche den Grund ... der genauen Übereinstimmung der Glückseligkeit mit der Sittlichkeit enthalte, *postuliert*" (125, 2–8). Diese Ursache ist „ein Wesen, das durch *Verstand* und *Willen* die Ursache (folglich der Urheber) der Natur ist, d. i. *Gott*. Folglich ist das Postulat der Möglichkeit des *höchsten abgeleiteten Guts* (der besten Welt) zugleich das Postulat der Wirklichkeit eines *höchsten ursprünglichen Guts*, nämlich der Existenz Gottes" (Z. 20–25).

Schwierigkeiten für das Verständnis dieses Arguments bereiten vor allem die Termini „Welt" und „Natur". Werden sie in einer oder in verschiedenen Bedeutungen gebraucht? Als ersten Schritt versuche ich, den Begriff der besten Welt, mit der das höchste Gut identifiziert wird, zu klären.

Die erste Kritik entwickelt den Begriff einer Welt, die „allen sittlichen Gesetzen gemäß wäre". Aufgrund der Freiheit der vernünftigen Wesen *kann* sie sein, und nach dem Sittengesetz *soll* sie sein. Diese „*moralische Welt* ... wird sofern bloß als intelligible Welt gedacht, weil darin von allen Bedingungen (Zwecken) und selbst von allen Hindernissen der Moralität ... abstrahiert wird." Sie ist „also eine bloße, aber doch praktische Idee, die wirklich ihren Einfluß auf die Sinnenwelt haben kann und soll", und hat daher objektive Realität (A 808/B 836). In dieser moralischen Welt ist die Sittlichkeit notwendig mit der proportionierten Glückseligkeit verbunden, „weil die durch sittliche Gesetze teils bewegte, teils restringierte Freiheit, selbst die Ursache der allgemeinen Glückseligkeit, die vernünftigen Wesen also selbst, unter der Leitung solcher Prinzipien, Urheber ihrer eigenen und zugleich anderer dauerhafter Wohlfahrt sein würden. Aber dieses System der sich selbst lohnenden Moralität ist nur eine Idee, deren Ausführung auf der Bedingung beruht, daß *jedermann* tue, was er soll" (A 809 f./ B 837 f.). Da dies jedoch nicht der Fall ist, kann die notwendige Verbindung von Sittlichkeit und Glückseligkeit „nur gehofft werden, wenn eine *höchste Vernunft*, die nach moralischen Gesetzen gebietet, zugleich als Ursache der Natur zum Grunde gelegt wird" (A 810/B 838).

Das Dasein Gottes wird hier nicht deswegen postuliert, weil „in dem moralischen Gesetze nicht der mindeste Grund zu einem notwendigen Zusammenhang zwischen Sittlichkeit und der ihr proportionierten Glückseligkeit" (124, 30–32) ist, sondern weil nicht jeder tut, was er nach dem moralischen Gesetz tun sollte. Aber wie kann Kant dann auf Gott als „Ursache der Natur" schließen? Wie soll Gott als Ursache der Natur den Mangel ausgleichen, der sich daraus ergibt, daß nicht alle nach dem Sittengesetz handeln? Wird Gott als Ursache der Natur verstanden, so folgt daraus, daß der Mangel in der Welt der Natur behoben und die Glückseligkeit dort erreicht würde. Das wird wenige Zeilen später von Kant jedoch ausdrücklich bestritten: Die Sinnenwelt bietet uns die praktisch notwendige Verknüpfung der beiden Elemente des höchsten Guts nicht dar; also werden wir eine Welt, in der sie verbunden sind, „als eine für uns künftige Welt annehmen müssen" (KrV A 811/B 839). Die Inkonsistenz läßt sich nur beheben, wenn wir einen zweifachen Naturbegriff annehmen. Es ist einmal die Natur, „die bloß Objekt der Sinne ist" (115, 6 f.). Dieser Begriff kann jedoch nicht gemeint sein, wenn es von der Glückseligkeit heißt, sie beruhe „auf der Übereinstimmung der Natur" (124, 23) mit der sittlichen Willensbestimmung des Menschen, denn diese Übereinstimmung kann in der Natur, die bloß Objekt der Sinne ist, „niemals anders als zufällig stattfinden" (115, 7); es kann also nur die Natur in einer noumenalen Welt sein.

Der „besten Welt" (125, 23) entspricht in der *Grundlegung* das „Reich der Zwecke", das hier ausdrücklich als „mundus intelligibilis" (IV 438, 17) bezeichnet wird. Es ist die systematische Verknüpfung „der vernünftigen Wesen als Zwecke an sich, als auch der eigenen Zwecke, die ein jedes sich selbst setzen mag" (IV 433, 22 f.). Kant nennt zwei Bedingungen, damit es zustande kommt: Der kategorische Imperativ müßte allgemein befolgt werden, und „das Reich der Natur und die zweckmäßige Anordnung desselben" müßten mit dem vom Sittengesetz bestimmten Willen „zusammenstimmen" (IV 438, 35–37). Die allgemeine Befolgung des kategorischen Imperativs ist hier nur eine notwendige, aber keine hinreichende Bedingung, damit alle Glieder den alle ihre eigenen Zwecke umfassenden Zweck der Glückseligkeit erreichen. Die Natur achtet nicht auf die Würdigkeit eines Menschen, glücklich zu sein, so daß durch sie, wie die Geschichte des Spinoza in der dritten Kritik zeigt, auch die Rechtschaffenen „allen Übeln des Mangels, der Krankheiten und des unzeitigen Todes gleich den übrigen Tieren der Erde unterworfen sein und es auch immer bleiben, bis ein weites Grab sie insgesamt ... verschlingt" (V 452, 25–28).

Das moralische Gesetz verpflichtet die Menschen, sich wechselseitig den „Naturzweck, den alle Menschen haben, ihre eigene Glückseligkeit" (GMS IV 430, 19), zum Zweck zu machen. „Denn das Subjekt, welches Zweck an sich selbst ist, dessen Zwecke müssen ... soviel möglich, *meine* Zwecke sein" (Z. 24–27). Dieses Gesetz gilt, obwohl das vernünftige Wesen nicht damit rechnen kann, daß in dieser Welt die beiden für die Erreichung des vorgeschriebenen Zwecks notwendigen Bedingungen, die allgemeine Befolgung und das Zusammenstimmen der Natur, jemals erfüllt sein werden (IV 438, 32–439, 3). Wenn es aber Pflicht ist, die der Würdigkeit entsprechende Glückseligkeit zu befördern, dann ergibt sich daraus für die reine Vernunft „nicht allein Befugnis, sondern auch mit der Pflicht als Bedürfnis verbundene Notwendigkeit, die Möglichkeit dieses höchsten Gutes vorauszusetzen" (125, 26–28). In welcher Weise ist diese Notwendigkeit mit der Pflicht verbunden?

Die erste Kritik referiert Leibniz' Unterscheidung zwischen dem Reich der Gnade, d. h. dem Reich der Zwecke unter der Regierung des höchsten ursprünglichen Guts, und dem Reich der Natur, in dem die vernünftigen Wesen keinen anderen Erfolg ihres sittlichen Verhaltens erwarten „als nach dem Lauf der Natur unserer Sinnenwelt", und sie folgert: „Sich also im Reiche der Gnaden zu sehen ..., ist eine praktisch notwendige Idee der Vernunft" (A 812/B 840). Die Annahme der noumenalen besten Welt ist also eine notwendige *Voraussetzung* (nicht die Triebfeder: vgl. A 807/B 835) für die Bestimmung des Willens durch das Sittengesetz. In der Vorrede zur ersten Auflage der Religionsschrift ist dieser Zusammenhang näher entfaltet.

Die Moral bedarf „keines materialen Bestimmungsgrundes ..., das ist keines Zwecks" (VI 3, 17 f.); ihre Gesetze verbinden durch die bloße Form der allgemeinen Gesetzmäßigkeit. Dadurch ist jedoch nicht ausgeschlossen, daß sie „eine notwendige Beziehung" auf einen Zweck habe, „nämlich nicht als auf den Grund, sondern als auf die notwendigen Folgen" der dem kategorischen Imperativ gemäßen Maximen. „Denn ohne alle Zweckbeziehung kann gar keine Willensbestimmung im Menschen stattfinden" (VI 4, 13–17). Die Bestimmung der Willkür durch das moralische Gesetz hat, mittels der entsprechenden Handlung, eine Wirkung. Diese ist nicht der Zweck, um dessentwillen die Willkür sich bestimmt, sondern die Folge, die sich aus dieser Willensbestimmung ergibt. Nun genügt die Anweisung, *wie* sie zu wirken habe, der Willkür nicht; vielmehr stellt sie notwendig auch die Frage, *wohin* es führt, wenn sie nach dieser Anweisung handelt. Es „kann der Vernunft doch unmöglich gleichgültig sein, wie die Beantwortung der Frage ausfallen möge: *was dann bei diesem unserem Rechthandeln herauskomme*, und worauf wir, gesetzt auch, wir hätten dieses nicht völlig in unserer Gewalt, doch als auf einen Zweck unser Tun und Lassen richten könnten, um damit wenigstens zusammenzustimmen" (VI 5, 2–7). Es ist unser natürliches Bedürfnis, „zu allem unserm Tun und Lassen im Ganzen genommen irgend einen Endzweck, der von der Vernunft gerechtfertigt werden kann, zu denken" (Z. 16 f.). Dieser Endzweck, das höchste Gut, ist die notwendige und hinreichende Bedingung aller übrigen Zwecke, die wir uns setzen (VI 6, 31 f.). Würde dieses Bedürfnis, sich einen Endzweck zu denken, nicht erfüllt, so wäre das „ein Hindernis der moralischen Entschließung" (VI 5, 18).

Fassen wir diese Interpretation zusammen, und fragen wir, ob sie dem Text der Deduktion in der zweiten Kritik gerecht wird. Das moralische Gesetz fordert die „Bewirkung des höchsten Guts in der Welt" (122, 4) oder „die Bearbeitung zu Hervorbringung und Beförderung des höchsten Guts in der Welt" (126, 1–3). Es verlangt also, in der Sprache der *Metaphysik der Sitten*, die eigene Vollkommenheit und die fremde Glückseligkeit zum Zweck zu machen (MS VI 385, 30–386, 14). In der Sinnenwelt kann das Ziel dieser Forderung nicht erreicht werden, denn hier kann der Zusammenhang von Sittlichkeit und Glückseligkeit allenfalls zufällig sein (115, 5–8); „ein weites Grab" verschlingt „sie insgesamt (redlich oder unredlich, das gilt hier gleichviel)" (KU V 452, 27 f.). Die Pflicht beschränkt sich deshalb darauf, „das höchste Gut nach unserem größten Vermögen wirklich zu machen" (144, 34). Die für den notwendigen Zusammenhang von Sittlichkeit und Glückseligkeit erforderliche Übereinstimmung des „Reichs der Natur mit dem Reiche der Sitten" (145, 32) ist nur in der noumenalen Welt möglich. Der Wille kann sich jedoch nur dann dazu bestimmen, das höchste Gut in der Sinnenwelt zu befördern, wenn er es für möglich hält; die nur als noumenale denkbare, beste Welt ist daher eine notwendige praktische Idee.

Nach dieser Interpretation führt das Argument zu Gott als Oberhaupt im Reich der Zwecke (GMS IV 439, 13); Beweisziel der Deduktion der zweiten Kritik ist jedoch Gott als „die Ursache (folglich der Urheber) der Natur" (125, 21). Als solcher soll er, wozu das vernünftige Wesen in der Welt nicht imstande ist, den „notwendigen Zusammenhang zwischen Sittlichkeit und der ihr proportionierten Glückseligkeit eines zur Welt … gehörigen und daher von ihr abhängigen Wesens" (124, 30–33) bewirken. Was bedeuten hier „Natur" und „Welt"? In welcher Welt wird der Zusammenhang von Sittlichkeit und Glückseligkeit hergestellt? Die Rede von Gott als Urheber der Natur legt nahe, daß das Beweisziel dasselbe ist wie das der Gottesbeweise der theoretischen Philosophie und folglich die sichtbare Welt und Natur gemeint sind. Gott als Urheber der Natur bewirkt in dieser sichtbaren Welt die Übereinstimmung des Reichs der Sitten mit dem Reich der Natur. Er müßte also in die Naturordnung der Sinnenwelt eingreifen, um den Zusammenhang von Sittlichkeit und Glückseligkeit zu bewirken. Diese Annahme erscheint jedoch als absurd, denn es wird „immer bleiben", daß auch der Rechtschaffene „durch die Natur" den Übeln der Krankheit und des Todes unterworfen ist (KU V 452, 24–27). Was das Argument beweist, so der Einwand, ist das Dasein Gottes als Oberhaupt des Reichs der Zwecke oder der Gnade; dagegen behauptet Kant, es beweise wie die traditionellen Gottesbeweise das Dasein Gottes als Schöpfer der sichtbaren Welt.

Gegen diesen Einwand läßt die Deduktion sich nur dadurch verteidigen, daß Kant in ihr die Termini „Welt" und „Natur", ohne das deutlich zu machen, in zweifacher Bedeutung gebraucht. Beweisziel des Arguments wäre dann, daß das „Naturreich" und das „Reich der Zwecke als unter einem Oberhaupte vereinigt gedacht" werden müssen (GMS IV 439, 12 f.). Das ergibt sich daraus, daß das Reich der Natur um des Reichs der Zwecke willen geschaffen wurde; der letzte Zweck Gottes in der Schöpfung ist das höchste Gut (130, 29–32). Zweck der sinnlichen Welt ist die noumenale Welt, in der Sittlichkeit und Natur übereinstimmen. Das höchste Gut, das in der sinnlichen Welt nach Kräften zu verwirklichen wir die Pflicht haben, ist nur in der noumenalen Welt möglich. Die kritische Aufhebung der Antinomie spricht von einer Natur, „die *bloß* Objekt der Sinne ist" (115,

6 f.; Hervorh. F. R.); für die Lösung der Antinomie ist also offensichtlich eine übersinnliche Natur erforderlich. Die Deduktion schließt auf „das Dasein einer von der Natur unterschiedenen Ursache der *gesamten* Natur" (125, 5 f.; Hervorh. F. R.); die „gesamte Natur", die hier von der Natur unterschieden wird, könnte verstanden werden als die sinnliche und die noumenale Natur. Möglich wäre es auch, in der Phrase „die oberste Ursache der Natur, sofern sie zum höchsten Gut vorausgesetzt werden muß" (Z. 19 f.), den mit „sofern" beginnenden Satz nicht nur auf die „oberste Ursache", sondern auch auf „Natur" zu beziehen.

Der Begriff des höchsten Guts eröffnet einen neuen Blickwinkel auf das moralische Gesetz: Es muß als göttliches Gebot gesehen werden, ohne daß dadurch die sittliche Autonomie aufgehoben wird. Durch das von ihm vorgeschriebene Objekt führt es „zur *Religion, d. i.* zur *Erkenntnis aller Pflichten als göttlicher Gebote*" (129, 18 f.). Das moralische Gesetz schreibt mir einen Zweck vor, den ich aus eigener Kraft nicht erreichen kann. Ich muß daher ein Wesen annehmen, durch das erreicht werden kann, was mir unbedingt vorgeschrieben ist. Daß dieses Wesen den durch das moralische Gesetz vorgeschriebenen Zweck verwirklicht, setzt voraus, daß das moralische Gesetz vorschreibt, was dieses höchste Wesen will. Es würde den Zweck nicht verwirklichen, wenn es nicht sein eigener Zweck wäre und wenn das Gebot, diesen Zweck zu verwirklichen, nicht Ausdruck seines Willens wäre. Das Sittengesetz läßt also den letzten Zweck Gottes in der Schöpfung der Welt erkennen. Es ist der Zweck, den das Sittengesetz uns vorschreibt und der nur durch das höchste Wesen verwirklicht werden kann. Wenn „man nach dem *letzten Zwecke Gottes* in der Schöpfung der Welt frägt", muß man „*das höchste Gut* nennen" (130, 29–32).

11.3 Die Unsterblichkeit der Seele

Ein Postulat fordert, daß eine zur Erfüllung einer Vorschrift der reinen praktischen Vernunft notwendige Bedingung erfüllt ist. Wie lautet die Vorschrift, aus welcher sich das Postulat der Unsterblichkeit der Seele ergibt? Kant gibt auf diese Frage keine eindeutige Antwort. Nach der Vorrede ist es, wie beim Postulat des Daseins Gottes, die Forderung, das höchste Gut zu verwirklichen: „Die Ideen von *Gott* und *Unsterblichkeit* sind ... nur Bedingungen des notwendigen Objekts" eines durch das Sittengesetz bestimmten Willens (4, 10–12). Davon geht Kant auch in der Deduktion des Postulats aus: „Die Bewirkung des höchsten Guts in der Welt ist das notwendige Objekt eines durchs moralische Gesetz bestimmbaren Willens. In diesem aber ist die *völlige Angemessenheit* der Gesinnungen zum moralischen Gesetze die oberste Bedingung des höchsten Guts. Sie muß also ebensowohl möglich sein als ihr Objekt, weil sie in demselben Gebote dieses zu befördern enthalten ist" (122, 4–9). Dagegen heißt es später bei der Aufzählung der Postulate: Das Postulat der Unsterblichkeit „fließt aus der praktisch notwendigen Bedingung der Angemessenheit der Dauer zur Vollständigkeit der Erfüllung des moralischen Gesetzes" (132, 21–23; vgl. 124, 7–12). Hier ist die Forderung, das höchste Gut zu verwirklichen, für die Deduktion des Postulats nicht vorausgesetzt; die Unsterblichkeit ist unmittelbar vielmehr lediglich notwendige Bedingung für die vollständige Erfüllung des moralischen Gesetzes; diese Forderung ist eine notwendige und hinreichende Prämisse für die Deduktion des Postulats. Eine mittelbare Beziehung zum höchsten Gut wird damit jedoch nicht bestritten: Die Unsterblichkeit ist notwendige Bedingung für die vollständige Erfüllung des moralischen Gesetzes, und diese ist wiederum notwendige Bedingung des höchsten Guts. Aber die vollständige Erfüllung des moralischen Gesetzes wäre auch dann gefordert, wenn der Wille kein notwendiges Objekt hätte. Das Postulat der Unsterblichkeit setzt daher lediglich die Bestimmung des Willens durch das moralische Gesetz voraus; es ist unabhängig von der Lehre vom höchsten Gut.

Die oben zitierten einleitenden Sätze der Deduktion (122, 4–9) wollen das Postulat der Unsterblichkeit aus der Forderung, das höchste Gut *in der Welt* zu bewirken, ableiten. Welcher Begriff der Welt liegt hier vor? Das höchste Gut soll in der Sinnenwelt verwirklicht werden. Diese Forderung führt jedoch nicht zum Postulat der Unsterblichkeit; sie ist eine Pflicht, welche die sterblichen Menschen nach Kräften erfüllen sollen. Der Begriff der Welt muß daher auch die noumenale Welt umfassen. Zur „Bewirkung des höchsten Guts in der Welt" ist nicht nur die Verwirklichung der vom Sittengesetz vorgeschriebenen Zwecke (vgl. MS VI 385, 30–386, 14), sondern ebenso der ins Unendliche fortgehende Progressus zur Heiligkeit notwendig.

Tatsächlicher Ausgangspunkt der Deduktion ist die praktisch notwendige Forderung der Heiligkeit, die nur in einem ins Unendliche gehenden Progressus erfüllt werden kann. Es „ist nach Prinzipien der reinen praktischen Vernunft notwendig, eine solche praktische Fortschreitung als das reale Objekt unseres Willens anzunehmen" (122, 14–16). Unabhängig von der Lehre vom höchsten Gut findet der Gedanke sich bereits im Kapitel über die Triebfedern. Das Ideal der Heiligkeit ist „von keinem Geschöpfe erreichbar" und „dennoch das Urbild ..., welchem wir uns zu nähern und in einem ununterbrochenen, aber unendlichen Progressus gleich zu werden streben sollen" (83, 25–27). „Dieser unendliche Progressus ist aber nur unter Voraussetzung einer ins *Unendliche* fortdauernden *Existenz* und Persönlichkeit desselben vernünftigen Wesens (welche man die Unsterblichkeit der Seele nennt) möglich" (122, 17–20).

Das Argument setzt eine moralische Teleologie voraus; es geht davon aus, daß es die Bestimmung des Menschen ist, das moralische Gesetz vollkommen zu erfüllen. Kant spricht von der „moralischen Bestimmung unserer Natur" (Z. 26); sie wird uns im Faktum der Vernunft bewußt. Diese unsere moralische Bestimmung und die Heiligkeit des moralischen Gesetzes sind nur durch das Postulat der Unsterblichkeit miteinander vereinbar. Ohne dieses Postulat stünden wir vor folgenden Möglichkeiten: Wir müßten das moralische Gesetz für unerfüllbar halten. Damit würden wir auf unsere moralische Bestimmung verzichten; das moralische Gesetz würde ein unerfüllbares und damit ein sinnloses Gesetz. Oder wir müßten die Heiligkeit des moralischen Gesetzes bestreiten. Das moralische Gesetz würde für uns um den Preis erfüllbar, daß wir es *„nachsichtig* (indulgent) und so unserer Behaglichkeit angemessen" (Z. 32 f.) machen. Oder wir würden der moralischen Schwärmerei verfallen und auf den „völligen Erwerb der Heiligkeit des Willens" (Z. 35) hoffen. Das wäre Selbstbetrug, Arroganz und Eigendünkel; wir würden die Grenzen, welche die reine praktische Vernunft uns setzt, überschreiten (85, 37) und vergessen, daß die sittliche Stufe, auf welcher der Mensch steht, nicht Heiligkeit, sondern „*Tugend*, d. i. moralische Gesinnung *im Kampfe*" (84, 33 f.), und Achtung fürs moralische Gesetz ist. Alle diese Möglichkeiten würden das „unaufhörliche *Streben*" (123, 2 f.), das strenge, unnachsichtige, aber dennoch wahre Sittengesetz zu befolgen, verhindern.

Der unendliche Progressus darf nicht als Prozeß in der Zeit gedacht werden. Die ununterbrochene Fortdauer des Menschen ist eine „mit der Zeit ganz unvergleichliche Größe (duratio Noumenon)" (*Das Ende aller Dinge* VIII 327, 9 f.), von der wir uns nur einen negativen Begriff machen können. Wesen in dieser übersinnlichen Fortdauer stehen nicht unter Zeitbedingungen und sind daher kein Gegenstand möglicher Erfahrung; ihr Zustand ist „keiner andern als moralischer Bestimmung ihrer Beschaffenheit fähig" (Z. 30 f.). Der Begriff der unendlichen Dauer ist ein ausschließlich negativer Begriff, der nur besagt, „daß der Vernunft in (praktischer) Absicht auf den Endzweck auf dem Wege beständiger Veränderungen nie Genüge getan werden kann" (VIII 334, 10–12).

11.4 Reiner praktischer Vernunftglaube und theoretische Vernunft

Der Vernunftglaube ist insofern auf die theoretische Philosophie angewiesen, als diese zeigen muß, daß die Gegenstände, deren Dasein er postuliert, sich *denken* lassen. Um einen Gegenstand denken zu können, brauche ich einen Begriff, und es muß ohne Widerspruch möglich sein, die objektive Gültigkeit dieses Begriffs zu behaupten. Um die Ideen denken zu können, brauche ich Begriffe, die nicht aus der Erfahrung gewonnen und in ihrer Anwendung nicht auf die Erfahrung beschränkt sind, sondern auch auf Gegenstände jenseits der möglichen Erfahrung angewendet werden können. Diese Begriffe sind die Kategorien. Der praktische Vernunftglaube setzt daher die Deduktion der Kategorien in der *Kritik der reinen Vernunft* voraus, die zeigt, „daß sie nicht empirischen Ursprungs sind, sondern a priori im reinen Verstande ihren Sitz und Quelle haben" und daß „sie auf *Gegenstände überhaupt*, unabhängig von ihrer Anschauung, bezogen werden" (141, 16–19). Die Dialektik der ersten Kritik hatte gezeigt, daß die Begriffe von Freiheit, Gott und Unsterblichkeit keinen Widerspruch enthalten und diese Gegenstände folglich logisch möglich sind (KrV B xxvi–xxix); es sind „(transzendente) *Gedanken*, in denen nichts Unmögliches ist" (135, 3 f.).

Durch das Gesetz der reinen praktischen Vernunft erhalten diese Begriffe objektive Realität, ohne daß dadurch diese Objekte *erkannt* würden, weil dazu den Begriffen eine Anschauung entsprechen müßte. Die Postulate sind daher keine synthetischen Urteile der theoretischen Vernunft, denn diese setzen eine Anschauung voraus (134, 30–34). Die „theoretische Erkenntnis der reinen Vernunft" bekommt durch die Postulate einen „Zuwachs", der aber lediglich darin besteht, daß jene „bloß denkbare[n]" Begriffe „jetzt assertorisch für solche erklärt werden, denen wirklich Objekte zukommen" (Z. 21–24), eine Behauptung, zu welcher die reine praktische die reine theoretische Vernunft zwingt. Die Erweiterung der theoretischen Vernunft ist also keine Erweiterung der Spekulation. Wohl aber kann die theoretische Vernunft von diesem Zuwachs einen negativen, religionskritischen Gebrauch machen, um den Anthropomorphismus, der sich auf eine vermeintliche Erfahrung, und den Fanatismus, der sich auf eine übersinnliche Anschauung beruft, zu bekämpfen (135, 33–136, 4). Kant zeigt das am Beispiel des Gottesbegriffs.

Die oberste Ursache, so zeigt die Deduktion des Postulats des Daseins Gottes, muß Grund der Übereinstimmung der Natur mit dem obersten Bestimmungsgrund des Willens vernünftiger Wesen sein, d. h. sie muß eine „der moralischen Gesinnung gemäße Kausalität" haben. Daraus folgt, daß sie ein Wesen ist, das „durch *Verstand* und *Willen* Ursache ... der Natur ist" (125, 15–22). Dieser Gottesbegriff wird später eingeschränkt: Die Prädikate, durch die wir Gott denken, sind „Verstand und Wille, und zwar so im Verhältnisse gegeneinander betrachtet, als sie im moralischen Gesetze gedacht werden müssen, also nur soweit von ihnen ein reiner praktischer Gebrauch gemacht wird" (137, 7–9). Obwohl diese Begriffe von unserer eigenen Natur hergenommen sind, handelt es sich nicht um einen Anthropomorphismus oder um eine überschwengliche Erkenntnis übersinnlicher Gegenstände, weil sie von allen anderen Eigenschaften des menschlichen Verstandes und Willens abstrahieren und nur so viel übrig lassen, „als gerade zur Möglichkeit erforderlich ist, sich ein moralisch Gesetz zu denken, mithin zwar ein [sic] Erkenntnis Gottes, aber nur in praktischer Beziehung" (Z. 18–20).

Der Gottesbegriff ist folglich ein zur Moral und nicht zur Naturphilosophie und Metaphysik gehöriger Begriff. Kant wiederholt die entscheidenden Schritte seiner Kritik am ontologischen (KrV A 592–603/B 620–631) und am physikotheologischen (A 620–630/B 648–658) Gottesbeweis (138, 16–139, 37). Weil jedes Existenzurteil synthetisch ist, kann die Existenz Gottes nicht aus dem bloßen Begriff des vollkommensten Wesens bewiesen werden. Der Schluß aus der Ordnung und Zweckmäßigkeit der Welt gelangt nur zu einem weisen, gütigen, mächtigen usw. Urheber. Der Begriff von Gott bleibt auf diesem Wege „immer ein nicht *genau bestimmter Begriff* von der Vollkommenheit des ersten Wesens, um ihn dem Begriff einer Gottheit für angemessen zu halten" (139, 34–36). Um zu einem allwissenden, allgütigen, allmächtigen usw. Wesen zu führen, bedarf er einer Ergänzung. Die einzige für die spekulative Vernunft mögliche ist der bereits widerlegte ontologische Beweis. Schlüssig wird der physikotheologische Beweis jedoch, wenn wir ihn durch den moralischen ergänzen. Das Objekt der reinen praktischen Vernunft setzt einen Welturheber von höchster Vollkommenheit voraus. „Er muß *allwissend* sein, um mein Verhalten bis zum Innersten meiner Gesinnung in allen möglichen Fällen und in alle Zukunft zu erkennen; *allmächtig*, um ihm die angemessenen Folgen zu erteilen; ebenso *allgegenwärtig, ewig usw.*" (140, 4–7).

Nach der *Kritik der reinen Vernunft* ist der physikotheologische Beweis „der älteste, klarste und der gemeinen Menschenvernunft am meisten angemessene. ... Es würde daher nicht allein trostlos, sondern auch ganz umsonst sein, dem Ansehen dieses Beweises etwas entziehen zu wollen" (A 623 f./B 651 f.). Die dritte Kritik erklärt seine Überzeugungskraft für die gemeine Menschenvernunft damit, daß „sich unvermerkt der jedem

Menschen beiwohnende und ihn so innigst bewegende moralische Beweisgrund in den Schluß" mit einmischt. Nur der moralische Beweisgrund bringe die Überzeugung, „wozu jedermann seine Bestimmung innigst fühlt, hervor; der physisch-teleologische aber hat nur das Verdienst, das Gemüt in der Weltbetrachtung auf den Weg der Zwecke, dadurch aber auf einen *verständigen* Welturheber zu leiten" (V 477, 29 ff.).

Literatur

Guyer, P. 1997: In praktischer Absicht: Kants Begriff der Postulate der reinen praktischen Vernunft, in: Philosophisches Jahrbuch 104, 1–18.
Silber, J. R. 1959: Kants Conception of the Highest Good as Immanent and Transcendent, in: The Philosophical Review 68, 469–492.
Silber, J. R. 1969: Die metaphysische Bedeutung des höchsten Guts als Kanon der reinen Vernunft in Kants Philosophie, in: Zeitschrift für philosophische Forschung 23, 538–549.
Walsh, W. H. 1963: Kant's Moral Theology, in: Proceedings of the British Academy 49, 263–289.
Winter, A. 2000: Der Gotteserweis aus praktischer Vernunft, in: ders., Der andere Kant, Hildesheim, 257–343.
Wood, A. W. 1970: Kant's Moral Religion, Ithaca (NY).

12

G. Felicitas Munzel

"Doctrine of Method" and "Closing" (151–163)

To make methodology itself a topic of investigation, to systematize ways of proceeding with regard to given actions or spheres of action, is a hallmark of modern thought as ushered in by Bacon and Descartes, with the premise (especially in Descartes's case) being that if we but use our inherent *bon sens* rightly, then we can and will set much right in the human condition. For Kant to end all three of his Critiques, as well as his *Metaphysical Principles of Virtue* with a "Doctrine of Method" – for pure reason, for pure practical reason, for teleological judgment, and for ethics – implies a programmatic effort in the modern spirit unfolding across these texts. Kant begins the "Doctrine of Method" of the *Critique of Practical Reason*, however, with the statement that "method" here cannot be understood in its scientific sense (that is, as a "procedure in accordance with principles of reason by which alone the manifold of a cognition can become a system": 151) and he ends his closing remarks with the biblical allusion to the necessity of entering by the "narrow gate" (Matthew 7:13–14), in this case the gate of a "science (critically sought and methodically introduced)" leading to "the path to wisdom" (a classical motif) for all of humanity to travel (163).

Kant's technically expressed answers to the immediate questions one might thus pose, themselves need examination to discern their full meaning. In response to the question as to why appeal to method at all, Kant notes in the Introduction to the second Critique that, while reason now is concerned with the "determining grounds of the will," it is "still pure reason whose cognition here lies at the basis of its practical use" and so the same divisions for investigation are called for as in the case of speculative reason (16). The change now is the reverse order, beginning with principles, moving on to concepts, and ending with the senses, the last step being the application of our concepts of the determining ground of such a will to the subject and its sensibility (16). For the questions what the method is and what its purpose is, we read that this method, which "has never yet been put into practice," consists in "making the objectively practical laws of pure reason subjectively practical through merely the pure representation of duty," which is to say that it consists in the "establishment and cultivation of genuine moral *Gesinnungen*" (153). Its doctrine is of the way in which one procures "access to the human mind [*Gemüt*]" and "influence on its maxims" for the "laws of pure practical reason," or the way "one can make objectively practical reason also subjectively practical" (151). In his close, Kant identifies the audience to which he is most directly speaking, the teachers who themselves need guidance in order that they may "clearly and capably pave the path to wisdom which everyone should follow and keep others from going astray" (163).

The following interpretation of the Doctrine of Method treats Kant's concern with teaching, with *doctrina* or *Lehre* in its literal sense, as the key to what is at stake for him, namely the establishment of moral character and the way this can be facilitated through proper moral instruction. In Kant's own words, he here outlines the "doctrine of method of a moral education [*Bildung*] and exercise" (161). The crucial issue to be solved is how reason can serve as its own motivation for determining the will. What Kant proposes to do in this text is outline the requisite pedagogical method for cultivating reason's function in this regard. As developed in the analysis presented here, the main components of this method are the stages involved in the requisite cultivation of judgment, especially the appeal to the example, and the supporting role of the aesthetic.

Traditionally metaphysics and theology have been the source of the principles and teachings guiding moral life. That his critical philosophy, in addressing the disarray in which metaphysics finds itself in the modern age, provides an essential service on behalf of the instruction of youth is affirmed by Kant more than once. In the passage concluding the second Critique, it seems apparent that the "science" Kant has in mind as the "narrow gate" leading to the "doctrine of wisdom" is none other than the critical philosophy. His call for such a science that properly cultivates human reason to fit humanity for its purposes in its place in creation first appears at least as early as his 1764–65 *Remarks on the 'Observations on the Feeling of the Beautiful and the Sublime'* (XX 39). Two decades later, in the *Groundwork of the Metaphysics of Morals*, he asserts that "without being in possession" of such a metaphysics, "even in just ordinary and practical usage, especially in that of moral instruction, it would be impossible to ground morals on their genuine principles" and thereby to "bring about pure moral *Gesinnungen*" and "engraft them on [learners'] minds for [the promotion] of the highest good in the world" (GMS IV 412; see also KrV A 754–55/B 782–83, Prolegomena 382–83). Kant's preoccupation with the problem of educating the educators is spelled out both in his support for the Philanthropin and in his lectures on anthropology, in those published in 1798 (Anthropologie VII 325) and at least as early as his anthropology lectures of 1775/76. There we read that "in the first place, one must see to it that those, who are afterwards to educate others, are themselves well educated. If teachers and priests were educated, if the concepts of pure morality would prevail among them, then they would also soon come to occupy the highest position, enter the schools of rulers, and through these, the whole could afterwards be educated" (*Anthropologie Friedländer* XXV 691). In light of these other texts, Kant's claim in the second Critique that he here "points out the most general maxims of the doctrine of method of a moral education [*Bildung*] and exercise" (161), is a claim about how he as critical philosopher is addressing the problem he has been identifying for over two decades. In the words of his essay *On Pedagogy*, he is himself engaged in the task incumbent on every generation to "work on the plan of a more purposive education," the "greatest and most difficult problem that can be assigned to humankind" (*Pädagogik* IX 445, 446).

12.1 Operative Assumptions About Human Nature and Moral Principles

In his anthropology lectures, Kant notes that it is the specific hallmark of human beings "in the system of living nature" that they must "procure a character for themselves" whereby they, as "animals endowed with a rational ability," can "make themselves a rational animal" (Anthropologie VII 321). Thus human beings can realize their vocation only through their education, a point Kant had already explicitly asserted in his 1776 praise of the Philanthropin (*Aufsätze, das Philanthropin betreffend* II 449; see also Anthropologie VII 324–25, *Reflexionen* no. 1523: XV 895); "the primary endeavor of a moral education [*Erziehung*] is to establish a character" (*Pädagogik* IX 481). That the "method of establishing and cultivating genuine moral *Gesinnungen*" (V 153) is just the formulation of the fundamentals needed for such education whose goal is the establishment of character is clearly signalled by Kant in his Doctrine of Method of the second Critique. If "consciousness of one's moral *Gesinnung* and of such a character, the highest good in the human being" is to come to be, then "principles must be founded" (literally, "erected") "on concepts" (157). The "pure moral motive" – in other words the moral law itself as discussed in the section of the Analytic on the incentives of pure practical reason (71–89) – is the "only motive which can ground a character," defined as the "practically resolute conduct of thought [*praktische konsequente Denkungsart*] in accordance with invariable maxims" (152). Kant's resulting distinction of character from temperament and the terms in which it is made are clearly articulated by 1775/76. Already then, he distinguishes the constitution of temperament from that of the good will, which is in turn identified with the notion of *Denkungsart*, an "origin of acting in accordance with principles." The latter requires that human beings "can act in accordance with concepts" and so concepts must themselves "become an incentive"; indeed "human beings who do not have such a feeling which can be roused through a concept, have no moral feeling" (*Anthropologie Friedländer* XXV 649–650 ff; see also 724 ff. for a discussion of what is therefore required in education). The aim is to make the law itself concrete in the world. As Kant puts it in the second Critique, the moral law is the fundamental law of a supersensible nature whose counterimage is to exist in the world (43). To realize this counterimage is to bring about moral character, which may be seen as another way of expressing the aim of making objectively practical reason subjectively practical (for this interpretation, see Munzel 1999).

Central issues and motifs of the critical moral philosophy can thus be recognized as essential to Kant's conception of character and its formation, and as having been on his mind for over a decade before the publication of the second Critique. As revisited in the Doctrine of Method, the main issue is just that of reason, specifically the moral law, serving subjectively as its own motivation. Earlier in the second Critique, Kant observed that the question, how the law can itself be the immediate ground of the determination of the will, was on par with the question of how a free will is possible: both are unanswerable by human reason (72), a conclusion foreshadowed in the 1775/76 lectures by the statement that "one cannot gain insight into how the understanding has power to motivate the will" (*Anthropologie Friedländer* XXV 653). Kant's operative assumption is that the fact of this power is evident, claiming in the Doctrine of Method that if "human nature were not so constituted" that "even subjectively the presentation of pure virtue has more power over the human mind" than do appeals to anything belonging to happiness, or threats of pain and troubles, then there would be no means of "ever bringing about the morality of the *Gesinnung*" (151–52). The claim parallels wider claims about reason's efficacious causality appearing in Kant's other writings. For example, in his *Reflections on Metaphysics* he notes that reason is "not merely a comprehending, but rather an efficacious and propelling principle" that "acts in the place of a natural cause" in the world (*Reflexionen* no. 5612: XVIII 253). In the *Critique of Pure Reason*, that we hold ourselves to be such a natural cause, one endowed with intelligible powers, is for Kant "clear from the imperatives, whereby [in the form of] rules, we direct [our] performative powers in all practical matters" (A 547/B 575). Without this responsiveness to the law's causality, Kant goes on in the Doctrine of Method in the second Critique, we would have no more than "the letter of the law (legality)" in our actions, but "not at all the spirit [of the law] in our *Gesinnungen* (morality)" (152) – a familiar distinction which Kant discusses in the earlier section on the incentives of pure practical reason (71 ff). With the question of insight into the ground of possibility ruled out, what Kant proposes to show is how this "sole incentive to the good" is to be properly brought to bear on the human heart (152). This is the purpose of the pedagogical method outlined in the remainder of the Doctrine.

The method is directly informed by the results of the critical investigation of reason's ideas. As Kant indicates in the Canon of the first Critique and underscores in the Preface of the second Critique (5), the relation of knowing and acting rightly has been reversed from the classical Platonic dialectical ascent to theoretical insight into the good, so that such insight can be brought to bear in practical applications; instead the practical is now the route to the solution of speculative reason's problems. The method is also consonant with the approach taken in the Philanthropin (which Kant praised so highly): "example, taste, and exercise must always precede the presentation of theory; the latter then becomes only the means whereby that which has already been learned is now repeated, retained, and expanded in an orderly fashion" (Munzel 1999, 271). Kant is in agreement with this order of proceeding both because of the findings of the critical investigation and a fundamental assumption about the main principles and concepts of his moral philosophy. He consistently affirms that these do not have an external source, but are already innate to common human understanding, indeed sharing the characteristics of the ordinary human sense of left and right; that is, they are guiding principles which are genuinely universal, inherent to all humans, not requiring a specialized education in the manner of the specialized sciences of the schools, but are instead certain, unquestioned in ordinary life, and indispensable. "Only philosophers," writes Kant in the second Critique, "could make debatable the answer to the question" as to what this pure morality as the touchstone of every action is; for, "in the common human understanding ... it has long since been decided, just like the difference between the right and left hand, by customary usage" (155). In the *Groundwork* Kant observes that one can only "admire the great advantage the practical power of judgment has over the theoretical one in the ordinary human understanding" (IV 404), noting further that the concept of "good will, as it is already inherent in the natural, sound understanding," does "not so much need to be taught, but only clarified [*aufgeklärt*]" (IV 397). Or as Kant is reported to have taught his students in 1775/76, "character cannot be created, but a basis must be there for it; after that, however, one can uncover it through discipline" (*Anthropologie Friedländer* XXV 653). Over two decades later, in the *Metaphysical Principles of Virtue*, he continues to assert that "moral principles" are "nothing but a dimly conceived metaphysics inherent in the rational aptitude [*Vernunftanlage*] of every human being" (VI 376).

12.2 Cultivating Judgment

Kant is, however, also fundamentally in disagreement with popular moral instruction, with how it makes use of example, taste, and exercise. His appeal to the ordinary sense of left and right offers a clue as to how he understands the process of clarification should proceed and also how it is to secure access to the human mind and influence on its maxims for the laws of practical reason. In his 1786 essay (thus appearing between the *Groundwork* and the second Critique), in which Kant takes up the question of what it means to orient oneself in thinking, at issue is how the mind properly relates to the cognition of supersensible objects. What is needed is a way abiding by the critical limits, but also ensuring that such concepts as the highest good are given objective reality and are not held simply as mere ideals (*Was heißt: Sich im Denken orientieren?* VIII 134, 139). Consonant with the Copernican revolution of beginning from the standpoint of the subject, instead of deriving a principle from the object in itself, either by rational inference or intuitive insight, Kant here articulates a notion of orienting ourselves as subjects in relation to reason's ideas by bringing a "subjective principle" or "maxim" to bear on judgment, a matter of particular urgency in the case of the important "need of reason in its practical use" where we "must judge" (VIII 134, 136, 139). What it means to do so, Kant illustrates with an appeal to our felt difference between our left and right hand, as an analogous subjective basis inherent to human nature whereby we ascertain differentiations in space (VIII 134; Munzel 1999, 187–202). Likewise the subjective adoption of the form of the objective law in the maxims of the judging subject allows the subject to ascertain the requisite moral differentiations and carry these through in actions. Reason must, as Kant puts it in 1786, be practiced in being subject to its own law (VIII 145). The method, then, must foster and facilitate the consciousness of the law in the students and make them proficient in adopting it in their judgments as the subjective, guiding maxim of judgment, a maxim that will orient them rightly in relation to the human vocation and the highest good.

The wisdom to which the teacher is to guide the students thereby is well expressed by Kant's description in his *Pragmatic Anthropology*: wisdom is the idea of perfection in the practical use of reason, a use in accordance with law, which "cannot in the least degree be infused by another; each must give rise to it from within themselves" (VII 200). It is opposed to rule following, to that mode of instruction in which rules are given to students to be learned and obeyed. Such an appeal to "rules and formulas" is denounced by Kant in his 1784 essay on enlightenment as the "mechanical instruments of a rational use, better said, misuse of our natural gifts, and the shackles of unending immaturity" (*Beantwortung der Frage: Was ist Aufklärung?* VIII 36). The method is Socratic in that everything external appealed to is to be used only as an avenue for guiding students in a process of bringing them to an awareness of their own "original [moral] aptitude," to a consciousness of their inherent freedom, of which they cannot be deprived and on the basis of which they enjoy the ability to master the "ills, tribulations, and sufferings of life" (MS VI 478). This Socratic nature of the requisite pedagogy is explicitly affirmed by Kant from the *Anthropology* (VII 200), to the *Groundwork* (IV 404), to the *Metaphysical Principles of Virtue* (VI 411, 478), to *On Pedagogy* (IX 477): one need only do "as Socrates did" and "make [reason] attentive to its own principle," its "compass" or "standard" whereby in any given case it is "very well able to distinguish what is good or evil, in accordance with, or opposed to duty" (GMS IV 403, 404). In the Doctrine of Method of the second Critique, Kant formally expresses what must be achieved as a repeated call to make the moral concepts "subjectively practical": the concepts "must not stop short with the objective laws of morality, to be admired and esteemed in relation to humanity, but their representation must be considered in relation to human beings and to the individual" (157).

Kant's outline in the second Critique of how educators are to go about this involves two parts: a description of stages through which students are led to the culminating point of self-respect for their own inherent moral faculty, and an account of the development of the students' capacity of judgment in the process. In this text he glosses the propaedeutic stage of discipline discussed in some detail elsewhere, especially in the anthropology lectures and the *Religion Within the Boundaries of Mere Reason*. Kant's concern in the second Critique is to outline the process of bringing the pure moral motive to bear on the mind and heart, that is, on the choices and actions of the human agent in the world. Thus he simply notes that some "preparatory training" may be needed in the case of the "still unschooled" or "unruly mind," but emphasizes that such "mechanical means" (such as appeals to a person's "own advantage," or the threat of harm) are to be replaced as quickly as possible, just as soon as they have some effect, with the introduction of the pure moral motive (152). Kant's full account of the needed discipline and also of the positive role of disciplined inclinations in human moral life is more complex and appreciative than his tone in regard to human sensible nature throughout the second Critique tends to lead its readers to believe (see Munzel 1999, 148–54, 175–81, 279–85). As Kant explicitly states in the *Religion*, "considered in themselves, the natural inclinations are good; no condemnation" is due them, and "it would not only be in vain, but harmful" and a matter of "reproach to wish to eradicate them" (VI 58), but their requisite cultivation (over and above the discipline) to fit them for moral purposes is taken up by Kant in his other writings (Munzel 1999, 107–26). Kant's pervading worry about external, mechanical means is that only an external, and not an internal change, will be effected, that one will end up with Rousseau's polite society *sans vertu* at best. As he warns even in the *Critique of Pure Reason*, merely external forms of politeness, simply a "veneer of decency, integrity, and modesty," constitute a "duplicity" that threatens permanently to suppress the development of the morally good *Gesinnungen* (KrV A 748/B 776).

For the internal change, the change of *Gesinnung* and *Denkungsart*, moral judgment must be cultivated. The first stage is to "occupy the power of judgment" with exercises that allow the students to "feel their own cognitive powers" (V 160); that is, they become aware of and learn to enjoy the expansion of their rational faculty beyond natural instincts, thus beginning to be cognizant and appreciative of their own inherent ground of freedom, initially realized in judgments that are purposive (159–60). The goal is to get students to become conscious of the law in themselves and of the subordination of everything to the holiness of duty, to become aware of an ability to do what is commanded, and thus conscious of the law as an incentive which is inseparable from the consciousness of the capacity to master sensibility (159). For this goal, a stage beyond awareness of and enjoyment in the cognitive powers is needed, for this is not yet interest in actions and their morality (160).

The process leading to such interest, as well as to proficiency in the application of the maxims of moral insight to circumstances in the world, is also described by Kant in his *Metaphysical Principles of Virtue* (VI 411, 423–37, 483–84). In the culmination of the process (as described in the outline in the second Critique), the students come to feel their own worth and, in the independence of their intelligible nature and greatness of soul for which they see themselves destined, find compensation for their sacrifices with regard to sensible attachments (152). In the positive worth which the observance of the law lets the individual feel, in the respect for self in the consciousness of freedom, the law acquires an avenue for gaining easier access to the mind and influence on its maxims (161). Indeed, Kant goes on, such respect, when it is well established, is the best, even sole guard against ignoble and corrupting impulses entering the mind (161). This achievement fulfills what is identified earlier in the text as the "true purpose of all moral education [*Bildung*]" (117). What Kant is silent on in the second Critique, despite raising the problem in his 1775/76 anthropology lectures, is the possibility of the individual who is not amenable to this process, what he defines as an "evil character," a "hatred for and resistance to everything which occurs in accordance with good principles," a "resolve to resist the principles, thus to resist taming the passions and inclinations, and to bring them under the rule whereby human beings are guided to act in accordance with principles" (*Anthropologie Friedländer* XXV 651–52).

For the one whose character is still unformed, the pedagogical objective, as stated in the Doctrine of Method, is "to make judging in accordance with moral laws a natural activity accompanying all our own free actions, as well as our observations of those of others," to make such judging "as it were, into a habit [*Gewohnheit*] and to sharpen it" in discerning the distinctions of what pertains to the needs of humanity or to justice, and as to whether a given action is objectively commensurate with, as well as subjectively based on, the moral law (159). As he also does in the *Metaphysical Principles of Virtue*, Kant here affirms that such exercises will generate "a certain interest in reason's law" (159; for a description of these exercises and their agreement with the actual educational praxis of the Philanthropin, see Munzel 1999, 313–21). The sense of habit Kant invokes here is not the familiar Aristotelian based notion of the habituation of the inclinations. Instead Kant uses the opportunity here and elsewhere to offer explicit correction of popular moral instruction. It is more necessary than ever to direct attention to his method, he writes in the Doctrine, because of the prevailing approach of his contemporaries to try and achieve more with appeals to tender feelings or puffed-up pretensions, than by the dry and serious representation of duty (157). He repeats his familiar complaint about the admixture of motives from happiness and morality, giving as his reason that such admixture hinders the influence of the moral law on the human heart and so effectively undermines precisely what must be accomplished by the method (156, 159). The argument restates the objection to popular practical philosophy in the *Groundwork*, where Kant is explicit that it is not the principles taught, but the mode of instruction, by example and imitation, and the mixture of feelings, inclinations, and rational concepts, that constitutes his problem with it (GMS IV 408–11). Such instruction perpetuates the corruption to which the moral insight of common human understanding is subject; for the sake of ordinary morals, the philosophical articulation of their "guide [*Leitfaden*] and highest norm" is needed (IV 390). This articulation is the work of the remainder of the *Groundwork* and of the *Critique of Practical Reason* up to this point. In the Doctrine, Kant returns to the issue of moral instruction cast as the pedagogical question of how latent moral insight can be raised into the students' clear consciousness, without confusing it with other motives, and allowing its own full force to be realized. Kant is echoing what he has been calling for during the previous decade. As reported in the 1775/76 lectures, he has long been asking, "Why are the moral germs [*Keime*] not developed through education? Great men," he complains, "still do not realize the importance of education and exert no effort on it … one does not show the odiousness of an action from the action itself, but because it is forbidden" (*Anthropologie Friedländer* XXV 695). In children's upbringing, one must "take care that morality [is] established on concepts; then one could also establish a character, the will would then also not relate to instincts, but to principles" (XXV 653; see also 726–28).

Such citations indicate that the pedagogical project is articulated first by Kant and that the critical moral philosophy is developed in response to what he himself identifies as the problem and its needed correctives. As already evident in the 1775/76 lectures, rule-following is one of Kant's main complaints about popular instruction and he has long identified the opposite, the exercise of judgment, with character. He goes so far as to indicate that an evil character is still salvageable, for "there is surely still a germ for character" present, whereas the "poor character is an ill which cannot be compensated for; it is almost so, as if one lacked power of judgment. In such circumstances, one can be instructed however much one likes, and attend all schools and academies, this only thus gives one more material for one's foolishness, for one cannot apply it, but through it becomes a complete fool (XXV 651). In short, theoretical learning (so often imputed to the age of enlightenment generally as its hallmark, the identification of the acquisition of knowledge with human dignity and progress), not only is not education, but it can be harmful. Rousseau's thought stands, of course, in the background here to Kant's own words. Most important for the Doctrine of Method is that the power of judgment is the essential germ to be cultivated, that "special talent" which, as Kant underscores in virtually every text, including the *Critique of Pure Reason*, cannot be implanted nor acquired by instruction, "but can only be exercised" (KrV A 133/B 172). In the *Pragmatic Anthropology*, too, Kant notes that by means of instruction consisting "in the communication of rules," the human understanding may be furnished with many concepts and rules, but the ability to judge (whether as technical, aesthetic, or practical judgment) if a given case is an instance of the rule or not, cannot be taught; only years of practice can yield maturity and understanding in this sense (VII 199). Thus, as Kant warns in the *Metaphysical Principles of Virtue*, what the teacher must guard against (and this is also part of Kant's worry with the appeal to mechanical means) is that the observance of duty does not get established on the basis of perceived "advantages or disadvantages," which would reduce the entire affair to "mere pragmatic prescriptions" (MS VI 482–83), in other words, to the kind of rule-following which would spell the demise of the cultivation of character.

12.3 Proper Pedagogical Use of the Example

Where instruction proceeds properly, students will enjoy their exercises in making discernments and discriminations, an enjoyment which is another component of gaining access for the moral law to the mind. As evidence for this claim in the Doctrine of Method, Kant cites the fact easily observable in ordinary conversation of everyday life, namely that people simply enjoy arguing (*Räsonniren*) as a form of pastime that outlasts the telling of stories, or cracking of jokes. This activity manifests for Kant a "propensity of reason" to "pursue with delight even the most subtle examination of practical questions that have been posed," a propensity of which the "educators of youth" ought to avail themselves (153–54). He recommends that teachers should appeal to what is in fact a staple of popular instruction, the example. Kant's argument is not so much with the material, but with the form of instruction, namely with *how* the example is used, although he does explicitly suggest it be taken from biographies, and warns against heroic tales taken from novels (154, 155). The distinctions Kant points out here (in what takes up half of his entire discussion, 154–59), together with his remarks about the use of example in such texts as the *Groundwork*, *Religion*, *Metaphysical Principles of Virtue*, *On Pedagogy*, and lectures on anthropology, would merit separate consideration (see Munzel 1999, 288–93). Consistent in all these texts is Kant's rejection of the appeal to the example as a model for imitation. What is needed is an "exemplary instance" (*Exempel* as distinguished from *Beispiel*), a "particular case of a practical rule," to serve, however, "not as a model, but only as proof of the feasibility of dutiful" conduct (MS VI 480). The provision of such constitutes "the experimental (technical) means for the formation of virtue"; namely, "the good example of the teachers themselves (their own conduct and leadership being exemplary) and the admonitory [example] of other people" (MS VI 479). In the Doctrine of Method Kant notes that the appeal to emotions in the presentation of examples, puts the entire matter on the transitory basis of feelings of enthusiasm and is "entirely contrapurposive" (157). Moreover, in their "feeling for exaggerated greatness," romantic heroes give themselves too much credit, with the result that "common and everyday responsibility seems to them to be but a paltry matter" and thus "they absolve themselves from observing it" (155). However, particular examples of even meritorious sacrifice in actual cases should not be presented as an example for emulation, since doing so in fact weakens their effect, for the case abounds with unanswered questions about conflicts with duty to self and other misgivings (158). The morally instructive example must make us attentive to the fact itself that we are moral beings endowed with the essential capacity for freedom and it should convey the dignity of the moral action as that which merits our highest estimation. In the words of the *Groundwork*, "Imitation has no place in moral matters, and examples serve only for encouragement; that is, they put the feasibility of what the law commands beyond doubt and they present graphically what is more generally expressed by the practical rule. But they can never justify our setting aside their true original inherent to reason and our guiding [or orienting] ourselves by examples" (IV 409).

The example, rightly presented, does provide the student with something to follow. One of the best articulations of Kant's relevant distinction here between imitation (or emulation, *Nachahmung*) and following after (*Nachfolgen*, following in the same steps, being a successor to) is found in the *Critique of Judgment*: "The proper expression for any influence which the products of an exemplary author [*Urheber*] may have on others is to follow [*Nachfolge*] by reference to a precedent, not imitation [*Nachahmung*];

and this means no more than to draw upon the same sources from which one's predecessor himself drew and to learn from him only the way in which one goes about doing so" (V 283). In the *Pragmatic Anthropology* Kant states even more strongly, in a way that incorporates the essence of this distinction from the third *Critique*, the point quoted above from the *Groundwork*: "The imitator (in moral affairs) is without character; for the latter consists precisely in the originality of *Denkungsart*." Individuals of character "draw upon a source for their conduct [*Verhaltens*] which they have themselves opened up" (Anthropologie VII 293; see also MS VI 479–80, and the 1775/76 lectures, where Kant states that "the compulsion of emulation is the ruin of reason. Imitation is only a molding, but not something proper to oneself," XXV 547). Neither an account found in literature (be it fictional or historically factual), nor the exemplary individual (who in the first instance is to be the teacher) are to be emulated in *what* in particular they do. They are to serve as a source of instruction for *how* one goes about drawing upon one's own inherent principle of guidance, one's own inherent practical law for directing those choices and actions that lie within one's own purview. Moreover, they serve as a source of encouragement that so to conduct one's life and to procure such character for oneself does indeed lie within the bounds of human possibility. In sum, we have here an account of the main pedagogical means Kant describes for securing access to the mind for the moral law. It is effectively the way to achieve the transition from immaturity (taking one's guidance from others) to maturity (employing one's own reason), to heeding the *sapere aude*, Horace's exhortation to "dare to be wise" invoked by Kant. In this context it is also illuminating, I think, for understanding the role and work Kant accords to reason, to consider the classical connection between legislation and *paideia*, specifically the conception of the lawgiver as the prototype of the teacher (see Jaeger 1939). In light of this connection, Kant's use of the juridical metaphor, his depiction of reason as a tribunal, as a legislator, may be understood as an internalization of this lawgiver/teacher as the practical reason inherent in every human being, to serve as the life long supreme pedagogical principle. To give the moral law access to the mind is to establish a relation between the human subject and its own inner teacher. The Socratic teacher's job is to direct the student to the teacher within. While the law in the external form of the republican constitution too has an essential pedagogical role in the formation of the citizens' moral character (Munzel 1999, 321–28), that we can and should take responsibility for our own cultivation is again already expressed by Kant in 1775/76 (*Anthropologie Friedländer* XXV 644).

12.4 Role of the Aesthetic in Moral Cultivation

That the pedagogical process and its culmination in moral character involves not only the sharpening of our powers of discernment, but a felt, aesthetic response is also alluded to in the Doctrine of Method. The two stages of the exercise of judgment are respectively allied with the beautiful and the sublime. The first step of gaining awareness of our cognitive powers results in the pleasure felt in response to the "form of beauty" recognized in character, or the "*Denkungsart* in accordance with moral laws" (160). The second exercise resulting in the consciousness of our own inner freedom is accompanied by the two stage experience of the sublime, the "initial sensation of pain" followed by the satisfaction ensuing from the recognition of the elevation of the soul, the "independence from inclinations and the circumstances of fortune, and the possibility of being self-sufficient" (160–61). In the section about the incentives of pure practical reason, Kant also notes that the moral law allows us to become aware of the "sublimity of our own supersensible existence" (88). Earlier mention of these aesthetic associations appears in the 1775/76 anthropology lectures where, for example, Kant refers to the human capability of "being disciplined by law and not by force" as "a sublime talent" (*Anthropologie Friedländer* XXV 674). We also find an explicit answer to the question, does Kant find nothing ugly? Yes, the ugly is specifically associated with vice. Lack of proportion in either the face or form of the body cannot be designated as ugly, asserts Kant. "In order to be ugly, something contradicting morality must lie in the face: guile, malice, spite, recalcitrance, crudeness, only that is ugly in the case of the human being" (XXV 665). The ugly is what we naturally have an aversion to, the beautiful is what we love. The sublime evokes our "respect for our higher vocation" (V 88) and the feeling of the sublime "has its foundation in human nature ... namely in the aptitude for a feeling for (practical) ideas, that is, for moral" feeling (KU V 265). Thus Kant's complete account of moral cultivation includes a story about the supporting role of the aesthetic in actualizing freedom's purposes, in gaining access for the moral law in the mind (Munzel 1999, 126–32, 296–313).

The famous opening discussion of the Closing (161–62), the boundless magnitude of the starry heavens and the true infinity of the moral life revealed by the law within, develops this motif in the terms found later in the *Critique of Judgment*, the two stage experience of the sublime, the sensation of physical impotence and the realization of mental superiority (KU V 261–64). In the second Critique, however, Kant makes this sublimity of the object the basis for a call for human inquiry to rise to the occasion and proceed in a way that is useful and in keeping with the nature of its object (162). In words that echo the Preface of the *Critique of Pure Reason*, Kant laments the failed efforts of human inquiry to date, with metaphysics effectively ending in astrology and morality in enthusiasm and superstition, but as in the first *Critique*, he sees reason for hope in the instructive example of the sciences which have recently achieved the breakthrough of allowing reason to proceed only on the track of a well-considered method (162–63). He recommends that the same way be taken for the "treatment of the moral aptitudes [*Anlagen*] of our nature," that the examples of morally judging reason be analyzed in repeated experiments on common human understanding, in a manner similar to procedures in chemistry, separating the empirical from the rational components so that both can come to be known with regard to what they can each achieve (163).

The completion of all this work, scientific, philosophical, and pedagogical, the achievement by the human race of the "purpose of its vocation," is foreseen by Kant (in 1775/76) as something which we can expect will still take centuries. His assessment of the state of affairs, in what a decade later he calls the age of enlightenment which is not yet an enlightened age, is that to date a civil constitution, together with civil constraint and the constraint of propriety have been achieved, but that the additional requisite moral constraint remains to be realized (*Anthropologie Friedländer* XXV 692–94). From both this standpoint and the renewed attention to character development in contemporary studies, the Doctrine of Method of Kant's *Critique of Practical Reason* is a most timely text for our reflection today.

Bibliography

Jaeger, W. 1939: Paideia. The Ideals of Greek Culture, Oxford.
Munzel, F 1999: Kant's Conception of Moral Character. The "Critical Link" of Morality, Anthropology, and Reflective Judgment, Chicago/London.

Auswahlbibliographie

1. Ausgaben

Critik der praktischen Vernunft von Immanuel Kant, Riga 1788.
Kritik der praktischen Vernunft, in: Kants Werke. Akademie-Textausgabe, hrsg. v. der Königlich Preußischen Akademie der Wissenschaften, Berlin 1902 ff., Bd. V (1908/13), 1–164.
Kritik der praktischen Vernunft, hrsg. v. K. Vorländer, Hamburg ^{9}1929.
Kritik der praktischen Vernunft, in: Immanuel Kant. Werke in sechs Bänden, hrsg. v. W. Weischedel, Band IV, Darmstadt 1956, 105–302 (Taschenbuchausgabe: Frankfurt [Main] ^{3}1997).

2. Bibliographien und Hilfsmittel

Bittner, R./Cramer, K. 1975: Materialien zu Kants „Kritik der praktischen Vernunft", Frankfurt (Main).
Eisler, R. ^{7}1977: Kant-Lexikon. Nachschlagewerk zu Kants sämtlichen Schriften, Briefen und handschriftlichem Nachlaß, 2 Bde., Hildesheim/New York.
Die Kant-Studien führen (durch R. Malter) seit Bd. 60 (1969) eine fortlaufende Bibliographie von Arbeiten über Kant (von 1952 an nachgeholt).
Roser, A./Mohrs, Th. (Hrsg.) 1992: Kant-Konkordanz. Zu den Werken Immanuel Kants (Bände I–IX der Ausgabe der Preußischen Akademie der Wissenschaften), Hildesheim/Zürich/New York.

3. Kommentare und Abhandlungen zur *Kritik der praktischen Vernunft*

Allison, H. E. 1989: Justification and Freedom in the *Critique of Practical Reason*, in: E. Förster (Hrsg.) 1989, 114–130.
Alquié, F. 1966: Introduction à la lecture critique de la raison pratique, Paris.
Beck, L. W. 1960/61: Das Faktum der Vernunft. Zur Rechtfertigungsproblematik in der Ethik, in: Kant-Studien 52, 271–282.
Beck, L. W. 1974: Kants „Kritik der praktischen Vernunft". Ein Kommentar, München; engl. A Commentary on Kant's critique of Practical Reason, London/Chicago ^{2}1966.
Benton, R. J. 1977: Kant's Second Critique and the Problem of Transcendental Arguments, Den Haag.
Fabris, A./Baccelli, L. (Hrsg.) 1989: A partire da Kant. L'eredità della „Critica della ragion pratica", Mailand.
Förster, E. (Hrsg.) 1989: Kant's Trancendental Deductions. The *Three Critiques* and the *Opus postumum*, Part II: „The *Critique of Practical Reason*", Stanford (Cal.).
Guyer, P. 1997: In praktischer Absicht. Kants Begriff der Postulate der reinen praktischen Vernunft, in: Philosophisches Jahrbuch 104, 1–18.
Henrich, D. 1973: Der Begriff der sittlichen Einsicht und Kants Lehre vom Faktum der Vernunft, in: G. Prauss (Hrsg.) 1973, 223–254.

Konhardt, K. 1986: Faktum der Vernunft? Zu Kants Frage nach dem ‚eigentlichen Selbst' des Menschen, in: G. Prauss (Hrsg.) 1986, 160–184.
Landucci, S. ²1999: La „Critica della ragion pratica" di Kant. Introduzione alla lettura, Rom.
Silber, J. R. 1959: Kant's Conception of the Highest Good as Immanent and Transcendent, in: The Philosophical Review 68, 469–492.
Silber, J. R. 1969: Die metaphysische Bedeutung des höchsten Guts als Kanon der reinen Vernunft in Kants Philosophie, in: Zeitschrift für philosophische Forschung 23, 538–549.
Vorländer, K. ⁹1929: Einleitung des Herausgebers, in: Immanuel Kant, Kritik der praktischen Vernunft, hrsg. v. K. Vorländer, Hamburg, xi–xlvii.
Winter, A. 2000: Der Gotteserweis aus praktischer Vernunft, in: ders., Der andere Kant, Hildesheim, 257–343.

4. Kommentare und Abhandlungen zur *Grundlegung zur Metaphysik der Sitten*

Cramer, K. 1991: Metaphysik und Erfahrung in Kants Grundlegung der Ethik, in: Neue Hefte für Philosophie 30/31, 15–68.
Duncan, A. R. C. 1957: Practical Reason and Morality. A Study of Immanuel Kant's „Foundations for the Metaphysics of Morals", London.
Freudiger, J. 1993: Kants Begründung der praktischen Philosophie. Systematische Stellung, Methode und Argumentationsstruktur der „Grundlegung zur Metaphysik der Sitten", Bern/Stuttgart/Wien.
Höffe, O. 1979: Kants kategorischer Imperativ als Kriterium des Sittlichen, in: ders., Ethik und Politik. Grundmodelle und -probleme der praktischen Philosophie, Frankfurt (Main), 84–119.
Höffe, O. (Hrsg.) ³2000: Grundlegung zur Metaphysik der Sitten. Ein kooperativer Kommentar, Frankfurt (Main).
Kaulbach, F. 1988: Immanuel Kants „Grundlegung zur Metaphysik der Sitten". Interpretation und Kommentar, Darmstadt.
Paton, H. J. 1962: Der kategorische Imperativ, Berlin; engl. The Categorical Imperative. A Study in Kant's Moral Philosophy, London 1947.
Ross, W. D. 1954: Kant's Ethical Theory. A Commentary on the „Grundlegung zur Metaphysik der Sitten", Oxford.
Schönecker, D. 1999: Kant: Grundlegung III. Die Deduktion des kategorischen Imperativs, Freiburg (Breisgau)/München.
Tugendhat, E. 1993: Vorlesungen über Ethik, Vorlesungen 6 und 7, Frankfurt (Main).
Wolff, R. P. 1973: The Autonomy of Reason. A Commentary on Kant's „Groundwork of the Metaphysics of Morals", New York etc.

5. zu Kants Moralphilosophie

Acton, H. B. 1970: Kant's Moral Philosophy, London.
Allison, H. E. 1986: Morality and Freedom: Kant's Reciprocity Thesis, in: The Philosophical Review XCV, Nr. 3, Juli 1986, 393–425.
Allison, H. E. 1990: Kant's theory of freedom, Cambridge.

Allison, H. E. 1996: Idealism and Freedom. Essays on Kant's Theoretical and Practical Philosophy, Cambridge.
Alquié, F. 1974: La morale de Kant, Paris.
Ameriks, K. 1981: Kant's Deduction of Freedom and Morality, in: Journal of the History of Philosophy XIX, 53–79.
Ameriks, K. 2000: Kant and the Fate of Autonomy, Cambridge.
Aune, B. 1979: Kant's Theory of Morals, Princeton.
Baron, M. W. 1995: Kantian Ethics Almost Without Apology, Ithaca/London.
Beck, L. W. (Hrsg.) 1972: Proceedings of the Third International Kant Congress held at the University of Rochester 1970, Dordrecht.
Bittner, R. 1983: Moralisches Gebot oder Autonomie, Freiburg/München.
Campell, J. I. G. 1980: Kantian Conceptions of Moral Worth, Princeton.
Cohen, H. 1877: Kants Begründung der Ethik nebst ihren Anwendungen auf Recht, Religion und Geschichte, Berlin.
Cox, J. G. 1984: The Will at the Crossroads. A Reconstruction of Kant's Moral Philosophy, Washington.
Delbos, V. ³1969: La philosophie pratique de Kant, Paris.
Engstrom, S./Whiting, J. (Hrsg.) 1996: Aristotle, Kant and the Stoics. Rethinking Happiness and Virtue, Cambridge.
Förster, E. 1992: „Was darf ich hoffen?" Zum Problem der Vereinbarkeit von theoretischer und praktischer Vernunft bei Immanuel Kant, in: Zeitschrift für philosophische Forschung 46, 168–185.
Forschner, M. 1974: Gesetz und Freiheit. Zum Problem der Autonomie bei I. Kant, München/Salzburg.
Funke, G. (Hrsg.) 1974: Akten des 4. Internationalen Kant-Kongresses Mainz 1974, Teil II, Sek. 7: Analytik der praktischen Vernunft, Berlin/New York.
Henrich, D. 1957: Die Deduktion des Sittengesetzes, in: Denken im Schatten des Nihilismus. Festschrift Wilhelm Weischedel, Darmstadt, 55–112.
Henrich, D. 1982: Ethik der Autonomie, in: ders., Selbstverhältnisse, Stuttgart, 6–56.
Herman, B. ²1996: The Practice of Moral Judgment, Cambridge (Mass.)/London.
Hill, Th. E. 1992: Dignity and Practical Reason in Kant's Moral Theory, Ithaca.
Höffe, O. 1985: Introduction à la philosophie pratique de Kant, Albeuve (Schweiz).
Höffe, O. ⁵2000: Was soll ich tun? – Die Moral- und Rechtsphilosophie, in: ders., Immanuel Kant, München.
Ilting, K. H. 1972: Der naturalistische Fehlschluß bei Kant, in: M. Riedel (Hrsg.), Rehabilitierung der praktischen Philosophie, Bd. I, Freiburg (Breisgau), 113–130.
Jones, W. T. 1940: Morality and Freedom in the Philosophy of Kant, Oxford.
König, P. 1994: Autonomie und Autokratie. Über Kants Metaphysik der Sitten, Berlin/New York.
Korsgaard, C. M. 1989: Morality as Freedom, in: Y. Yovel (Hrsg.) 1989, 23–48.
Korsgaard, C. M. 1996: Creating the Kingdom of Ends, Cambridge.
Korsgaard, C. M. 1996a: The Sources of Normativity, Cambridge.
Krüger, G. 1931: Philosophie und Moral in der kantischen Kritik, Tübingen.
Landucci, L. 1994: Studi sull'etica di Kant, Mailand.
Lo, P. C. 1987: Treating Persons as Ends. An Essay on Kant's Moral Philosophy, Lanham.
Löhrer, G. 1995: Menschliche Würde. Wissenschaftliche Geltung und metaphorische Grenze der praktischen Philosophie Kants, Freiburg/München.
Lourden, M. B. 2000: Kant's impure Ethics, Oxford.
Manganaro, P. 1989: La filosofia pratica di Kant, Catania.

Munzel, G. F. 1999: Kant's Conception of Moral Character. The „Critical" Link of Morality, Anthropology, and Reflective Judgment, Chicago/London.

Neue hefte für philosophie 1983: Kants Ethik heute, Heft 22, Göttingen.

O'Neill, O. 1975: Acting on Principle. An Essay in Kantian Ethics, New York.

O'Neill, O. 1989: Constructions of reason. Explorations of Kant's practical philosophy, Cambridge.

Ortwein, B. 1983: Kants problematische Freiheitslehre, Bonn.

Packer, M. N. 1979: The Completion of Reason in Kant's Ethical Theory, Evanston.

Patzig, G. 1971: Die logischen Formen praktischer Sätze in Kants Ethik, in: ders., Ethik ohne Metaphysik, Göttingen.

Prauss, G. (Hrsg.) 1973: Kant. Zur Deutung seiner Theorie von Erkennen und Handeln, Zweiter Teil: „Handeln", Köln.

Prauss, G. 1983: Kant über Freiheit als Autonomie, Frankfurt (Main).

Prauss, G. (Hrsg.) 1986: Handlungstheorie und Transzendentalphilosophie, Frankfurt (Main).

Rossvaer, V. 1979: Kant's Moral Philosophy. An Interpretation of the Categorical Imperative, Oslo/Bergen.

Schmucker, J. 1961: Die Ursprünge der Ethik Kants, Meisenheim.

Schönrich, G./Kato, Y. (Hrsg.) 1996: Kant in der Diskussion der Moderne, IV: „Wille und Handlung", Frankfurt (Main).

Sullivan, R. J. 1989: Immanuel Kant's Moral Theory, Cambridge.

Sullivan, R. J. 1997: An Introduction to Kant's Ethics, Cambridge.

Vialatoux, J. ^{5}1968: La morale de Kant, Paris.

Willaschek, M. 1992: Praktische Vernunft. Handlungstheorie und Moralbegründung bei Kant, Stuttgart.

Williams, T. C. 1968: The Concept of the Categorical Imperative. A Study of the Place of the Categorical Imperative in Kant's Ethical Theory, Oxford.

Wolff, R. P. (Hrsg.) 1967: Kant. A Collection of Critical Essays, Part II: Discussions of Kant's Ethical Theory, New York.

Wood, A. W. 1999: Kant's Ethical Thought, Cambridge.

Yovel, Y. (Hrsg.) 1989: Kant's Practical Philosophy Reconsidered. Papers Presented at the Seventh Jerusalem Philosophical Encounter, December 1986, Dordrecht/Boston/London.

Personenregister

Achenwall, G.   70, 80
Albrecht, M.   177, 186
Allison, H. E.   45, 61, 70, 80
Ameriks, K.   70, 80 f., 88, 97, 99, 106 f., 109, 113
Aristoteles   2, 13, 19, 51, 61, 67, 125

Bacon, F.   4, 203
Baumgarten, H.-U.   61
Beck, L. W.   45, 61, 119, 121, 133, 143, 151, 157, 172, 177, 182, 186
Bittner, R.   88, 97, 113, 133
Brandt, R.   153
Brink, D. O.   148, 151
Broad, C. D.   55
Brunschvicg, L.   4

Christman, J.   83, 97
Chrysipp   168
Cramer, K.   113, 131, 133
Crusius, M.   12

Dancy, J.   148, 151
Descartes, R.   2, 3, 7, 203
Düsing, K.   175, 186
Dworkin, G.   83, 97

Engstrom, S.   61
Epikur, Epikureer   12, 17, 51, 57, 74, 175, 179

Falk, W. D.   148, 151
Feder, J. G. H.   26 f., 37, 41
Fichte, J. G.   99
Förster, E.   135, 173, 180, 183, 186
Frankena, W. K.   55, 61, 148, 151

Garve, Ch.   26, 41, 181
Goodpaster, K. E.   151
Gosepath, S.   151
Gram, M. S.   61
Grassi, E.   172
Gregor, M.   113 f.
Guyer, P.   56, 61, 202

Hartmann, N.   129
Hegel, G. W. F.   70 f., 80
Henrich, D.   81, 88, 97, 106, 113, 172, 186
Herman, B.   56, 61
Herrera, L.   146, 151
Hill, Th. Jr.   45, 61
Hobbes, Th.   74
Höffe, O.   1, 63, 125, 133
Hofmann-Riedinger, M.   133
Horaz   215
Horn, Ch.   43, 58, 61
Hudson, H. H.   45, 61
Hübscher, A.   IX
Hume, D.   7, 12, 38 f., 111 f., 162, 172
Hutcheson, F.   12

Irwin, T.   57, 61

Jaeger, W.   215, 217
Jenisch, D.   26

Kato, Y.   133
Kopernikus, N.   166
Korsgaard, C. M.   56, 61, 68, 73, 80, 113, 149, 151
Kripke, S. A.   150 f.
Kuehn, M.   97
Kyniker   175

Lachesis   168
Lauener, H.   147, 151
Lee, M.-H.   139 f., 151
Leibniz, G. W.   7, 158, 161, 194
Locke, J.   7
Lukow, P.   89, 97

Matthäus   203
McCarty, R.   146, 151
Meerbote, R.   45, 61
Menzer, P.   138, 151
Moore, G. E.   117
Müller, P.   129, 133
Munzel, G. F.   45, 61, 203, 206 f., 209–211, 214 f., 217

Nietzsche, F. 50

O'Neill, O. 81, 83, 93, 97
Owens, D. 106, 113

Pascal, B. 4
Paul, J. IX, 23
Peirce, Ch. S. IX
Pieper, A. 115
Pistorius, H. A. 27, 30–32, 37, 41
Platinga, A. 111, 113
Platon, Platoniker 2, 51 f., 70, 117, 166, 168 f., 172, 175
Poseidonios 168, 172
Prauss, G. 45, 61
Pütter, J. S. 70, 80

Rainer, H. 139, 151
Rawls, J. 22, 55, 61, 106, 113
Reath, A. 106, 113, 146, 152
Rehberg, A. 106, 113
Ricken, F. 61, 183, 187
Robinson, H. 186
Rousseau, J. J. 12, 169, 172, 174, 210, 213

Scarano, N. 135, 142, 152
Schönrich, G. 133
Schopenhauer, A. IX, 50
Schröder, J. 80
Schulz, J. H. 46, 164

Schwan, A. 97, 113
Schwemmer, O. 99, 113
Selby-Bigge, L. A. 172
Shaftesbury, A. 12
Silber, J. R. 202
Smilansky, S. 106, 114
Smith, M. 148, 152
Sokrates 209, 215
Spinoza, B. 7, 194
Stekeler-Weithofer, P. 45, 61
Stoa, Stoiker 12, 17, 175, 179 f.

Theiler, W. 172
Theophrast 167
Thurnherr, U. 129, 133
Timmons, M. 148, 152
Tittel, G. A. 27, 41

Vogel, Pfarrer X

Walsh, W. H. 202
Weidemann, H. 57, 61
Whiting, J. 61
Willaschek, M. 45, 61, 74, 80, 99, 114, 138, 152, 180, 186
Williams, B. 148, 152
Winter, A. 202
Wolff, Ch. 7, 12, 158, 161, 172
Wood, A. 25, 45, 54, 56, 61, 88, 97, 108, 110, 114, 135, 202

Sachregister

Achtung 17, 143–147, 150 f., 157, 159, 199
allgemein, Allgemeinheit 4, 11, 22, 38, 65, 69 f., 119, 124, 126, 132, 159
allgemeingültig, Allgemeingültigkeit 7, 12
Analytik, analytisch 8, 17, 18, 38, 64, 153, 155–160
Angemessenheit 18, 198
angenehm/unangenehm, Annehmlichkeit 5, 10, 49, 115, 139
Anschauung 121, 124, 127, 156–158, 171, 200
Antinomie 18, 173 f., 178, 180–185, 196 f.
Apriorität 150
aufklären, Aufklärung IX, 208, 213
autonom, Autonomie/Selbstbestimmung 10–12, 14 f., 17, 19, 22, 45, 50, 52, 54, 57, 77, 81–86, 90–97, 102–106, 108, 110, 116, 121, 177, 197

Bedingung 116, 189 f., 195, 197 f.
Begehren, Begierde 5, 11, 15, 22, 36, 50, 53, 67 f., 74, 84 f., 91, 94, 117, 139
Begehrungsvermögen 36, 43 f., 49–51, 53, 58, 116, 138 f., 178
–, oberes/unteres 49–51
Begriff, begrifflich 8, 22, 29, 99, 112, 121, 124, 128, 155–159, 165 f., 176, 200 f.
Beispiel 213 f.
Begründung 4, 11, 22
bestimmen, Bestimmung/Willensbestimmung X, 9, 21, 36, 43–49, 51, 53, 57–59, 69, 85, 93, 101–103, 116, 119, 126–128, 145, 157, 159, 161, 165 f., 186, 188 f., 194 f., 198
Bestimmungsgrund 1, 5 f., 9, 11, 47, 49, 56, 59 f., 63 ff., 67, 73, 84, 123, 139, 142, 144, 147, 166, 174, 176–178, 183, 195, 200
–, objektiver 138, 147, 149
–, subjektiver 138
Bewußtsein 14 f., 17, 19, 30, 34, 78 f., 88 f., 105, 120, 143, 148, 150 f., 158, 161, 164, 170, 179 f., 188
böse, Böses 41, 48 f., 60, 116–118, 120–122, 125, 159, 165, 211 f.

Charakter 21, 104, 166–169, 171, 205 f., 208, 211–213, 216

Dasein 16 f., 189, 192 f., 196 f., 200
Deduktion, deduzieren 88, 96, 101, 107–109, 111, 160
denken 158, 164, 170 f.
Deontologie, deontologisch 55 f., 61
Determination, determinieren, Determinismus 46–48, 54, 75 f., 119 f., 161, 163, 165, 167, 169, 171
Dezision (s. Entscheidung)
Dialektik, dialektisch 8, 16 f., 28, 106, 158, 160, 173–175, 183
Ding an sich 155, 160–162, 165, 168 f., 171, 173, 182

Einheit (der Vernunft) 36, 156, 161
Empfindung 139 f.
Empirie, empirisch 10 f., 14, 18, 33, 41, 67 f., 116 f., 120–122, 127 f., 130, 166–168, 171
Empirismus, empiristisch 7 f., 12, 14, 19, 27, 31, 38–40, 111 f., 132, 154, 157 f.
Entscheidung, Entscheidungsvermögen/Dezision, Dezisionsvermögen 47–51, 53 f., 168
Erfahrung 7, 10, 15, 33, 38 f., 79, 111, 157, 165 f., 200
erkennen, Erkenntnis 1, 5, 8, 10, 29, 37–39, 78, 101, 103, 113, 121, 124, 131, 158–160, 162, 170–172, 181
Erscheinung 11, 16, 75 f., 125, 141 f., 144, 155, 160–162, 165, 167, 169, 173, 181 f., 190
Erziehung/Pädagogik 2, 19, 22, 168, 205, 212 f.
Ethik, ethisch 12, 43, 55, 61, 117, 132
Eudaimonismus, eudaimonistisch 43, 57, 161, 165 f.
Existenz 189 f.

Faktum (der Vernunft) X, 10, 14–16, 31, 34 f., 77, 81–83, 88 f., 94, 99 f., 102–106, 108–111, 113, 150, 158, 160, 165, 170, 199

SACHREGISTER

Folge 13, 55, 58 f., 117, 195
Form 6, 9–11, 44 f., 47, 55, 60, 63 ff., 68 f., 75, 77 f., 85, 92, 102, 121, 128 f., 142, 157, 195
formal 43, 51, 55, 57–59, 96, 102
Formel 35, 89, 130
frei, Freiheit IX, 1, 3, 11, 15, 27, 29–35, 40, 46 f., 53 f., 57, 59, 75–80, 81, 91, 96, 104, 106 f., 110, 115–125, 127 f., 131 f., 154, 158, 160–166, 169 f., 181–183, 185, 187–190, 192 f., 200
–, transzendentale 9–11, 15, 26 f., 31, 66, 75–77, 99, 160, 163
– Willensfreiheit 10
Fremdbestimmung (s. Heteronomie)
Fürwahrhalten 190 f.

Gebot 52, 197
Gefühl 5, 12, 17, 60, 139 f., 145–147, 150 f., 159, 166, 186
–, moralisches 12, 140
Gegenstand (s. a. Objekt) 5, 8, 10, 58 f., 67, 115 f., 118, 125, 139 f., 157, 165–167, 174–176, 179, 200
Gemüt 129, 143 f., 204
gerecht, Gerechtigkeit 20
Gesetz (s. a. Sittengesetz) 1, 3–6, 8–11, 16, 18 f., 22, 43–45, 48 f., 51, 54, 56 f., 59 f., 63 ff., 70, 72, 77–80, 84 f., 87–89, 93 f., 119, 122, 127–129, 131 f., 140–145, 158, 165 f., 171, 176, 179 f., 189–195, 197–200
gesetzgebend, Gesetzgebung 9, 40 f., 64 f., 89, 91 f.
Gesinnung 204–206, 210
Glaube/Vernunftglaube, glauben 12, 105 f., 158, 160, 190 f., 200
Glück, Glückseligkeit 1, 3, 9, 11, 16–18, 20, 22, 43 f., 55–58, 60, 72, 74, 95, 116–118, 123, 129, 132, 161, 175 f., 178–183, 192–196, 212
Glückswürdigkeit 1, 3, 16 f.
Gott, Gottheit 3, 12, 16 f., 27, 30, 32, 56, 139, 168–170, 180, 185, 187–193, 196 f., 200 f.
Grund 5, 21, 39, 59, 92 f., 148, 164, 167 f., 192, 195
Grundsatz 8, 21 f., 43 f., 70, 121–123, 155–158, 165, 173 f.
Gut, Güter 43, 57

–, höchstes 1, 16 f., 22, 28, 56–58, 60, 175–180, 183–185, 189–198, 209
gut, Gutes 2, 4, 27, 48 f., 55, 60, 116–118, 120–125, 127, 131 f., 159, 165

handeln, Handlung 5–7, 11, 13, 15, 21, 47, 73, 91, 115, 117–119, 131, 135–151, 162, 164, 167 f., 176, 192, 195
Handlungstheorie 136–138, 142, 147, 150
heilig, Heiligkeit 18, 116, 179, 198 f.
heteronom, Heteronomie/Fremdbestimmung 9 f., 44, 54, 90 f., 94, 118, 141, 147, 166
hoffen, Hoffnung 3, 193
Hypothese, hypothetisch 116, 157, 190 f.
hypothetischer Imperativ (s. Imperativ)

Idealismus 30, 181
Idee 3, 30, 32–34, 56, 118, 127, 185, 189 f., 193 f., 196 f., 200
Imperativ 33, 44, 46 f., 56, 116, 167
–, hypothetischer 43–45, 84
–, kategorischer 4 f., 9 f., 13, 15, 21, 43–45, 48, 55 f., 84, 87, 89, 122, 130, 158, 161, 165, 171, 194
–, pragmatischer 5, 12 f., 15
–, technischer 5, 15
Inhalt (s. a. Materie) 157 f.
Intelligenz 106, 109 f.
intelligibel 103, 118, 160, 165–171, 183, 185
Interesse 4, 122, 140, 159, 184–187, 211
Internalismus/Externalismus 148–150

Kanon 173
Kategorie (s. a. reiner Verstandesbegriff) 30, 32 f., 115–118, 120–124, 130, 157 f., 170 f., 200
– der Freiheit 120, 158, 166
kategorisch IX, 116, 119
Kategorischer Imperativ (s. Imperativ)
kausal, Kausalität 5, 11, 31, 40, 46, 49, 75, 105 f., 111 f., 116–119, 123, 125, 127–132, 139, 141 f., 144 f., 162 f., 166 f., 170, 181, 190, 201, 207
Konsequentialismus, konsequentialistisch 13, 20, 72 f.
Kriterium IX, 4, 11, 20, 60
Kritik, kritisch IX, 4, 28, 36, 40, 111, 130, 154 f., 166, 185, 204
kritische Beleuchtung 153 ff., 154, 158
Kultur 188

legal, Legalität 2, 123, 136 f., 149, 151
Lehrsatz 63 f.
Leidenschaft 72, 79
Lust/Unlust 10, 19, 36, 49, 60, 67 f., 115–117, 139–141, 145, 147, 165

material, Materie (s. a. Inhalt) 6, 9–11, 43 f., 48 f., 51, 55, 57–60, 64, 67–69, 83, 85, 96, 139
Maxime 8 f., 12 f., 21 f., 43–45, 53 f., 63 ff., 68–70, 73 f., 79, 120, 122, 130, 140, 208
meinen, Meinung 190 f.
Mensch, Menschheit 11 f., 18, 22, 36, 56, 60, 119, 161, 164 f., 167–169, 171, 177, 199
Menschenvernunft (s. Vernunft)
Methode 2, 7, 60, 106, 203 f., 207, 209, 212
Methodenlehre 203 f.
Mittel 70–72, 116, 210
möglich, Möglichkeit X, 99, 123, 160, 188–192, 198, 201
Moral, moralisch 2, 4, 11, 17–22, 33, 57, 59, 69, 73, 123, 146, 164, 166, 168, 195, 201
Moralität X, 2, 12, 14, 17, 22, 26, 60 f., 73, 81, 93, 95 f., 99, 106 f., 136 f., 149, 151, 164, 193, 212
Moralphilosophie, moralphilosophisch IX f., 2, 7, 15, 17, 19 f., 22, 25 f., 28, 55, 60, 110, 166, 206
Motiv, Motivation 55, 99, 138–151, 206, 210

Natur 3, 17, 75, 101 f., 125, 128–130, 141 f., 144, 146, 157, 167, 177–180, 183 f., 190–194, 196 f., 200 f.
Naturnotwendigkeit 58, 162, 165 f.
Neigung 14, 50 f., 53, 55, 57, 72, 80, 122, 140, 144 f., 147, 157
Norm, normativ 21, 38 f., 52, 84, 116, 118, 120 f., 128, 131 f.
notwendig, Notwendigkeit 11, 38, 123, 150, 162, 167 f., 194
noumenal, Noumenon 30, 32 f., 112, 161, 168, 170, 172, 173, 182, 193, 196 f.

Oberstes 16, 179
Objekt (s. a. Gegenstand) 1, 30–32, 36, 49 f., 59, 74, 115–117, 119, 124 f., 157, 177 f., 189, 197 f., 200
objektiv, Objektivität 4, 8 f., 22, 46 f., 121, 124, 130–132, 164, 190 f., 204, 209

Pädagogik (s. Erziehung)
Paralogismus 110
pathologisch 186
Person 122 f.
Pflicht X, 4, 10, 12 f., 19 f., 35 f., 49 f., 59, 72, 75, 95, 115–117, 119, 124 f., 149, 157, 178, 190, 194 f., 197 f.
phaenomenal, Phaenomenon 30, 32 f., 161, 173
Postulat 16, 18, 31, 87, 125, 185, 187–193, 197–200
praktisch, Praxis 5
Primat 16, 184–186
Prinzip 5, 7–9, 25–27, 35, 39, 47, 82 f., 85 f., 91–95, 99, 116, 122, 159, 161, 185, 207

ratio cognoscendi/essendi 32 f., 110, 117, 188
rational, Rationalität 5, 11, 51 f., 104
Rationalismus 7, 158
Realität X, 3, 160, 170
rechtfertigen, Rechtfertigung 81–83, 88, 94 f., 97, 112
Regel 43, 47, 70, 167
Reich der Zwecke (s. Zwecke)

Schein 16
Schwärmerei 199
Schulen 187 f.
Seele 16–18, 185, 187, 189, 197, 199
Selbstbestimmung (s. Autonomie)
Selbstliebe 41, 43 f., 57, 85, 94–96
Sinn, äußerer/innerer 141, 162 f., 172
Sinne, sinnlich, Sinnlichkeit 5, 7 f., 11, 121 f., 128, 136, 139–141, 143 f., 146 f., 155 f., 158, 167, 196 f.
Sinnenwelt (s. a. Welt) 33, 128, 141 f., 144 f., 151, 167, 170, 177, 181–183, 193–196, 198
Sittengesetz (s. a. Gesetz) X, 9, 13 f., 18, 21, 27, 29–32, 34 f., 81–83, 105, 109, 116–119, 123–132, 158, 163, 165, 170, 176–178, 183, 185 f., 188, 197, 199
sittlich, Sittlichkeit 4, 7, 11 f., 14, 19, 79, 116–118, 120–123, 128, 130, 163, 175, 183, 192 f., 195 f.
Skepsis, skeptisch, Skeptizismus 14, 19, 34, 38, 111
Spontaneität 54, 75, 163 f., 171 f.

Subjekt 20, 52, 163 f., 167 f., 170–172
subjektiv, Subjektivität 5, 8–10, 15, 20–22, 46 f., 84, 130, 162, 164, 190 f., 204, 209
subsumieren, Subsumtion 124, 126, 159
Synthesis, synthetisch 18, 120 f., 160
System, Systematik, systematisch 25, 29, 34–36, 106, 153, 159, 184
Systemvergleich 153 f.

Teleologie, teleologisch 55–57, 60, 129 f., 199
Totalität 16, 173
transzendental 107 f., 171
Triebfeder 8, 17, 56, 138–144, 149, 194, 198
Tugend 3, 16–19, 56, 179–184, 199, 206
Typik, Typisierung, Typus 127 f., 130–132

unangenehm (s. angenehm)
unbedingt 16, 19, 78, 174
Universalisierbarkeit, Universalisierung/Verallgemeinerung, Verallgemeinerbarkeit IX, 13 f., 22, 56, 69–74, 82, 85 f., 92–94
Unlust (s. Lust)
unsterblich, Unsterblichkeit 3, 16–18, 27, 30, 32, 185, 187–190, 197–200
Ursache 18, 46, 49, 52, 58, 75 f., 103, 117, 119, 127, 130, 141, 163 f., 169, 192 f., 196 f., 200 f.
Urteil, urteilen 14 f., 29, 34, 37–39, 76, 89, 115, 119–123, 126, 129 f., 149, 164, 181, 208, 210–213
Urteilskraft 3, 13, 74, 115, 124–132, 164, 208, 210, 212 f.

Verallgemeinerbarkeit, Verallgemeinerung (s. Universalisierbarkeit)
Vernunft, vernünftig IX, 4 f., 8, 12, 14, 28, 38, 92, 102, 118 f., 123, 156, 164, 167, 171
–, gemeine (Menschenvernunft) 2, 160, 174, 201
–, praktische X, 1 f., 4–6, 11, 14 f., 26, 28–31, 35, 37, 40, 48 f., 54, 81–87, 92–94, 97, 101–103, 108, 110, 112, 115–121, 124, 128, 130, 154–156, 161 f., 165, 171, 173, 181, 183–186, 190, 203

–, reine 1, 7 f., 16, 28, 37, 40 f., 87, 108, 119, 125, 190, 203
–, spekulative/theoretische 1 f., 4, 15, 28, 30 f., 35, 37, 40, 83, 97, 101–103, 108, 110, 112, 115, 119–121, 154–156, 161 f., 165, 170 f., 173, 181–186, 190, 200 f., 203
Vernunftglaube (s. Glaube)
Vernunftkritik (s. Kritik)
Vernunftwesen 11, 122, 132, 138, 140, 165, 177 f.
Verstand 46, 119 f., 127 f., 130 f., 157, 164, 171, 187 f., 200 f.
Verstandeswelt (s. a. Welt) 33, 177, 182 f.
Vollendetes 16, 179
Vollkommenheit 12, 17, 20, 60, 195
Vorstellung 5, 46, 49, 138–142, 176, 186

Wahrheit 4
Welt 17, 84, 131, 169–171, 192–198, 201
Wille, Wollen 5 f., 8–12, 43–61, 77, 105, 115 f., 118–121, 129–131, 164, 176, 178, 188 f., 192, 201
–, freier 47, 65, 75
Willensbestimmung (s. bestimmen)
Willensfreiheit (s. Freiheit)
Willkür 9, 52–54, 57, 59, 77, 195
wirklich, Wirklichkeit X, 14–16, 49, 64, 123, 192
Wissen 112 f., 123, 160, 190 f.
Wissenschaft 203 f.,
wünschen, Wunsch 50 f., 57, 192
Würde, Würdigkeit IX, 194, 213

Ziel 43, 47 f., 51, 55, 57 f., 84 f., 116, 178
Zweck 43, 50, 53, 58 f., 177 f., 191, 194–198
– Reich der Zwecke 178, 194, 196

Hinweise zu den Autoren

Karl Ameriks ist McMahon-Hank Professor an der University of Notre Dame (USA). Wichtigste *Veröffentlichungen*: Kant's Theory of Mind (1982/²2000), Kant and the Fate of Autonomy (2000); als *Herausgeber*: The Modern Subject (1995), Immanuel Kant/Lectures on Metaphysics (1997), The Cambridge Companion to German Idealism (2000). Er ist außerdem Herausgeber von „Deutscher Idealismus – Ein Internationales Jahrbuch/German Idealism – An International Yearbook" und der Reihe „Cambridge Texts in the History of Philosophy".

Reinhard Brandt ist ordentlicher Professor für Philosophie an der Universität Marburg. Wichtigste *Veröffentlichungen*: Rousseaus Philosophie der Gesellschaft (1973), Eigentumstheorien von Grotius bis Kant (1974), Die Interpretation philosophischer Werke (1984, italienisch ²1999), Die Urteilstafel. Kritik der reinen Vernunft A 67-76; B 92-101 (1991, englisch 1995), D'Artagnan und die Urteilstafel. Ein Ordnungsprinzip der europäischen Kulturgeschichte (1, 2, 3 /4) (1991/²1998, italienisch 1999), Zu Kants politischer Philosophie (1997), Die Wirklichkeit des Bildes. Sehen und Erkennen – Vom Spiegel zum Kunstbild (1999), Kritischer Kommentar zu Kants Anthropologie in pragmatischer Hinsicht (1798) (1999), Philosophie in Bildern. Von Giorgione bis Magritte (2000/ ²2001), Immanuel Kant. Política, Derecho y Antropología (2001), Philosophie – Eine Einführung (2001); zahlreiche *Aufsätze*, Übersetzungen, Editonen (u. a. Band XXV der Akademie-Ausgabe von Kants Gesammelten Schriften, 1997, mit W. Stark) und Werkbeiträge (u. a. „John Locke" im neuen Ueberweg, 1988). Er ist außerdem (mit W. Stark) *Herausgeber* der „Kant-Forschungen" (1987 ff.).

Eckart Förster ist ordentlicher Professor für Philosophie an der Universität München. Wichtigste *Veröffentlichungen*: Kant's Final Synthesis (2000); zahlreiche *Aufsätze*; als *Herausgeber*: Kant's Transcendental Deductions (1989), (mit M. Rosen) Immanuel Kant, Opus postumum (1993). Er ist außerdem Herausgeber der Buchreihe „Studies in Kant and German Idealism".

Otfried Höffe ist ordentlicher Professor für Philosophie an der Universität Tübingen. Wichtigste *Veröffentlichungen*: Strategien der Humanität (1975/

²1985), Ethik und Politik (1979/³1987), Sittlich-politische Diskurse (1981), Immanuel Kant (1983/⁵2000), Politische Gerechtigkeit (1987), Den Staat braucht selbst ein Volk von Teufeln (1988), Kategorische Rechtsprinzipien (1990/²1993), Moral als Preis der Moderne (1993/⁴2000), Aristoteles (1996/²1999), Vernunft und Recht (1996), Gibt es ein interkulturelles Strafrecht? (1998), Demokratie im Zeitalter der Globalisierung (1999), „Königliche Völker". Zu Kants kosmopolitischer Rechts- und Friedenstheorie (2001), Kleine Geschichte der Philosophie (2001); zahlreiche *Aufsätze* zur Politischen Philosophie, Ethik und Erkenntnistheorie, zu Aristoteles und Kant; als *Herausgeber*: Lexikon der Ethik (⁵1997), Lesebuch zur Ethik (1998). Er ist außerdem Herausgeber der „Zeitschrift für philosophische Forschung", der Reihen „Denker" und „Klassiker Auslegen" sowie zahlreicher Sammelbände.

Christoph Horn ist ordentlicher Professor für Philosophie an der Universität Bonn. Wichtigste *Veröffentlichungen*: Plotin über Sein, Zahl und Einheit (1995), Augustinus (Reihe „Denker", 1995), Antike Lebenskunst (1998), Grundlegende Güter (2002, im Erscheinen); *Aufsätze* zur Philosophie der Antike und zur Praktischen Philosophie der Gegenwart; als *Herausgeber*: Augustinus, De civitate dei (Reihe „Klassiker Auslegen", 1997), (zusammen mit Ch. Rapp) Wörterbuch der antiken Philosophie (2002), (zusammen mit N. Scarano) Philosophie der Gerechtigkeit (2002).

G. Felicitas Munzel is Associate Professor of Philosophy in the Program of Liberal Studies at the University of Notre Dame. Her *publications* include: Kant's Conception of Moral Character. The 'Critical' Link of Morality, Anthropology and Reflective Judgment (1999), a translation of Kant's 1775/76 Friedlaender anthropology lectures (forthcoming); chapter contributions to Blackwell's A Companion to the Philosophy of Education and Blackwell's new edition of The World's Great Philosophers (forthcoming 2002); *articles* on Kant's philosophy on themes in aesthetics, ethics, political philosophy, and education; her current project is a monograph, Immanuel Kant – Philosopher – Educator. The Critical Philosophy and the Rise of Pedagogical Science.

Onora O'Neill ist Principal des Newnham College, Cambridge. Wichtigste *Veröffentlichungen*: Faces of Hunger: an Essay on Poverty, Development and Justice (1986), Constructions of Reason: Explorations of Kant's Practical Philosophy (1989), Tugend und Gerechtigkeit: Eine Konstruktive Darstellung des praktischen Denkens (1996), Bounds of Justice

(2000), Autonomy and Trust in Bioethics (2002); *Aufsatze* zur Politischen Philosophie, Ethik und Bioethik sowie zu Kant.

Annemarie Pieper ist emeritierte ordentliche Professorin für Philosophie an der Universität Basel. Wichtigste *Veröffentlichungen*: Sprachanalytische Ethik und praktische Freiheit (1973), Albert Camus (1984), Ein Seil geknüpft zwischen Tier und Übermensch. Nietzsches erster Zarathustra (1990), Einführung in die Ethik (1991/^{4}2000), Selber denken (1997), Gut und Böse (1997), Gibt es eine feministische Ethik? (1998), Søren Kierkegaard (2000), Glückssache. Die Kunst, gut zu leben (2001); als *Herausgeberin*: Geschichte der neueren Ethik (2 Bde., 1992), Philosophische Disziplinen. Ein Handbuch (1998), (mit U. Thurnherr) Angewandte Ethik. Eine Einführung (1998).

Friedo Ricken ist ordentlicher Professor für Geschichte der Philosophie und Ethik an der Hochschule für Philosophie München. Wichtigste *Veröffentlichungen*: Der Lustbegriff in der Nikomachischen Ethik des Aristoteles (1976), Allgemeine Ethik (1983/^{3}1998), Philosophie der Antike (1988/^{3}2000), Antike Skeptiker (1994); zahlreiche *Aufsätze* zur Philosophie der Antike, allgemeinen Ethik und Religionsphilosophie; als *Herausgeber*: Lexikon der Erkenntnistheorie und Metaphysik (1984), Klassische Gottesbeweise in der Sicht der gegenwärtigen Logik und Wissenschaftstheorie (1991/^{2}1998), (mit F. Marty) Kant über Religion (1992), Philosophen der Antike, (2 Bde., 1996). Er ist Mitherausgeber der Zeitschrift „Theologie und Philosophie" und der Reihe „Münchener philosophische Studien".

Nico Scarano ist Wissenschaftlicher Assistent am Philosophischen Seminar der Universität Tübingen. Wichtigste *Veröffentlichungen*: Moralische Überzeugungen. Grundlinien einer antirealistischen Theorie der Moral (2001); *Aufsätze* zur Metaethik, Handlungstheorie und politischen Philosophie; als *Herausgeber*: (zusammen mit Ch. Horn) Philosophie der Gerechtigkeit. Texte von der Antike bis zur Gegenwart (2002).

Allen W. Wood ist Ward W. and Priscilla B. Woods Professor an der Stanford University. Wichtigste *Veröffentlichungen*: Kant's Moral Religion (1970), Kant's Rational Theology (1978), Karl Marx (1981), Hegel's Ethical Thought (1990), Kant's Ethical Thought (1999), Unsettling Obligations (2002). Er ist außerdem *Herausgeber* der „Cambridge Edition" der Schriften Kants in englischer Übersetzung.